1%를 위한 나쁜 경제학

Economics of the 1%

1%를 위한 나쁜 경제학

주류 경제학은 어떻게 부자들에게 봉사하고,
현실을 은폐하고, 정책을 왜곡하는가?

존 F. 윅스 지음 | 권예리 옮김

이숲

루커스를 위해

그리고 루커스가 더 나은 세상에서 자라기 바라며
그의 부모 마이클과 레이철을 위해

밥 박사의 제3법칙

최근에 한 친구는 내게 공공예산 적자(public budget deficit)와 공공부채(public debt)의 차이를 설명해달라고 했다. 또 다른 친구는 연방준비은행(Federal Reserve Banks)이 이윤을 추구하는 민간기관이냐고 물었다. 똑똑하고 교양 있는 박사학위 소지자들이 그런 초보적인 사실도 모른다는 것이 내게는 충격이었다.

사람들이 지극히 간단한 경제적 사실조차 모르는 이유는 무엇일까? 50년 가까이 경제학을 직업으로 삼아온 내가 보기에 그 이유는 간단하고, 그것이 바로 내가 이 책을 쓴 동기이기도 하다. 즉, 주류 경제학자들이 경제의 작동 원리가 너무 복잡해서 전문가인 자신들만이 이해할 수 있다고 사람들을 세뇌하는 데 성공했기 때문이다.

주류 경제학은 시장을 왜곡해서 기술하거나, 솔직히 거짓말이나 다름없는 허위 사실을 체계적으로 장려함으로써 사람들을 세뇌했다. 늘 그랬던 것은 아니다. 나는 케인스주의자, 리카도주의자, 마르크스주의자, 제도학파, 진화경제학자 등 거짓말쟁이가 아닌 진보경제학자들에게 이 책을 바친다. 이들과 나의 공통점은 지난 30년간 주류로 등극한 경제학의 '가짜 경제학파'가 이단과 무능력자로 몰아 학계에서 추방하려고 애썼다는 사실이다.

　무능력은 주류 경제학에 만연해 있다. 점성술사와 연금술사가 자연에 대한 이해를 가로막는 장벽이었듯이, 주류 경제학은 황당한 모순투성이 궤변을 이론으로 포장해서 경제학자들에게 들이밀었다. 경제정책이나 경제현상이 아무리 반동적이고 반사회적이어도, 주류 경제학자 중에서 누군가가 나서서 옹호하면, 사람들은 대부분 그것을 묵묵히 지지한다. 예를 들어 성별과 인종에 따른 소득 격차는 오해에 불과하고, 실업은 근로자의 자발적 선택이며, 스웨트샵[1]은 바람직한 것이라는 터무니없는 반동적 명제들의 경우가 그렇다.

　따라서 나는 점성술사가 점성술을 연구하거나 연금술사가 연금술을 연구하듯이 가짜 학문인 '가짜 경제학(fakeconomics)'을 연구하는 주류 경제학자들을 '가짜 경제학자(econfaker)'라고 부른다. 뒤에서 자세히 설명하겠지만, 주류 경제학이 '가짜 경제학'으로 불려야 마땅할 정도로 거짓 학문인 이유는 그것이 시장경제를 말할 때 언제나 완전 고용(full employment) 상태를 전제하기 때문이다. 결과적으로 주류 경제학의 모든 이론과 정책은 이 가상의 전제에서 비롯한다. 경제 현실에 상반되는 완전 고용 가설을 뻔뻔하고 꿋꿋하게 주장한다는 점에서 주류 경제학자들은 '가짜'다. 그들은 시장사회의 허위 버전을 만들어놓고 그것을 열광적으로 방어한다.

　만약 창조론자가 유전학을, 점성술사가 천문학을, 연금술사가 화학을 장악하듯이 신고전파(neoclassical)가 경제학계를 독점하고 경제학의 명예를 훼손했다면, 그들의 행위는 경미한 지식 범죄에 머물렀을 것이다. 그러

---

1) sweatshop: 최악의 환경에서 힘들거나 위험하거나 보수가 적은 일을 하는 노동 장소.

나 그들은 엉터리 학문을 정부가 믿고 따라야 할 절대적 지혜로 훌륭하게 포장해서 팔아먹었다. 그것은 지혜가 아니라 지성에 침투한 악성 바이러스다.

헛소리를 폭로하고 무너뜨리는 것이 이 책의 목적이다. 내가 이 책을 쓸 수 있었던 것은 주류 경제학의 진위를 의심하라고 가르쳐준 여러 정직하고 헌신적인 경제학자들 덕분이다. 그들은 너무도 인간적인 은사님들(텍사스 주립 오스틴 대학교와 미시간 앤아버 대학교의 Clarence Ayres, H. H. Liebhafsky, Robert Montgomery, C. C. Thompson, Daniel Suits, Daniel Fusfeld, Wolfgang Stolper), 내 회의주의를 독려하고 심화해준 동료들(아메리칸 대학교의 Emily Taft Morris, Thomas Dernberg, James Weaver, Howard Wachtel, 그리고 런던 대학교 동양·아프리카대학의 Hassan Hakimian, Terry Byres, Ben Fine, Caroline Dinwiddy, Jan Toporowski, Alfredo Saad Filho, Terry McKinley, Costas Lapavitsas), 내게 특히 깊은 영향을 미친 비주류 경제학자들(Anwar Shaikh, Alemayehu Geda, Mike Zweig, Simon Mohun, Susan Himmelweit)이었다. 만약 경제학이 과학적 학문으로 발전했다면, 앞에 나열한 경제학자들이 주도권을 잡았을 것이다. 이들 모두와 여타 비주류 경제학자들에게 이 책을 바친다. 마지막으로 언제나 나를 지지해주고 지적 영감을 준 Elizabeth Dore에게 감사한다.

내가 텍사스 주립 오스틴 대학에서 경제학을 공부했던 1960년대에 그곳에는 로버트(애칭: 밥) 몽고메리(Robert Montgomery)라는 노교수님이 계셨다. 나는 그가 퇴직하기 1년 전에 가르친 '공공시설의 경제학' 강의를 수강했다. 밥 박사는 공산주의를 가르쳤다는 혐의로 1948년 텍사스 주법원의 조사위원회에 호출되었다. 위원회는 그에게 과격 단체에 몸담고 있느냐고 물었다. 그는 이렇게 고백했다. "예, 상원의원님. 저는 그런 단체

두 곳의 자랑스러운 일원입니다. 사람들은 왕과 왕비 없이도 스스로 통치할 수 있다고 말하는 민주당, 그리고 성경을 읽는 데 사제가 필요하지 않다고 말하는 감리교회에 속해 있습니다."[2]

경제의 기본 작동 원리를 이해하는 데는 경제학자가 필요하지 않다. 나는 이 진리를 '밥 박사의 제3법칙'이라 부른다. 밥 박사님도 분명히 그렇게 생각했을 것이다. 이 책은 밥 박사의 제3법칙에 대한 해설이다.

더 읽을거리

Robert J. Robertson, "Montgomery, Robert Hargrove," Handbook of Texas Online. http://www.tshaonline.org/handbook/online/articles/fmodd (accessed 10 October 2013).

Norbert Häring and Niall Douglas, *Economists and the Powerful: Convenient Theories, Distorted Facts, Ample Rewards* (London: Anthem Press, 2012), ch. 1.

진보경제학자들을 위한 웹사이트

International Initiative for Promotion of Political Economy
http://www.iippe.org
Union of Radical Political Economists
http://www.urpe.org
Association for Evolutionary Economics
http://www.afee.net/division.php?page=institutional_economics
World Economics Association
http://www.worldeconomicsassociation.org/

---

2) Texas State Historical Association biography of Robert Hargrove Montgomery. Online: http://www.tshaonline.org/handbook/online/articles/fmodd (accessed 22 November 2013).

경제학에 대한 무지

> 똑똑한 바보들은 무슨 일이든지 더 크고 더 복잡하게 만든다⋯.
> 그와 반대로 행동하려면 약간의 천재성과 큰 용기가 필요하다.[3]
> – 알베르트 아인슈타인

주류 경제학자들을 비판하는 사람들은 그들이 기고만장해서 뭔가 아주 많은 것을 알고 있는 것처럼 과장한다고 말한다. 하지만 이 정도 비판은 너무 약하다. 주류 경제학자들은 경제학을 통달한 척하지만, 사실 아는 것도 별로 없고 진실을 감추기에 급급할 뿐이다. 여러분은 이런 비판을 마치 기술자들에게 기계를 모른다는 비판을 하는 것 같은 황당한 험담쯤으로 여길지도 모른다.

　그러나 이 비판의 근거를 입증하기는 어렵지 않다. 어려운 것은 오히려 전 세계 사람들이 경제학자를 마치 영적 지도자처럼 숭배하는 까닭을 설명하는 일이다. 그것은 일반인이 이해하기 어려운 모호한 전문용어를 사용하는 가짜 경제학자(econfaker)들의 관행 때문일 수 있다. 이 책에서 우리는 그 대상을 잘못 파악하고 있는 경제학자 숭배 현상을 짚어볼 것이다. 이 숭배 현상은 에이브러햄 링컨이 세웠다는 가설을 더 강하게 표현한, "대부분 사람을 가끔이 아니라 항상 속일 수 있다."(특히 주류 경제학 이념의

---

3) Albert Einstein, British Medical Journal 319 (1999): 1102(재인용).

경제학자 식별하기

여러분이 경제학자를 만나게 된다면 그는 십중팔구 '신고전파' 경제학자일 것이다. 그리고 그가 하는 말은 십중팔구 진부하고 반동적이고 따분하며 우월 의식으로 가득 차 있을 것이다.

18세기 후반에서 19세기 중반까지는 경제 문제에 관해 글을 쓰는 사람을 '정치경제학자'로, 그 분야를 '정치경제학'으로 불렀다. 혁명가 카를 마르크스, 개혁가 존 스튜어트 밀, 그리고 우익 국가주의자들까지 다양한 사상가들이 여기에 속했다. 19세기 후반 주류 경제학자들은 이 분야를 '경제학'으로 명명하면서 과학적이고 가치 중립적인 학문으로 새롭게 정의했다. 반동적이며 고상한 주류 경제학이 립치 중립적인 과학을 표방하는 사이에 그 외부에서는 반대 의견이 쌓여가고 있었다.

그러다가 20세기 가장 위대한 경제학자 존 메이너드 케인스가 등장했다. 케인스는 획기적인 아이디어와 강력한 영향력으로 1935년부터 1975년까지 40년에 걸쳐 '경제학'이라는 학문을 재창조했다. 케인스 이전에는 경제학 이론에 '미시경제학'(가계와 기업의 경제학)이라는 한 가지 영역밖에 없었지만, 그는 공공정책의 근간이 된 두 번째 영역, 즉 사회의 경제활동을 종합적으로 연구하는 '거시경제학'을 확립했다. 거시경제학은 사회민주당, 기독민주당, 일국보수당(영국), 공화당과 민주당(미국) 등 전 세계 정부에 국가 경제의 운영 지침을 제공했다.

이 40년 동안에는 '경제학자'를 일반화할 수 없었다. 주류는 '케인스 경제학'이었고, (마지못해) 마르크스 학파도, (곤혹스럽지만) 케이스 이전 시카고 대학 소수 학파도 포용했던 경제학계는 그래도 서로 다른 의견을 존중했다. 하지만 경제학계의 이런 관용의 분위기는 오래가지 못했고, 1980

년대부터 20년 동안 경제학에서 케인스 학파의 업적들이 제외되었다. 21세기 초 경제학은 거시경제학의 얄팍한 탈을 썼을 뿐, 가계와 기업 경제를 연구하는 학문으로 환원되었다. 대세를 따르지 않은 학자들은 학계의 주변부로 유배되었다가 곧 축출되었다.

반동적인 주류 경제학과 주류 경제학자들에게 '경제학'이라든가 '경제학자'라는 이름을 부여하는 것은 알려지지도 못하고 인정받지도 못하면서도 자기 존재를 부정하는 분야에서 고군분투하는 진보 성향 비주류 경제학자들을 모욕하는 처사다. 나는 이런 불의에 동의할 수 없다. 주류 경제학자들은 경제학자가 아니라, 사회과학 분야의 연금술사인 가짜 경제학자들이다.

가짜 경제학자가 보여주는 환상적인 세계의 근간에는 마치 신의 은총을 받은 것 같은 상태가 전제되어 있다. 다시 말해 미래를 완벽하게 예측할 수 있고, 시장에 어떤 종류의 권력도 존재하지 않고, 모든 자원을 최대한 활용해서 매매가 이루어지는 '완전 경쟁(perfect competition)' 상태가 전제되어 있다는 것이다. 가짜 경제학자의 주된 작업 도구는 수학이다. 소스타인 베블렌(Thorstein Veblen)과 함께 경제학계의 위대한 우상파괴자인 존 케네스 갤브레이스(John Kenneth Galbraith)는 완전 경쟁과 수학의 공생 관계를 포착했다. "현실 세계에 완전 경쟁의 개념이 과연 존재한다면, 그것은 은밀히 은폐되어 있었고, 수학 이론은 그 개념이 살아남을 수 있게 전력을 기울여 보호하는 정교한 가면이었다."

---

* John Kenneth Galbraith, *A History of Economics: The Past as the Present* (New York: Penguin, 1989), 260.

수혜자들이 언론을 장악하고 있다면)는 명제가 사실임을 드러내기 때문이다. 어쩌면 "잘 속는 사람은 일 분에 한 명씩 태어난다."는 속설이 경제학자들의 반동적이고 판에 박힌 주장이 널리 수용되는 실태를 더 적절하게 설명해줄지도 모른다.

신뢰받을 자격 없는 경제학자들이 대중의 신뢰를 누리는 주된 이유는 그들이 지난 30년간 체계적으로 무지를 조장해왔기 때문이다. 한 사회의 경제를 이해하는 일은 간단치 않지만, 그렇다고 해서 투표하기에 충분할 정도로 한 사회의 정치체제를 이해하는 일보다 딱히 더 어려울 것도 없다. 사람들은 정기적으로 투표소에 가서 후보 중 한 명을 선택하거나 무효표를 던지면서도, 경제학에 대해서는 너무도 무지해서 경제 상황에 관한 여러 의견의 옳고 그름을 판별할 능력이 없다고 스스로 털어놓는다.

사람들은 경제와 경제학을 전문가만이 이해할 수 있는 영역으로 여긴다. 지금보다 통화량을 더 늘려야 한다고 생각하느냐고 물으면, 사람들은 "저는 경제학자가 아니라서…" 또는 "저는 경제학자는 아니지만…"이라면서 말을 시작한다. 하지만 보건의료 체계를 국가가 운영해야 할지, 민간이 운영해야 할지를 물으면 사람들은 "저는 의사가 아니라서 뭐라고 말할 수 없습니다."라고 대답하지 않는다. 보건의료 체계도 경제 체계만큼이나 전문적이고 복잡한 주제인데 말이다.

주류 경제학계는 무비판적으로 맹신하는 언론의 지지를 받으며 경제학이 너무나 복잡하고 난해한 학문이어서 보통 사람은 절대 이해할 수 없다고 대중을 설득하는 데 성공했다. 교육 수준이나 정치 성향과 관계없이 많은 사람이 이런 과장을 사실로 믿었다. 사람들은 대부분 경제 현안에 대해 의견을 피력할 때 지극히 진부하고 상투적인 관념에 의지한다. 예를 들어 '수요와 공급의 법칙이 작동한 결과'라는 공허한 설명과 '상품 수량은 한정되어 있는데 구매 수요가 너무 많을 때 인플레이션이 일어난다'는 오래된 상투적인 주장을 무조건 사실로 믿는다. 이런 식으로 하자면, 내가 가장 좋아하는 명제는 이것이다. '정부는 수입을 초과해서 지출해서는 안 된다.'

언론은 이런 무지하고 상투적인 주장들을 부끄러운 줄도 모르고 반복한다. 게다가 언론이 내세우는 '전문가'라는 사람들도 설상가상으로 대중의 무지를 계속 조장하고자 이런 주장들을 되풀이한다. 이를테면 실업률이 높은 상황에서 사회복지예산을 삭감해서 정부의 재정 적자를 줄이는 조처의 전형적인 근거는 '정부는 금융시장의 반응을 고려해야 한다'는 것이다. 이런 진부한 생각이 포함된 성찰은 2001년 9월 11일 뉴욕 세계무역센터에서 뛰어내리며 죽어가는 사람들의 끔찍한 사진을 보면서 "중력의 법칙을 보여주는군요."라고 말하는 사람의 성찰이나 다를 바 없다.

중도 좌파를 표방하는 언론에서조차 반동적인 무지를 발견하게 된다. 예를 들어 2012년 11월 29일 영국 일간지 『가디언』의 순진한 독자는 미국 재정적자를 다음과 같이 설명한 글을 읽었다. "미국은 수입이 약 2.3조 달러, 지출이 약 3.6조 달러다. 당신의 연간소득이 23,000불이고 지출이 36,000불이라고 가정해보자. 무슨 일이 벌어질까? 당신은 빚을 지게 되니 지출을 줄여야 할 것이다. 미국도 같은 상황에 부닥쳤다. 단지 몇천 달러가 아니라 1.3조 달러를 줄여야 한다는 점이 다를 뿐이다."[4]

이 설명은 처음부터 끝까지 틀렸다. 사실관계에 오류가 있는 것은 물

---

4) Heidi Moore and Dominic Rush, "The Fiscal Cliff Explained: What to Know about the Biggest Story in Washington," Guardian, 27 November 2013. Online: http://www.theguardian.com/world/2012/nov/27/fiscal-cliff-explained-spending-cuts-tax-hikes (accessed 10 October 2013).

론이고(첫 번째 언급의 올바른 수치는 2.7조 달러와 3.7조 달러다), 합리적 추론도 하지 못했다. 여러분은 이 주장이 틀린 이유를 곧 알게 될 것이다.

최근 수십 년간 대부분 선진국에서 기업들은 (그리고 정부도 같은 빈도로) 사회생활의 거의 모든 측면에서 '선택'이라는 원칙을 내세웠다. 그뿐 아니라 부모들에게 자녀가 다닐 학교를 선택할 기회를 보장해야 하므로 공립 초중고교 교육예산을 늘리기보다 수업료 바우처[5]를 나눠줘야 한다거나, 공공보건의료는 개인이 의사를 선택할 권리를 제한하므로 의료 서비스를 민영화해야 한다거나, 개인이 원하는 퇴직연금제도를 선택하게 하려면 사회보장(Social Security)연금을 민영화해야 한다는 등 '선택'을 내세우는 주장은 개인이 복잡하고 다양한 선택지 중에서 원하는 것을 고르기에 충분한 정보와 특수한 분석적 지식을 갖추고 있다는 가정이 성립해야만 사실에 부합한다. 그리고 이런 가정은 바로 주류 경제학의 고정관념이다.

주류 경제학이 선택의 문제라고 주장하는 사회보장연금과 퇴직연금을 살펴보자. 충분한 정보를 바탕으로 퇴직연금 상품 중 하나를 선택하려면, 각 상품의 시장 위험도를 평가해야 한다. 그러려면 수많은 금융자금의 과거 실적에 관한 지식이 필요하다. 시장 위험도를 평가할 수 있는 지식을 갖추고 있고, 혼란스러울 정도로 광범위한 선택지를 조사할 시간 여유도 있어야 하며, 거기에 더해 객관적이고 신뢰할 수 있고 편향되지 않은 정보도 필요하다. 그리고 그런 정보를 기만적인 과대광고와 구분할 줄도 알아야 한다. 그런데 이런 조건을 갖춘 일반인이 얼마나 되겠는가? 전문가를

---

5) voucher plan: 공립학교로 들어가는 세금을 바우처(쿠폰) 형태로 학부모에게 배급해서, 학부모가 원하는 학교에 자녀를 보내고 학비를 바우처로 지급하게 하는 제도를 말한다. 옮긴이.

고용해서 이 문제를 해결한다는 것도 말이 되지 않는다. 대체 어느 전문가의 조언을 믿을 수 있단 말인가?

그런데도 언론과 정부와 기업은 마치 국민이 이런 사안들을 판단하는 데 필요한 지식을 당연히 갖춘 것처럼 말하고 행동한다. 그러나 대다수 국민은 스스로 경제학에 너무나 무지하다고 확신하므로 경제 현안에 관한 의견을 감히 피력조차 못 한다. 이것이 바로 주류 경제학이 의지하고 있는 '무지한 대중의 일반 법칙'이다.

무지한 대중의 일반 법칙: 개인은 경제정책을 제외한 모든 분야에서 정보에 바탕을 두고 어떤 정책을 스스로 선택할 능력이 있다. 그러나 경제정책만은 전문가에게 맡겨야 한다.

무지한 대중의 일반 법칙이 성립하려면 주류 경제학이 보증하는 몇 가지 구체적인 법칙을 믿고, 그것에 복종해야 한다. 그 몇 가지를 나열해보자. 1) 수요와 공급의 법칙. 2) 공공부문 적자는 인플레이션의 원인이 된다. 3) 세금은 개인에게 부담만 된다. 4) 임금 인상과 노동 조건 향상은 고용을 감소시킨다. 그 밖에도 많지만, 이 네 가지가 가장 흔하게 볼 수 있는 법칙이다.

지성과 호기심의 특성에 비춰보면, 무지한 상태를 유지하기보다 지식을 획득하는 편이 더 쉽다. 하지만 무지한 대중의 일반 법칙은 전문적으로 사기를 치고, 지식으로 겁박하고, 부유층과 권력층의 이익에 봉사함으로써 이런 특성을 무력화한다. 여기서 '전문적 사기 행위'란 우리가 실제로 살아가는 사회의 경제를 연구하기보다 미리 정해놓은 설명에 들어맞는 가상의 경제를 창조한다는 뜻이다. 나는 이 책에서 이런 전략을 상세히 해부할 것이다. 이런 사기를 토대로 주류 경제학자들은 이솝 우화와 비슷하지만 그런 통찰은 없는 환원주의 우화들을 만들어낸다. 예를 들어 그들은 보통 사람이 이해하기에 너무 복잡한 이론을 근거 삼아 세금이 개인에게 부담만 된다는 등의 환원주의 우화를 발표하고는 어리석고 모자란 사람들이나 이런 주장에 이의를 제기한다는 식의 반응을 보인다. 다시 말해 주류 경제학의 주장은 누가 봐도 명백하므로 당연히 인정해야 한다는 것이다. 그런 주장에 반대하는 사람이 있다면, 그것은 그가 그 이론의 기초를 이해하지 못할 정도로 어리석기 때문이라는 것이다. 그래서 주류 경제학자들은 그가 끝까지 자신의 주장을 인정하지 않으면, 그의 이의 제기를 무지하고 무관한 반응으로 간주한다.

그래도 그들의 우화에 약간의 진실은 들어 있지 않을까? 세금은 실제로 부담이 되지 않는가? 정부 지출이 과도하면 인플레이션이 일어나지 않는가? 임금이 상승하면 고용비용이 늘어나므로 고용이 줄어드는 것이 당연하지 않은가? 이런 의문에 대한 대답은 간단하다. 절대 그렇지 않다.

이 책의 목적은 사람들이 이런 우화들의 가치를 마지못해 인정하는 배경과 과정, 그리고 이런 태도가 잘못된 이유를 추적하는 데 있다. 자유 시장 선전 활동이 얼마나 성공적이었던지 문제를 단편적으로 다뤄서는 잘못된 관념을 바로잡을 희망이 없다. 독자는 가장 기본적인 원리들에서 출발해서 주류 경제학자들이 자신에게 유리하게 만들고 대중에게 그 유효성을 이해시킨 가상 세계를 세밀히 점검해보는 수밖에 없다.

그렇게 주류 경제학이 유포하는 자유 시장 도그마의 구성 원칙들이 터무니없음을 확인하고 나면, 그 터무니없는 원칙들에서 나온 구체적 명제들의 가치를 제대로 살펴볼 수 있다. 우리는 먼저 가장 널리 퍼진 심각한 거짓 믿음인 "시장 경쟁은 바람직하다."는 원칙을 다룰 것이다. 이 원칙을 따르면 '경쟁은 미덕'이라는 전제에서 '시장은 본질적으로 선하다'는 결론이 나오고, 따라서 수많은 경쟁 시장으로 구성된 자본주의도 본질적으로 선하다는 최종 결론이 나온다. 그리고 그런 결론의 배경에는 시장의 미덕을 수용하지 않는 회의주의자의 반응이 사실상 사회주의 중앙계획경제를 지지하는 태도라는 비난이 도사리고 있다.

대중에게 경쟁이 바람직하다는 거짓말을 성공적으로 이해시키고 나면, 가계 차원에서 선한 자본주의가 누구에게나 부유해질 기회를 제공한다는 황당한 도그마를 설교할 수 있게 된다. 마치 마법사나 마녀를 따라다니는 사악한 정령처럼, 개인의 부를 약속하는 거짓말과 함께 '소비자(consumer)'라는 신화가 따라온다. 부유하든 가난하든 우리는 자본주의 왕가의 왕손들이다. 왜냐면 '소비자는 왕'이기 때문이다.

선한 시장이 소비자에게 부를 가져다주고 왕의 자리를 허락한다는 사실을 대중이 인정하고 나면, 정부의 경제정책을 좌지우지하는 더 심각한 거짓말들이 판을 친다. '정부의 시장 개입은 나쁘다.' '국가 간 자유무역은 저렴한 상품을 제공하고 일자리를 창출한다.' '자의적으로 통치하고, 규제와 세금으로 국민을 억압하는 정부는 경제적 병폐의 근원이다.' 여기까지 오면 더 황당무계한 다음 단계로 넘어가기는 식은 죽 먹기다. '규제 없는 자유 시장에서 인간은 규제 없이 자유롭게 생활한다.' '자유 시장의 세계에 사는 사람들은 행복하기 그지없다.'

하지만 진실은 다른 곳에 있다. 제2차 세계대전이 끝났을 때 정치 성향과 무관하게 모두가 인정했듯이 규제되지 않은 자본주의 경쟁은 인간을 자유가 아니라 파시즘의 검은 구렁텅이로 몰아넣었다. 자유 시장의 화려하게 빛나는 약속이 거짓이었음을 밝히고 나서야, 인간적인 삶에 어울리는 자본주의를 건설할 수 있다. 그것을 처음부터 다시 만들 필요는 없다. 상식을 갖추고, 건실한 사회를 만드는 데 전념하고, 우리가 이미 알고 있는 사실들을 조정하고 갱신함으로써 새로운 자본주의를 설계할 수 있다. 그러려면 정치권력을 근본적으로 재편성해야 한다. 이 책의 마지막 장에서 이런 내용을 언급할 것이다.

이 책의 목적은 반(反)시장 논쟁을 불러일으키는 데 있지 않다. 우익세력이 모든 합리적이고 진보적인 사회·경제 개혁안에 숨어 있다고 주장하는 독재적인 중앙계획경제를 지지하고 홍보하려는 의도도 전혀 없다. 내가 옹호하는 시장은 단 몇 명에게 부가 편중되는데도 자유로운 상태로 내버려둔 시장이 아니라 오로지 집단의 이익을 위해 민주적 절차를 통해 규제할 때만 효력이 있는 사회 메커니즘으로서의 시장이다. 이와 관련해서는 마지막 장에서 상술하겠다. 먼저 우리를 둘러싼 거짓말과 근거 없는 믿음을 폭로하고자 한다.

더 읽을거리

Robert Heilbroner, *The Worldly Philosophers: The Lives, Times, and Ideas of the Great Economic Thinkers* (New York: Penguin Business Library, 1995). 『세속의 철학자들』, 이마고(2008).

John Kenneth Galbraith, *A History of Economics: The Past of the Present* (New York: Penguin, 1987). 『갤브레이스가 들려주는 경제학의 역사』, 책벌레(2002).

1장

가짜 경제학과 경제학

> 그렇다면 이 논문은 터무니없는 주제를 진지하게 분석한 것이다.
> 물론 경제학에서는 대개 정반대로 진지한 주제를 터무니없게 분석한다.[6]
> — 폴 크루그먼(Paul Krugman)

> 단순화를 경계하지 말라.
> 복잡성은 흔히 지적 세련을 내세우거나 간단한 진리를 회피하는 방책이다.[7]
> — 존 케네스 갤브레이스(John Kenneth Galbraith)

경쟁에 대한 우상 숭배

작은 도토리에서 커다란 참나무가 자란다. 도그마가 자연을 모방한 사례를 들자면, 주류 경제학자들은 수준 낮고 진부한 이론에서 출발하여 극단적 이념의 최고봉으로 올라갔다. 주류 경제학은 피상적이고 단순한 명제

---

6) Paul Krugman, "Theory of Interstellar Trade," (1978). Online: http://www.princeton.edu/~pkrugman/interstellar.pdf (accessed 10 October 2013).

7) John Kenneth Galbraith, *The Age of Uncertainty* (New York: Andre Deutsch, 1977), 8.

들을 이용하여 거대하고 복잡한 이념 체계를 구축하고, 인간 활동에 대해 신탁과도 같은 판결을 내린다(글 상자 '엉터리 경제학의 역사' 참조). 고용, 인플레이션, 반정부에 관한 주류 경제학의 우화들은 대부분 초급 교재와 여러 고급 교재에서 두루 발견되는 몇 가지 명제에서 유래한다.

1. 개인에게는 고유한 욕구와 선호가 있다.

2. 이런 욕구와 선호를 바탕으로 인간은 타인과 시장 교환을 통해 욕구를 충족하고자 자유의지로 거래에 참여한다.

3. 개인은 인간의 노동력 교환을 포함한 시장 활동을 통해 자신의 욕구와 선호에 따라 재화와 용역을 구매하는 데 필요한 소득을 얻는다.

4. 여러 사람이 동시에 매매하려고 하면 경쟁이 발생한다. 그리고 이 경쟁은 사람들이 사회적으로 이로운 가격에 매매할 가능성을 보장한다.

5. 집단이나 개별 권위자가 공적으로든 사적으로든 매매 가능성을 제한하면 시장에서 발생하는 사회적 이득이 감소한다.

6. 민간부문에서 판매자 독점과 구매자 독점은 개인의 행복을 침해한다. 정부가 선의를 표방하면서 자유를 제한하는 상황은 개인의 행복에 훨씬 더 치명적이다. 이런 제한에는 모든 형태의 세금 부과가 포함된다. 세금을 부과하면 개인 소득이 감소하고, 재화와 용역의 시장가격이 변동하고, 노동 의욕이 '자연스러운' 수준보다 줄어든다. 노동자에게 실업수당을 주면 노동 의욕이 줄어들고, 공립학교에 자금을 지원하면 개인이 교육기관을 선택하는 권리가 왜곡되는 등 대부분 정부 지출도 같은 효과를 낸다.

이 반사회적 일반 원칙의 목록을 간단히 요약해보자.

'사람들은 늘 더 많은 소득을 원하고 재화와 용역에 대한 욕구가 크므로 취사선택하는 수밖에 없다. 선택이란 그들이 원하는 바를 가장 적절하게 충족하는 방식으로 소득을 분배해서 사용하는 것이다. 모든 사람의 욕구의 총합은 무한하지만, 그것을 충족할 자원은 한정되어 있다. 경제학은 개인의 행복을 최대화하는 방향으로 부족한 자원을 무한한 욕구에 분배하는 방법을 연구하는 학문이다. 정부의 조처는 사람들이 스스로 선택하는 능력을 통제하고 제한하며 왜곡한다. 그런 통제와 제한과 왜곡을 최소화하려면 정부의 역할이 엄격하게 제한되어야 한다.'

이것이 바로 시장이 경제생활을 효율적으로 체계화한다는 주류 경제학의 핵심 담론이다. 윈스턴 처칠은 "민주주의는 인류가 지금까지 시도해본 모든 정치체제를 제외하면 최악의 정치체제다."[8]라는 명언으로 정치적 민주주의를 옹호했다. 주류 경제학자는 시장을 옹호할 때 이런 반어적 미니멀리즘을 용납하지 않는다.

최고 부유층과 그들을 수호하는 경제학계 제사장들의 이념적 근시안으로 바라보면 시장은 다른 어떤 대안보다 효율적이고 유일하게 효율적이다. 게다가 시장은 어떤 방식으로든 전혀 규제되지 않을 때만 효율적이다. 사회주의와 공산주의의 통제된 경제는 최악이지만, 자본주의 국가의 시장 규제도 그에 못지않게 개인의 행복을 파괴한다.

자유 시장을 통해 체계화된 경제생활은 최선일 뿐 아니라 '유일한 선'이다. 철두철미한 공산주의 국가도 시장을 없애지 못했다는 사실이 그 증거다. 시장을 없앨 수는 없고 단지 억압할 수 있을 뿐이다. 그 결과, 시장

---

8) Parliamentary Debates, Commons, 11 November 1947, vol. 444, col. 207.

을 규제하거나 금지하려는 시도는 인간의 선천적인 '교환 성향[9]'을 부정한 처사로 결국 암시장의 사례처럼 시장을 제도권 바깥으로 몰아낼 뿐이다. 시장은 인간 활동을 주도한다. 주류 경제학자들의 공식 발언에 자주 등장하는 원칙의 표현처럼 '대안은 없다(There Is No Alternative, TINA).'

테플론 사이비 과학

> 어려운 것은 새로운 발상을 내놓는 일이 아니라 평범한 성장 과정에서
> 우리 정신 구석구석을 점령한 기존 발상에서 벗어나는 일이다.[10]
> — J. M. 케인스

주류 경제학의 정치적·정책적 결론(예: 모든 실업은 자발적이다)에 반대하고 심지어 혐오를 느끼고 그런 결론에 반대하면서도 그 전제를 마지못해 인정하는 사람이 많다. 하지만 그래서는 안 된다. 그런 전제는 이념으로 위장한 허위 명제에 불과하기 때문이다.

첫째, 시장 선택은 개인의 기호나 욕구의 결과가 아니다. 개인에게는 역사의 한 시점에서 구체적으로 생산과 유통을 체계화한 노동 분업 사회에서 시장에 대한 선택권이 있을 뿐이다. 시장이 존재하는 것은 사회적 현

---

9) Adam Smith, *An Inquiry into the Nature and Causes of the Wealth of Nations* (New York: Cosimo, 2010, first published in 1776), bk 1, ch. 2, par. 1. Online: http://www.econlib.org/library/Smith/smWN. html (accessed 12 November 2013).

10) J. M. Keynes, *The General Theory of Employment, Interest and Money* (London: Macmillan, 1935), preface.

엉터리 경제학의 역사

'신고전파(neoclassical)'라는 용어가 만들어진 배경은 다음과 같다. 1930년대 중반 케인스는 자신과 의견이 대립한 경제학자들을 '고전파(classical)'라고 부름으로써 앞으로 끝나지 않을 혼란의 씨앗을 심어놓았다. 첫 글자를 대문자로 적은 '고전파(Classical)'는 일종의 노동가치설을 바탕으로 경제를 분석한 학자들을 가리킨다. 유명한 고전파 경제학자로 애덤 스미스(스미스의 노동가치설은 약간 모호하긴 했지만), 데이비드 리카도, 카를 마르크스, 존 스튜어트 밀이 있다.

이와 대조적으로 케인스가 첫 글자를 소문자로 쓰며 '고전파(classical)'라고 부른 경제학자들은 시장이 지배하는 사회는 계속해서 자동으로 완전 고용 상태로 수렴하고, 자원을 효율적으로 분배하고, 개인이 소비를 통해 최대한의 쾌락을 누릴 수 있게 한다고 주장했다. 케인스는 이 지나치게 낙관적인 경제 분석을 고용률이 100%에 달했을 때의 특수 사례를 기술한 정도로 보았다. 그래서 그는 저서에 '고용, 이자 및 화폐의 일반 이론(The General Theory of Employment, Interest and Money, 1936)'*이라는 제목을 붙였다. 자유 시장을 수호하는 제사장들은 즉시 반격에 나섰다. 1950년대에 고전파(classical) 경제학자들은 대부분 경제학자를 포섭해서 케인스의 분석과 그들의 반동적 관점을 결합한 '신고전파 종합 이론(neoclassical synthesis)'이 가능하고 바람직하다고 설득하는 데 성공했다.

경제학계의 트로이 목마인 이 가짜 종합 이론을 무기 삼아 고전파 허무주의자들은 현대 경제학의 가장 위대한 이론가가 집대성한 이론을 조금씩 무너뜨렸다. 오늘날 경제 분야에서 대안적 사고에 대해 신고전파가 벌이

---

* 저자.

는 조직적 검열은 천동설 지지자들이 1615년 갈릴레오의 유죄 판결을 이용해서 지동설의 증거를 파괴한 것과 비슷한 행위다.

논의가 천박한 격론으로 전락했다는 생각이 든다면, 스웨덴 중앙은행(Sveriges Riksbank)이 수여한 '가짜 노벨상' 수상자인 폴 크루그먼(Paul Krugman)의 글에 주목해보자.

> 우리는 거시경제학의 암흑시대에 살고 있다. (…) 중세 암흑시대가 어두웠던 이유는 너무나 많은 지식을 잃었기 때문이다. (…) 바로 그런 일이 현재 대다수 경제학자의 거시경제학에 일어났다. (…) 이어서 몽매주의적 신념에 빠져 야만인에게 정복당한 상황에 대해 말하고 싶은 마음이 간절하지만, 그러지 않겠다. 아, 잠깐, 방금 이미 말해버렸다.*

---

* Paul Krugman, "A Dark Age of Macroeconomics (Wonkish)," New York Times, 27 January 2009. Online: http://krugman.blogs.nytimes.com/2009/01/27/a-dark-age-of-macroeconomicswonkish (accessed 10 October 2013).

상이다.

둘째, 사람들의 욕구와 필요가 어디서 비롯되었든 간에 그들이 거래에 '자발적으로' 참여한다는 주장의 유효성은 자발적 참여를 어떻게 정의하느냐에 달렸다. 예를 들어 어느 사회에서도 병원 치료가 비싸기 때문에 가난한 사람은 치료를 포기하라고 노골적으로 강요하지 않는다. 하지만 실제로 대부분 국가에서 많은 사람이 이런 선택을 한다. 진정으로 인간적인 사회에서 살고 있다면 누구도 그런 선택을 할 필요가 없을 것이다.

셋째, 기호는 개인의 사회 교류에서 형성되고 개인은 사회에서 다양한 선택을 강요당하므로, 사람들이 사회 개선을 목적으로 정부 개입을 통해 추진하는 집단행동이 자유를 제한한다고 일반화해서 비난할 수 없다.

시장에 반대하거나 시장을 비판적으로 지지하는 사람들이 여러 차례 제시한 이런 논리는 결국 수용되지 않았다. 테플론[11]으로 코팅한 조리 기구를 말끔히 닦아내듯이 주류 경제학 이념은 자신에 대한 비판을 능숙하게 지워버린다. 사회 정의나 인간주의에 아무리 호소해도 주류 경제학 이념이 주도권을 장악하고 있는 현실에 근본적이고 장기적인 영향을 미칠 수 없었다. 자유 시장 이념이 부유층과 권력층의 이익을 추구한다는 사실은 자명하다. 지난 200년 동안 그래왔지만, 그래도 현재의 엉터리 경제학이 늘 주도권을 장악했던 것은 아닌데 왜 하필 지금 이런 경제학이 우리를 지배하는 것일까? 이 의문을 제기하기 전에 나는 먼저 패권을 장악한 우상이 허구라는 사실을 입증할 것이다.

주류 경제학 이념은 시장이 편재하고 전지전능하며 고대 그리스·로마의 신처럼 전제적이면서도 자애롭다고 설파한다. 시장은 생활필수품의 생산, 유통, 분배를 가차 없이 통제한다는 점에서 전제적이다. 시장의 숭고한 자애로움은 시장이 유통한 상품의 소비를 통해 개인에게 끝없는 쾌락을 제공한다. 모든 신이 그렇듯이 시장은 자신이 세운 기본 법칙에 익숙해지고 복종하기를 요구한다. 복종하는 이에게 부유함을 포상으로 내리고 반항하는 이를 다양한 형태의 고통(예를 들어 실업)으로 처벌한다. 그런 고통은 모두 시장의 의지에 도전하는 오만함에서 비롯한다.

---

11) teflon: 음식물이 달라붙지 않도록 프라이팬을 코팅하는 합성수지의 상품명. 옮긴이.

시장은 신처럼 성명을 발표하고(시장의 판결), 사람들은 그것을 경외하며 수동적으로 받아들인다. 경영진 연봉이든 기름 가격이든 시장의 모든 판결에는 똑같이 신성한 권위가 있다. 수요와 공급의 법칙은 절대 반박할 수 없다! 이는 물이 높은 곳에서 낮은 곳으로 흐르는 것을 막을 수 없듯이 바꿀 수 없는 사회의 보편 법칙이다.

'시장의 과학'인 경제학이 이 법칙들의 작용을 이론적으로 설명하고 경험적으로 입증했으므로 우리는 이것이 보편적이고 불변한다고 믿는다. 시장을 옹호하는 19세기 반사회적 논의가 오늘날 기세등등하게 되살아난 현상의 근간에는 진보주의자들까지 포섭한 주류 경제학 이론의 논리적 힘, 기술적 강점, 경험적 유효성에 대한 굳건한 믿음이 있다. 우리가 아무리 경제학자들의 반동적 관점을 비판하더라도 결국 '시장 기초여건(market fundamentals)을 부정할 수 없다.'

하지만 이 말은 틀렸다. 주류 경제학이 '시장 기초여건'이라는 신조어를 만들 때 의미했던 개념은 이제 존재하지 않는다. '신고전파' 주류 경제학은 논리가 탄탄하지도, 기법이 출중하지도, 경험적으로 유효하지도 않다. 오히려 그 논리는 모순되고, 기법은 엉성하고, 놀랍게도 실물경제는 정기적으로 그것을 일반화한 결과가 얼마나 잘못됐는지를 현실적으로 보여준다. 뒤에 나오겠지만, 비논리로 점철된 구체적 사례가 넘쳐난다.

다시 말해 주류 경제학은 쓸데없는 주장, 허튼소리다. 이 책이 이를 구체적으로 증명할 것이다. 먼저 현실에서 시장이 작동하는 방식을 살펴보고 나서 '가짜 경제학자들이 사는 세계'로 들어가 보자.

현실에서 시장은 어떻게 작동하는가

신고전파 주류 경제학이 주장하는 소위 '과학적인' 내용을 논하기 전에, 당연하게 여겨지는 시장의 몇 가지 특징을 분명하게 서술할 필요가 있다. 대부분 매매는 '시장'이라는 장소에서 이루어지지 않는다. 우리는 백화점에서, 창고에서, 온라인으로, 전화로 물건을 사고판다. 이런 매매 활동은 각기 다른 시각에 다양한 상황에서 이루어진다. 생산과 유통이 여러 단계로 나뉜 자동차 산업이 그 좋은 예다. 누군가가 '자동차 시장'이라고 말할 때 '시장'이라는 말은 특정 기간에 특정 장소에서 이루어지는 모든 자동차 구매를 막연하게 가리키는 데 사용된다. 예를 들어 우리는 '2014년 미국의 자동차 시장' 같은 표현을 사용한다.

이 '시장'을 생산 영역과 유통 영역으로 나눌 수 있다. 각 자동차 회사는 해당 생산 주기의 추정 판매량을 근거로 필요한 만큼 직원을 고용하고 원자재와 부품을 조달한다. 각 회사의 구체적인 정책에 따라 다르겠지만, 일부 또는 대부분 직원이 자동차를 생산하고 배송하고 판매하는 데 소요되는 시간보다 더 긴 기간의 노동계약을 맺는다. 그렇게 함으로써 고용 업무가 간단해지는 반면에 경영진이 임금과 노동조건을 변경할 재량이 약간 제한된다. 생산 설비가 가동하는 동안 대리점에서는 이전 생산 기간에 생산한 자동차를 판매하므로, 생산과 판매가 동시에 진행된다.

자동차 총판매량에 영향을 미치는 요소는 많다. 그중에서 가장 중요한 것은 아마도 그 시기의 경기일 것이다. 고용률이 높으면 가계 경제도 활기를 띠고, 자동차를 새 차로 바꾸는 경향이 있다. 실업률이 증가하면 가계는 쉽사리 지갑을 열지 않는다. 회사별 자동차 판매량은 소비자의 상표 인지도, 광고 효과, 판매자의 시장 권력 등의 영향을 받으므로 파악하기가 더 복잡하다.

자동차 회사는 가계의 수요 증감, 경쟁 모델과 비교한 장점에 대한 대중의 인지도 평가와 같은 최근 시장 경험을 토대로 자동차 가격을 정한다. 판매량을 너무 낙관적으로 예측하면 판매가 저조해서 대리점이나 공장 창고에 자동차가 쌓일 것이다. 구매자는 이렇게 재고가 쌓여도 전혀 상관하지 않고, 대리점이 재고를 줄이려고 가격을 낮추면 이득을 본다. 그런데 이것은 생산자와 대리점의 관점에서 심각한 문제다. 팔리지 않은 자동차는 회사 경영자가 회수하기를 바라는 경비를 의미하기 때문이다.

여러 회사가 판매량을 너무 비관적으로 전망한 경우에는 대리점 전시실이 금세 텅 비어버리고 공장에 긴급 주문이 쇄도한다. 자동차 시장에서 이런 품귀 현상이 나타나면, 몇 가지 반응을 통해 시장이 조정된다. 가계는 대기자 명단에 이름을 올리거나 다른 모델을 고를 수 있다. 회사는 교대 근무를 늘려 생산 지연과 배송 지연을 막으려고 애쓴다.

이런 잉여(surplus)와 부족(shortage)의 비대칭성이 시장의 대표적 특징이다. 상품의 잉여 현상은 알아보기 쉽고 눈에 잘 띈다. 잉여 재고가 발생하면 판매자는 상당한 비용을 치러야 한다. 식료품처럼 변질되는 상품이나 의류처럼 취향의 변화에 민감한 상품이 과잉 생산되면 잉여 재고는 그 가치를 잃는다. 대조적으로 상품의 부족 현상은 아무도 알아차리지 못하고 지나갈 때도 있고, 보는 관점에 따라 달라지는 문제이기도 하다. 회사로서는 공급량 부족이 매출 손실을 의미하고, 그 규모를 단지 추정할 뿐이다. 잉여 재고로 인한 확실한 손실과 공급량 부족으로 인한 측정할 수 없는 예상 손실 중 하나를 선택할 수 있다면 기업은 대체로 후자를 택할 것이 분명하다.

이런 자동차 시장의 상황은 극도로 단순화한 것인데도, 주류 경제학의 시장과 비교하면 지극히 현실적이다. 가계의 대출 접근성, 자동차의 내구성이나 노후화, 광고의 영향은 고려하지 않았다. 자동차가 아니라 다른 상품 시장은 추가로 그 상품이 가정용인지 산업용인지, 가정용이라면 내구성이 높은지 낮은지, 내구성이 낮다면 급속하게 변질되는지의 여부에 따라 다른 특징들도 고려해야 한다.

이렇듯 개별 사례에 따라 다르지만, 어느 정도 일반화가 가능하다. 이례적인 시기를 제외하면 시장 절차는 잉여 상품의 축적을 줄이고 상품 부족 현상을 방지하는 경향이 있다. 잉여 상품의 축적을 막는 방법은 상품이 축적되는지를 직접 관찰하는 것이다. 대리점에 공급한 상품 수량이 회사가 정한 적정 수준을 초과하면 회사는 배송과 생산을 줄인다. 상품 부족 현상은 구매자가 그와 비슷한 다른 상품을 선택함으로써 대부분 해소할 수 있다. 회사의 관점에서 상품 부족은 원치 않는 재고의 축적만큼 뚜렷하게 알 수 있는 현상은 아니다.

부족과 잉여 현상에 대한 시장 조정은 완벽하지 않다. 노동인구의 과잉, 즉 실업은 시장경제의 고질적인 문제다. 실업률은 종종 비극적으로 높아지고, 실업에서 비롯한 빈곤은 문명사회에서 수치스러운 모욕이다. 그러나 시장경제는 1990년대까지 소련, 동부 유럽과 중부 유럽, 중국, 베트남에서 적용한 다양한 행정체제보다 기업과 가계의 생산과 유통을 체계화하는 데 훨씬 더 유연하고 효과적이었다. 시장경제는 독재정권의 행정체제와 비교할 때 개혁하거나 규제하기가 훨씬 쉬워 보인다. "시장은 지금까지 인류가 시도해본 모든 경제체제를 제외하면 최악의 경제체제다."

라고 처칠의 명언을 응용해 말해도 괜찮을 성싶다.

　주류 경제학자들도 우리처럼 슈퍼마켓과 백화점을 돌아다닐지 몰라도 그들이 사는 세상은 이곳이 아니다. 그들은 우리가 사는 세상과 다른 세상에서 산다. 그들의 세상에서 상품 부족이나 잉여 같은 현상은 절대 발생하지 않고, 실업이라는 개념조차 없으며, 과거와 현재와 미래가 완벽하게 같다. 천국의 모든 영혼이 고결하듯이, 주류 경제학자들은 완벽한 시장만이 존재하는 세상에서 살면서 "시장은 완벽한 경제체제다."라고 말한다.

가짜 경제학자들이 사는 세상

잉여분은 판매자에게 비용이 들어가고, 부족분은 구매자의 행동을 통해 유추할 수 있을 뿐 직접 관찰할 수는 없다. 시장에서 매매 활동은 잉여와 부족을 해소해주는 것처럼 보인다. 시장이 잘 작동하면 모두가 원하는 것을 구하고 잉여 재고가 거의 없거나 아예 없는 상태가 된다. 시장은 이런 면에서 유용하지만, 그렇다고 해서 시장이 다른 측면에서도 효율적인 것은 아니다.

　이 상식적 관점을 이해하려면 시장에 관한 배경 설명이 필요하다. 시장은 수천 년 전부터 존재했지만, 중앙계획경제 국가에서는 시장이 생긴 지 얼마 되지 않았다. 지난 250년간 자본주의 사회 바깥에서 시장의 기능은 극도로 제한되어 있었다. 이를테면 쿠바 정부는 1990년대 초에야 소규모 농장과 개인 텃밭에서 생산한 특정 농산물의 시장 거래를 허가했다. 이는 쿠바 국민의 식품 소비에서 지극히 작은 비중을 차지했다. 대부분 식품은 배급받거나 정부가 운영하는 가게에서 구매했다.

농산물을 생산하기 위해 투입(input)해야 하는 생산 요소들의 시장이 존재하지 않았으므로 생산자는 자기 가족의 노동력만을 활용할 수 있었다. 게다가 시장에서 판매하는 농산물은 정부에 조달하고 남은 잉여분이었다. 민간생산을 위한 작은 시장들은 농업 부문에 자원을 배분하지 않았다. 생산에 투입해야 하는 노동력, 토지, 신용 등을 거래하는 시장이 없었으므로, 판매자가 생산 활동을 다양화해서 시장가격에 대응하는 것은 사실상 불가능했다.

이런 사례는 시장에 자동차와 비슷한 면이 있음을 보여준다. 도로가 몇 개밖에 없거나 전혀 없으면 운전할 장소도 없다. 시장 거래에서 도로에 해당하는 개념은 공식적인 소유권 보장이다. 시장이 경제활동을 조절하는 사회에서 상품 판매는 생산자에게 '신호'를 보낸다. 가장 중요한 신호는 판매량이다. 예를 들어 서점은 어떤 책의 판매량이 재고량을 초과하면 출판사에 책을 추가로 주문한다. 여기서 가격은 설령 어떤 역할을 하더라도 부차적 신호를 보내는 데 그친다.

서점의 책 주문이 증가하거나 감소하면 출판사나 인쇄소가 고용하는 노동자 수가 달라지고, 노동력 외 투입 요소의 주문량도 변화한다. 가격도 변화하지만, 재고량과 비교해보면 훨씬 드물게 변화한다. 일반적으로 재고량이 가격에 신호를 보낸다. 어떤 책이 불티나게 팔리면 서점 주인은 남은 책의 가격을 올리지 않고 추가 수량을 주문한다. 가격이 변화하는 경우는 서점이 판매를 포기하고 책을 헐값에 내놓을 때다. 나는 어느 날 런던의 유명한 경제학 전문 서점을 지나가다가 정가 40파운드인 내 첫 책이 '1파운드'라는 가격표를 달고 창피할 정도로 수북이 쌓여 있는 것을 보고 이 사실을 깨달았다(나는 그 책들을 모조리 샀다).

　'시장 완판'의 현실은 슈퍼마켓 종업원들이 말하듯이 "팔지 못하면 썩는다."는 것이다. 시장 절차는 효율이 매우 낮지만, 평상시에 문제를 처리할 때 중앙계획경제에서 꼭 필요한 조직적 개입 없이도 스스로 조정하고 해결하는 체계라는 두드러진 장점이 있다. 더불어 명백한 단점도 있다. 아마도 가장 대표적인 단점은 구매력의 분산일 것이다. 저소득층은 책을 사고 싶어도 혈압약이나 식료품을 사거나 자동차 보험료를 내는 대신 50달러짜리 책을 사는 행동이 무책임하다고 생각할 것이다. 이렇듯 책 시장은 사회적으로 부적합한 측면이 있는데, 공공도서관이 이 문제를 부분적으로 해결해준다.

　구매자로서 누구나 한 번쯤 경험했을 시장 절차의 또 다른 단점은 물건을 산 다음에 같은 물건을 다른 곳에서 더 싸게 살 수 있었다는 사실을 알게 되는 것이다. 이것은 많은 사람에게 "발품을 더 팔아야 했어!"라고 말하고 넘어가는 사소한 불쾌감에 불과하지만, 교통수단 접근성이 떨어지는 빈곤한 가계에는 대단히 심각한 문제다. 1997년 미국 농림부가 의뢰한 연구는 다음과 같은 결론을 내렸다.

　저소득 가계는 다음 세 가지 이유로 식료품을 더 비싸게 살 가능성이 있다. 1) 저소득 가계는 가격이 가장 저렴하고 다양한 상표, 포장 단위, 품질의 제품을 보유한 슈퍼마켓에서 장을 덜 본다. 2) 저소득 가계는 식료품 가격이 더 저렴한 교외 지역에 사는 경우가 많지 않다. 3) 저소득층 지역에 있는 슈퍼마켓은 인근 고소득층 지역에 있는 슈퍼마켓보다 가격이 비

쌀 수 있다.[12)]

정부는 체인점들이 누구나 쉽게 접근할 수 있는 경로로 가격을 공시하게 하는 최소주의 정책, 도매상이 임의로 도매가를 정하지 못하게 하거나(미국에서는 이를 '도매가격 유지'라고 부른다) 가격을 직접 규제해서 시장 권력을 축소하는 조처 등 다양한 공공정책을 통해 개입함으로써 이런 형태의 가격 차별을 줄일 수 있다.

가족이나 직원의 의료보험에 가입할 때처럼 정보가 부족해도 대안이 없어서 어쩔 수 없이 거래해야 하는 상황에서 시장의 불완전성은 더욱 두드러진다. 정보 부족의 원인은 다음과 같다. 1) 정보를 얻기 어렵거나 얻는 데 비용이 많이 든다. 2) 거래 상대방이 정보를 통제한다. 3) 정보를 통제하는 쪽이 속인다. 4) 정보의 성격을 알 수 없다.

민간보험과 공공보험을 지배하는 원리인 집단적 위험관리는 정보 결핍을 처리하는 한 가지 방법이다. 그 예로 노인 건강을 보호하는 미국 국가 의료보험(Medicare), 금융기관의 예금을 보호하는 예금보험이 있다. 국가 의료보험은 서비스나 상품의 전달이나 사용에 직접 관여하지 않는 독립적인 제삼자(연방정부 부처)가 품질을 보증하는 표준화된 서비스를 제공한다. 서유럽 사람들은 집단적으로 납입한 의료보험의 혜택을 받아 각종 공공기관과 민간기관에서 집단적으로 체계화한 의료서비스를 받는다. 민

---

12) Phillip R. Kaufman, James M. MacDonald, Steve M. Lutz and David M. Smallwood, *Do the Poor Pay More for Food? Item Selection and Price Differences Affect Low-Income Household Food Costs* (Washington: USDA, 1997). Online: http://www.ers.usda.gov/Publications/ AER759/ (accessed 13 November 2013).

간보험도 비슷한 원리로 평균 위험을 나타낸 보험 통계표를 기준으로 보험료를 결정한다.

시장의 일상적 문제점인 불균형한 구매력, 가격 차별, 불충분한 정보는 치명적인 결함이 아니다. 공공의 이익을 추구하면서 이것들을 해결할 수 있고, 정도의 차이는 있지만 그렇게 해왔다. 치명적이지는 않은 이 문제점들은 완벽하지 않은 세상의 모든 것이 그렇듯이 시장 역시 완벽하지 않음을 시사한다. 그리고 시장은 완벽하지 않으므로 주의 깊고 책임감 있는 공적 감시와 규제가 필요하다.

이런 내용은 자명하고 합리적이지만(즉, 우리는 경험을 통해 시장이 완벽하지 않고 따라서 규제되어야 한다는 사실을 안다), 주류 경제학은 이것을 무지한 자들의 가벼운 한담으로 간주하며 전면 부인한다. 시장은 효율적이다. 시장은 자원을 최적으로 사용하도록 배분한다. '시장은 소비자가 원하는 품질의 재화와 용역을 제공하는 데 필요한 사회적 비용을 올바르게 반영한 가격으로 그것들을 소비자에게 제공한다. 드물게 예외적인 사례를 제외하면 시장 규제는 국민의 안녕과 행복을 침해한다.' 이것이 바로 주류 경제학이 주장하는 내용이다.

주류 경제학은 왜 모든 경험적 사실과 상반되는 자유 시장을 끈질기게 선전하는 것일까? 게다가 대부분 영어권 선진국 국민은 왜 일상적인 시장 거래와 모순되는 주류 경제학의 선전을 믿는 것일까? 칠면조도 도축업자 앞에서 꽥꽥 우는데, 소비자들은 왜 저항하지 못하고 '수요와 공급의 철칙'을 절대적인 진리처럼 받아들일까?

시장 옹호 선전의 첫 번째 과제는 사람들이 자기 시장 경험을 스스로 평가할 능력이 없다고 세뇌하는 것이다. 주류 경제학은 일부 종교에서 사제가 평신도의 신앙생활에 개입하듯이 사람들의 시장 경험을 해석할 때 개입한다. 식료품을 사고 월세나 대출금을 내고 예기치 못한 사고에 대비해서 저금하는 등 일상적 경제활동이 오로지 전문가만이 이해할 수 있는 지극히 복잡한 절차를 통해 이루어진다는 사실을 인정하라고 강요한다. 은행가나 헤지펀드 투기꾼 같은 소수 전문가를 규제 없는 시장에 대한 본능적인 두려움 덕분에 경제활동의 성격을 이해할 수 있다. 그러나 대중은 그런 정보를 구할 수 없다. 단지 시장을 숭배할 뿐이다.

이렇게 사람들이 만장일치로 시장이 '좋은 것'이라고 합의한 상황에서 전문가들이 등장한다. 주류 경제학자들은 만장일치 성립을 위해 여기에 동의하지 않는 이들을 일탈자로, 심지어 자유 이념의 반역자로 취급한다. 그들은 시장이 일으킬 수 있는 모든 문제를 제거하는 '제거 절차'를 거쳐 시장이 좋은 것임을 증명한다. 이처럼 실제 경험과 모순된다고 해도 시장이 완벽하다는 결론만을 남긴다. 나는 주류 경제학이 '경쟁'이라고 부르는 것이 양자역학처럼 몇 년 동안 열심히 공부해야 겨우 학문적으로 접근할 수 있는 미묘하고 직관에 어긋나는 개념이 아니라는 사실을 강조하고 싶다. 오히려 경쟁은 복잡해도 이해하기 쉬운 절차로 구성되어 있어, 설명하는 데 전문용어나 특수한 지식이 전혀 필요 없다. 가짜 경제학자는 직업의식을 발휘해서 간단한 개념을 쓸데없이 복잡하게 만들어놓는다.

'제거 절차'는 다음과 같이 진행한다. 우선, 부와 소득의 분배를 시장의 작동과 무관한 것으로 간주한다. 분배는 누구나 주관적으로 의견을 표출할 수 있다는 '초기 조건'을 이루는데, 그런 주관적 의견은 시장을 판단하는 데 개입할 수 없다는 것이다. 분배를 이런 식으로 간주하는 것은 두말할 나위 없이 황당한 일이다. 가계와 기업의 수요 구조가 생산의 구도를 결정하고, 소득과 부의 분배가 수요 구조를 결정한다. 억만장자가 없다면 개인 요트나 제트기를 생산하는 사람도 없을 것이다. 경제학자가 시장의 미덕을 과장할 때 서두에 "그런데 저는 소득분배가 시장에 아무런 영향을 미치지 않는다고 전제합니다."라고 절대 말하지 않는 데는 그만한 이유가 있다.

이 '전제'는 매우 편리하다. 그것은 경제력 차이에서 비롯한 시장의 모든 문제와 사람들의 분노를 무시한다. 사람들은 그들이 소유한 것을 시장에 들고 와서 거래에 참여할 뿐이고, 분배 문제를 제기하면 경제학적 분석이 반과학적이며 주관적인 논의로 전락하므로 그래서는 안 된다는 것이다. 이것은 폴 새뮤얼슨이 주류 경제학의 토대로 삼은 '긍정적' 과학의 '표준적' 평가법이다(글 상자: 가짜 노벨상 참조). 여기에 모든 거래가 자발적으로 이루어진다는 전제를 추가하면, 불평등을 이유로 시장을 비판할 여지가 아예 사라진다.

시장에서 불평등 때문에 생기는 문제를 어떻게 해결했는지 살펴봤으니 이제 정보 확보 문제를 살펴보자. 자유 시장주의자들은 이 문제도 쉽게 처리한다. 모든 시장 참여자가 모든 거래에 관련된 정확하고 완전한 정보를 입수한다고 가정하면 된다('완벽한 지식과 선견지명'). 분배를 시장과 무관한 문제로 간주하는 태도가 황당하다면 이런 가정은 어처구니가 없다. 허위 제품정보, 허위 광고, 내부자 거래, 정보 획득에 드는 비용까지 이 모든 것을 망각하고 자유 시장의 은혜를 누리며 앞으로 나아가라고 하면 아무 문제가 없다는 것이다. 주류 경제학은 '합리적 기대', '효율적 시장 가설', '추가 정보 획득의 비용 편익'처럼 겉보기에 더 그럴싸한 이름을 붙여 이 학문적 전략을 정당화한다. 조금 다르게 표현했을 뿐 본질은 같다.

게다가 대량 구매자나 대량 판매자의 권력에서 비롯한 광범위한 시장 차별의 문제가 남아 있다. 이 문제를 다루기 전에 약간의 배경 지식을 갖출 필요가 있다. 어떤 사람에게 정확하고 완전한 정보가 있더라도(그런 사람은 비교적 소수다), 더 나은 조건의 시장에 접근할 수 없어서 불리해질 수 있다. 이런 문제는 제품 거래가 각기 다른 시간과 장소에서 이루어지므로 발생한다. '8월의 식품 판매량'처럼 모든 판매 지표는 필연적으로 특정 기간과 결부된다.

차별과 속임수가 없더라도 같은 제품을 같은 장소에서 판매하면서 단기간에 가격이 달라질 수 있다. 자명한 예로 슈퍼마켓이 제품 회전 속도를 늘리기 위해 할인하는 경우가 있다. 흔히 볼 수 있는 이런 가격 변동은 시장이 유연하지만 효율적이지 않다는 사실을 말해준다. 같은 제품을 다른 시각과 장소에서 사고파는 상황은 시장 권력을 변덕스럽게 행사할 수 있는 토대를 마련한다. 변화하는 조건에 맞춰 가격이 '조정'되는 양상은 시장의 유연성처럼 보이지만, 사실은 권력이 강한 기업이 시장을 통제하는 것일 수 있다. 따라서 주류 경제학은 하나의 제품이 오직 하나의 가격에 팔리는 것을 경쟁이 보장해준다고 주장한다. 이른바 '일물일가의 법칙(Law of One Price)'이다.

요약하자면 주류 경제학은 시장가격이 상품의 생산 비용과 유통 비용을 그대로 반영한다고 말한다. 하지만 권력을 쥔 기업이나 개인이 시장을 조작할 수 있다면, 이것은 사실일 수 없다. '시장은 실질 비용을 반영한다'는 주장은 노골적인 시장 조작이 없는 상태에서도 신빙성이 없다. 슈퍼마켓에서 양상추 한 포기를 2달러에 팔다가, 문 닫기 한 시간 전부터 1달러에 판다면('팔지 못하면 썩는다' 가격 책정법), 어느 가격이 실질 비용을 반영한 것일까? 평균값을 책정한다면 모든 판매를 동등하게 취급해야 할까, 아니면 두 가격 중 하나가 더 정확한 '신호'일까? 주류 경제학은 전제를 하나 추가함으로써 시장이 구매자와 판매자에게 '너무 많은 신호를 너무 자주' 보내는 난감한 상황을 해결한다. 그 전제는 모든 거래가 하나의 거대한 시장에서 동시에 이루어진다는 것이다. 따라서 각 거래에서는 오직 하나의 가격만이 허용된다.

가짜 경제학자들의 세상에서는 1) 부와 소득의 분배를 경시하고, 2) 구매자와 판매자는 알아야 할 모든 것을 알고 있으며, 3) 모든 시장 거래는 동시에 진행된다. 그러나 심각한 절차상의 문제가 있다. 거래에서 누가 가격을 결정할까? 구매자와 판매자 둘 다 거래에서 최대 이익을 얻으려 하므로 어느 쪽도 상대에게 가격 결정을 믿고 맡길 수 없다. 만약 흥정한다면 거래가 시장 권력의 영향을 받으므로 합의된 가격이 생산 비용과 유통 비용을 그대로 반영한 가격에서 벗어날 가능성이 있다. 따라서 흥정을 허용할 수 없다.

제2차 세계대전 중에 B-25 폭격기 대원이었던 조지프 헬러는 1961년 베스트셀러 『캐치-22』(Catch-22)를 출간했다. 제목 '캐치-22'는 정신 이상을 이유로 전투에서 제외되어야 한다고 주장하는 사람은 자신의 정신 이상 증세를 자각할 정도로 정신이 온전하므로 전투에 투입해야 한다는 미국 공군의 어느 교본에 나오는 표현이라고도 하지만, 어쨌든 출처가 불분명한 군사 규칙에서 따왔다. 경쟁적 시장 거래에서 가격이 어떻게 정해지느냐는 문제는 주류 경제학 시장 이론의 '캐치-22'에 해당한다.

실로 진퇴양난의 문제다. 구매자와 판매자는 거래에 상호 합의하지만, 어느 한쪽이 가격을 구체적으로 제시한다면 시장의 순수성이 의심받는다. 이를테면 가게, 상점, 온라인, 홈쇼핑 등 현실적인 거의 모든 거래가 그러듯이 판매자의 가격 통일은 시장 권력의 존재를 암시하고, 이는 공적인 감시가 필요하다는 뜻이기도 하다. 그것은 소비자보호단체를 통한 온건한 감시일 수도 있고, 회사들의 시장 점유를 제한하고 구매자와 판매자 사이의 유착을 방지하는 법률 제정처럼 적극적 감시일 수도 있다.

공공규제의 논리에서 벗어나려면 주류 경제학자는 시장 모델에서 시장 권력이 존재할 가능성마저도 배제해야 한다. 구매자와 판매자가 서로 가격을 논의하는 것도 허용해서는 안 된다. 경쟁적 가격 책정의 순환을 끊으려면 극적이고 혁신적인 해결책이 필요하다. 이때 나타나는 구세주는 '경매인(auctioneer)'이다. 거래를 간절히 기다리는 모든 구매자와 판매자 옆에 경매인이 서서 모든 거래의 가격을 외친다. 경매인이 가격을 외치면 그것은 즉시 모든 구매자와 판매자가 수동적, 의무적으로 수용하는 가격이 된다.

헬러의 소설에서 요사리안이 "'캐치-22'는 참 대단한 함정이야."[13]라고 감탄하는 것처럼, 경매인은 진실로 경외감을 불러일으킨다. 제공된 가격은 구체적인 결과를 낳아야 한다. 재고가 남거나 부족하지 않아야 하고 모든 구매자와 판매자가 만족해야 한다. 시장은 완벽하게 작동한다. 모든 규제성 개입은 모든 시장 참여자에게 방해가 되므로 공적인 감시는 불필요할 뿐 아니라 '악행'이다. 이것이 경제학자들이 건설한 가상 세계다. 여러분은 여기서 순환 논증의 낌새를 눈치챘을 것이다. 가짜 경제학자는 가짜 전제를 바탕으로 사회적으로 완벽하게 기능하는 시장 개념을 세우고,

---

13) Joseph Heller, *Catch-22* (New York: Simon & Schuster, 1961).

공공규제가 완벽한 시장을 오염시킨다고 주장한다.

이 잘 짜인 논리는 모든 구매자와 판매자를 만족하게 한다. 경제학자들의 '구름 뻐꾹 나라(Cloud Cuckoo Land)'에는 생산 활동이 없고, 거대한 하나의 시장에서 동시에 이루어지는 매매 행위만 존재한다. 이 표현이 유래한 아리스토파네스의 희곡『새(Ornithes)』(BC 414)에서 두 인물 피스테타이로스와 에우엘피데스는 하늘에 거꾸로 매달린 완벽한 도시인 구름 뻐꾹 나라를 세운다. 주류 경제학의 시장 분석을 일컫는 데 구름 뻐꾹 나라만큼 정확하고 적절한 용어를 찾기는 어려울 것이다.

사람들은 신고전파 경제학의 거대 시장에 그들이 원하지 않는 다양한 상품을 들고 가서 원하는 상품과 교환한다. 시장은 다음의 예외 없는 법칙들에 따라 작동한다.

1. 절대 권력자인 경매인이 시장을 감독한다.
2. 경매인은 구매자에게 판매 품목을 고지하고, 판매자에게 구매자가 구매하려는 품목을 고지하고, 양측에 거래 가격을 고지한다.
3. 모든 거래가 동시에 일어나고, 경매인의 명시적 승인 없이 어떤 거래도 이루어지지 않는다.

이 시장에서 구매자와 판매자는 가격에 전혀 영향을 미치지 않는다. 신고전파 경제학자들이 그것을 허용하지 않기 때문이다.

분별 있는 독자라면 내가 왜 '잉여나 부족 현상이 전혀 일어나지 않고, 가격 흥정도 없고, 모든 거래가 동시에 이루어지는 시장'이라는 어이없는 설정을 언급하느냐고 물을지도 모른다. 잉여, 부족, 흥정이 없는 시장이 어이없는 이유는 그것이 순수하게 신이 내린 기적이기 때문이다. 이 시장에는 거래 당사자 간의 상호 작용이 없다. 그런데도 시장이 효율적인 것처럼 보이는 이유는 가상의 경매인이 가상의 거래를 감시하기 때문이다. 직설적으로 말하자면 이 시장에 과잉, 부족, 흥정이 없는 이유는 경제학자가 그것을 허용하지 않았기 때문이다. 루이스 캐럴의 시 「스나크 사냥(The Hunting of the Snark)」에 나오는 벨먼이 주장했듯이 "내가 세 번 말한 것은 진실하다."[14]는 원칙 때문에 이 시장에는 잉여나 부족 현상이 없다.

내가 이런 신빙성 없는 환상적인 시장을 제시한 이유는 이것이 보통 사람이 믿기 어려운 내용인데도 주류 경제학의 이론적 근간이기 때문이다. 공식적으로 발라스(Walras)의 일반균형이론(general equilibrium theory)으로 알려진 이 황당한 내용을 주류 경제학의 어느 추종자가 정성 들여 설명하기만 하면 그는 경제학계의 금메달인 스웨덴 중앙은행 노벨상(글 상자: 가짜 노벨상 참조)을 받을 수 있다. 내가 이 모든 것을 지어냈다고 생각한다면, 경제학 이론을 설명하는 전형적인 홈페이지들을 참고하기 바란다. "발라스의 일반균형이론에는 '완전 경쟁'이라는 가정이 당연히 무효하다는 문제도 있었다. 또한, 새로운 가격을 애초에 어떻게 정하느냐의 문제도 있었다. 발라스는 경매인 혹은 '공고를 외치고 다니는 관리'[15]가 가격을 선언한다고 가정했다."

주류 경제학에는 규제되지 않은 시장이 사회적으로 유익하고 효율적

---

14) Lewis Carroll, *The Hunting of the Snark: An Agony in Eight Fits* (London: Macmillan, 1876).

15) Scarlett History of Economic Theory and Thought, "Leon Walras Biography –(1834–1910) General Equilibrium Model," June 2008. Online: http://www.economictheories.org/2008/06/leon-walras-biography-general.html (accessed 10 October 2013).

인 결과를 낳는다는 사실을 입증하는 이론이 없다. 게다가 비전문가가 보기에 참으로 이상하게도 주류 경제학에는 가격 자체에 관한 설명도 없다.

이렇게 이론의 탈을 쓴 코미디를 아무리 진지하게 분석해봐도 그것은 애덤 스미스가 상위 1%의 탐욕과 시장의 미덕을 동시에 정당화하는 데 사용한 '보이지 않는 손'이라는 개념이 시장경제를 어떤 식으로 좌우하는지 확인할 수 없다.

> 부유층은 (…) 보이지 않는 손에 이끌려 생활필수품을 분배함으로써 지구를 모든 사람에게 동등하게 분배하는 것과 거의 같은 결과를 낳으므로, 그럴 의도도 없고 자기도 모르는 사이에 사회의 이익을 증진한다.[16]

주류 경제학에 영향을 미친 발라스의 시장이론에는 눈에 보이지 않는 초인간적인 힘에 좌우되는 것이 아니라 오히려 시장이 혼란에 빠지지 않도록 개입하는 '가상의 경매인'이라는 눈에 확연히 드러나는 강력한 존재가 있었다. 현실에도 이론에도 '보이지 않는 손'은 없다.

앞서 활동했던 자유 시장 옹호자들을 가리켜 케인스는 다음과 같이 말한 것으로 유명하다. "꽤 실용주의적인 사업가도 죽은 지 오래된 경제학자의 사상에 예속되곤 한다." 유감스럽게도 시장의 미덕을 옹호하는 대부분 경제학자는 여전히 살아 있고, 그들은 진부하고 형편없는 이론을 세우는 능력만큼이나 자유 시장을 선전하는 능력이 훌륭하다. 이 책의 나머지 부

---

16) Adam Smith, *The Theory of Moral Sentiments* (1759), pt. 4, ch. 1. Online: http://www.econlib.org/library/Smith/smMS.html (accessed 13 November 2013).

가짜 노벨상

1968년 스웨덴 중앙은행(Sveriges Riksbank)은 '알프레드 노벨을 기념하는 스웨덴 중앙은행 경제학상'을 제정했다. 이 장황한 이름 탓에 우리는 이 상이 평화상, 물리학상, 화학상, 생리의학상, 문학상과 더불어 노벨상 중 하나라는 인상을 받는다. 그러나 관례적으로(모방과 염원일까?) 노벨상과 같은 시기에 발표되기는 하지만, 이 상은 노벨상이 아니다.

1999년 미국의 저명한 경제학자 바버라 버그먼(Barbara Bergmann)은 역대 수상자들의 '업적'을 다음과 같이 기술했다.

> 이 상 때문에 자주 당황하게 된다. 대중에게 새로운 수상자의 업적에 관해 설명해야 하기 때문이다. 그 업적은 대개… 모두가 알고 있는 어떤 절차를 막무가내로 단순화해서 나타낸 것이다. 제임스 M. 뷰캐넌(James M. Buchanan)은 정치인과 관료들이 자기 잇속을 차리는 방향으로 행동한다는 사실을, 로버트 루커스(Robert Lucas)는 인간이 앞으로 할 일을 생각해내는 데 최선을 다한다는 사실을, 프랑코 모딜리아니(Franco Modigliani)는 사람들이 인생의 어느 단계에 있느냐에 따라 저축하고 소비하는 양상이 달라진다는 사실을 우리에게 알려준 공로로 노벨상을 받았다는 말을 듣고 사람들은 실소를 금치 못했다.[*]

특히 '노예제도의 경제적 합리성'을 입증한 공로로 1993년에 이 상을 받은 로버트 포겔(Robert Fogel), 노동인구 중 여성의 종속적 역할이 최적이

---

[*] Barbara Bergmann, "Abolish the Nobel Prize for Economics," Challenge 42, 2 (1999): 52–3.

라는 이론으로 1992년에 수상한 게리 베커(Gary Becker)를 언급하며 버그먼은 다음과 같이 썼다. "포겔과 베커의 수상은 단지 천박한 취향의 문제가 아니다. 그들이 받은 상은 복잡하고 고통스러운 현상을 낙관적인 최적의 절차로 단순화한 작업을 예우한 것이다."*

뷰캐넌, 루커스 등의 업적은 이후 수상자들의 업적과 비교하면 중요해 보인다. 1997년 마이런 숄스(Myron Scholes)와 로버트 머튼(Robert C. Merton)은 자본시장 이론에 관한 획기적 연구로 스웨덴 중앙은행 경제학상을 거머쥐었다. 그들은 연구 업적을 토대로 1994년 고위험 투기 펀드인 롱텀 캐피털 매니지먼트(LTCM) 설립에 참여했다. 수상자들의 계획은 1998년 46억 달러의 손해를 내면서 화려하게 실패했다. 그들을 비판하던 사람들조차 상상하지 못한 결과였다. 내가 아는 한 스웨덴 중앙은행은 사과하기는커녕 유감을 표명하지도 않았다. 얀 틴베르헨(Jan Tinbergen, 1969), 군나르 뮈르달(Gunnar Myrdal, 1974), 아마티아 센(Amartia Sen, 1998)처럼 훌륭한 수상자도 있었다. 그러나 타임머신을 이용해 모든 수상자를 한자리에 모아놓는다면, 대다수가 정말 재미없고 단연 반동적일 것이다.

---

* Ibid., 55–6.

분에서는 그들의 이론이 연기와 거울과 환영을 이용해 오즈의 마법사보다도 탁월하게 만들어낸 혼란과 거짓 정보의 실상을 폭로하고자 한다.

가짜 경제학과 경제학: 이름과 망신

> 그들이 경제학 법칙을 떠벌리는 동안 사람들은 굶주리고 있다.
> 우리는 경제학 법칙을 자연이 만든 것이 아니라는 사실에 주목해야 한다.
> 경제학 법칙은 인간이 만든 것이다.[17]
> ― 프랭클린 D. 루스벨트

이제부터는 모호한 측면이 있는 '주류 경제학(mainstream economics)'이라는 용어 대신 더 정확한 용어인 '가짜 경제학(fakeconomics)'을 사용하겠다. 연금술과 화학, 점성술과 천문학의 대립 관계를 고려하면 이것은 지극히 적절한 용어다. 이 용어를 단지 모욕하려는 의도로 사용한다는 오해를 피하기 위해(물론 모욕하려는 의도도 있긴 하다) 세심하게 정의하려 한다.

가짜 경제학은 형이상학적 권력을 부여받아 현실에 존재하지 않는 거래 관계를 연구하는 분야다. 이런 거래들은 자발적이고 불변하며, 역량이 똑같은 전지적인 생명체들 사이에 이루어지는 것으로 전제되어 있다. 이 전지적 생명체들은 모든 거래의 결과와 성사 확률을 미리 알고 있어서 놀라는 일도 없다. 가짜 경제학에서는 과거, 현재, 미래에 아무런 차이가 없고, 항상 완전 고용 상태가 유지된다.

가짜 경제학자(econfaker)는 경제가 실생활에서 작동하는 양상을 분석하는 학자들을 무식하고 천박하고 현실적인 경험론자로 간주하고 그들의 의견을 무시한다. 그리고 그들이 일반적으로 수학을 충분히 사용하지 않고 전문기술이 부족하므로 세속적이고 무지하다고 비판한다. 그러나 일반인이 보기에도 가짜 경제학의 사회적 역할은 교조적인 사제를 모시는,

---

17) Democratic Party Convention, Chicago, 2 July 1932.

거의 종교적인 역할에 한정되어 있다. 그리고 이 종교의 가장 중요한 교리는 '시장의 기적'이다.

이제 가짜 경제학을 정의했으니, '화학의 연금술 분야'나 '천문학의 점성술 분야'라고 말하지 않는 것처럼 앞으로 '경제학의 가짜 경제학 분야'라고 말하지는 않을 것이다.

더 읽을거리

가격 차별

Phillip R. Kaufman, James M. MacDonald, Steve M. Lutz and David M.Smallwood, *Do the Poor Pay More for Food? Item Selection and Price Differences Affect Low-Income Household Food Costs* (Washington: USDA, 1997). http://www.ers.usda.gov/Publications/AER759/ (2013.11.13).

가짜가 아닌 경제학

Robert Heilbroner and James K. Galbraith, *The Economic Problem* (New York: Prentice Hall, 1990).

Steve Keen, *Debunking Economics: The Naked Emperor of the Social Sciences* (Sydney: Zed Books, 2001, revised 2011).

Norbert Häring and Niall Douglas, *Economists and the Powerful: Convenient Theories, Distorted Facts, Ample Rewards* (London: Anthem Press, 2012).

약간 전문적인 책

John Weeks, *The Irreconcilable Inconsistencies of Neoclassical Macroeconomics: A False Paradigm* (New York: Routledge, 2012).

가짜 경제학(접근 시 주의 요망)

Gregory Mankiw, *Principles of Economics*, 5th edition (Stamford, CT: South-Western Cengage Learning, 2011). 『맨큐의 경제학』 제5판, Cengage Learning(2012).

Yoram Bauman, "Mankiw's 10 Principles of Economics, Translated for the Uninitiated" (lecture at the AAAS Humor Session, 16 February 2007). http://www.youtube.com/watch?v=VVp8UGjECt4 (2013.10.10).

2장

시장 숭배

경쟁이란 무엇일까?

같은 상품을 거래하는 사람끼리 친목을 목적으로도 모이는 일이 드물지만, 일단 만나면 그들의 대화는 언제나 대중을 속일 음모나 가격을 올릴 계책을 논의하며 끝나곤 한다.[1]
— 애덤 스미스

경쟁은 특정 시점까지만 유용하고 그 시점이 지나면 더는 유용하지 않은 것으로 드러났다. 오늘날 우리가 추구해야 할 협동은 경쟁이 멈춘 지점에서 시작된다.[2]
— 프랭클린 D. 루스벨트

우리는 보통 '경쟁(competition)'이 모든 사람이 어떤 것을 얻을 수 없는 상황에서 그것을 얻으려고 애쓰는 과정이라고 생각한다. 경쟁에 대한 이런 해석은 첫 번째 정의로 "경쟁의식", 두 번째 정의로 "경쟁자끼리 겨루는

---

1) Adam Smith, *An Inquiry into the Origin and Causes of the Wealth of Nations* (New York: Cosimo, 2010), bk 1, ch. 10, par. 82. Online: http://www.econlib.org/library/Smith/smWN.html (accessed 12 November 2013).

2) Speech at the People's Forum in Troy, New York, 3 March 1912.

것"을 제시한 메리엄-웹스터 사전의 해석을 따른다. 케임브리지 사전의 정의는 더 공격적이다. 경쟁은 "누군가가 무엇을 쟁취하거나 다른 사람보다 더 성공하려고 애쓰는 상황"이며 '경합(competition)'은 "사람들이 가장 빠르게 달리거나 최고가 되어 상을 받으려고 애쓰도록 기획된 행사"로 정의한다. 상식적 관점에서도 그렇지만, 이 정의들이 분명히 시사하는 바는 경쟁에서 누군가는 이기고 나머지 대다수는 진다는 것이다.

가짜 경제학자는 이 정의와 이 정의가 시사하는 모든 것을 거부한다. 그가 사는 세상에서 경쟁은 완전히 다른 개념이다. 첫째, 경쟁은 과정이 아니라 결과다. 둘째, 경쟁은 몇몇 사람만이 이기고 대다수가 지는 시합이 아니라 공존의 화음이며 시장 권력에 바치는 낭만적 춤이다. 음악이 흐르다가 멈추면 일제히 의자에 앉고, 의자를 차지하지 못한 사람이 탈락하는 게임에서 모두를 위한 의자가 준비된 상황이라는 것이다.

이 경쟁 아닌 경쟁 개념에도 그 나름대로 왜곡된 논리가 있다. 만약 경쟁이 가계에는 더 저렴한 상품을, 기업에는 더 큰 효율성을 가져다주는 좋은 것이라면, 경쟁은 경쟁자 사이의 경합일 리가 없다. 기업들의 시장 경쟁이 테니스 경기나 월드컵 축구와 비슷한 것이라면, 필연적으로 한 명의 우승자가 나오거나 몇 명의 생존자가 서로 결탁할 것이다.

예를 들어 휴대전화 사용자는 여러 이동통신 서비스 제공자 중에서 한 업체를 고를 수 있다. 휴대전화 제조사들은 서로 경쟁하므로 처음에는 가격이 내려가서 휴대전화 사용자는 이득을 볼 수 있다. 회사의 관점에서 경쟁의 목적은 경쟁자를 제거하고 시장 점유율을 높이는 데 있다. 낮은 가격은 참가자들이 '경쟁'이라는 전쟁에서 사용하는 무기다. 사용자에게 유리해 보이는 조건(낮은 가격)은 고비용 회사를 탈락시키는 선택 메커니즘으로 작용한다. 제거 과정을 거치고 나서도 영원히 낮은 가격을 유지할 수 있다면 문제없겠지만, 경쟁의 세계는 그렇게 작동하지 않는다. 선택 과정에서 소수 회사만 남고 모두 배제되면, 살아남은 회사들은 사용자에게 피해가 갈 정도로 가격을 좌지우지할 권력을 얻는다.

경쟁의 지속적 흥망성쇠는 주류 경제학자의 경제 분석에서 차지할 자리가 없다. 그 세계에서 경쟁은 성하지도 쇠하지도 않고 언제나 조화롭고 안정적이고 불변하며 신의 은총이 충만한 상태로 존재한다. 내가 경제학 분야를 터무니없이 모함한다는 비난을 받고 싶지 않으므로 주류 경제학 문헌 하나를 인용해보겠다.

이론적으로 자유 시장은 다음 조건들을 만족(할 때 성립)한다. 1) 구매자와 판매자가 너무 많거나 너무 적어서 개별적으로 가격을 통제할 수 없다. 2) 모든 구매자와 판매자는 이익(소득)을 최대화하고자 한다. 3) 구매자와 판매자는 자유롭게 시장에 진입하거나 시장에서 퇴장할 수 있다. 4) 모든 구매자와 판매자는 거래되는 재화의 재고 여부, 가격, 품질에 관한 정보를 구할 수 있다. 5) 성격이 같은 모든 재화는 동질이므로 서로 대체할 수 있다. 이것을 '완벽한 시장' 또는 '순수한 경쟁'이라고 부른다.[3]

내가 조롱하려는 의도로 이 인용문을 골랐다고 생각할 수도 있으므로, 또 하나의 상세한 인용문을 아래 실었다.

---

3) "Perfect Competition," BusinessDirectory.com. Online: http://www.businessdictionary.com/definition/perfect-competition.html (accessed 13 October 2013).

경쟁적 시장은 여러 전제를 근거로 작동한다. 이것들을 전제하지 않으면 우리는 불완전한 경쟁의 세계로 넘어간다. 그 전제들은 다음과 같다.

1. 공급자는 많고, 각 공급자의 시장 점유율은 무시할 수 있을 정도로 작다. 이는 개별 기업이 시장 전체와 비교할 때 너무 작아서, 한 기업의 공급량을 조절하더라도 가격에 영향을 미칠 수 없다는 뜻이다. 각 기업을 가격 수용자로 가정한다.

2. 모든 기업은 동일한 결과물을 생산한다. 즉, 시장은 완벽히 대체 가능한, 동질적이거나 표준화된 제품을 공급한다. 소비자는 그 제품들이 같다고 인식한다.

3. 시장의 모든 판매자가 청구하는 가격에 대해 소비자는 완벽한 정보를 보유하고 있다. 따라서 어떤 기업이 자기 상품의 가격을 지배적인 시장 가격보다 더 높게 책정한다면, 그 기업의 판매량이 줄어드는 대규모 대체 효과(substitution effect)가 나타날 것이다.

4. 모든 기업(기존 업체와 신규 업체)은 기술이나 기타 투입 요소 등 자원에 동등하게 접근한다고 전제한다. 어느 기업이 향상한 생산 기술은 시장의 모든 공급자가 이용할 수 있다.

5. 장기적으로 기업이 시장에 진입하거나 시장에서 퇴장하는 데 장애물이 전혀 없다고 전제한다. 이는 시장이 새로운 공급자와의 경쟁을 허용한다는 뜻이고, 이것이 해당 산업의 각 기업이 창출하는 장기이익에 영향을 미친다는 뜻이다. 완벽한 경쟁 시장에서 장기적 균형은 한계기업이 장기적으로 '경상수익(normal profit)'을 얻을 때 이루어진다. 이때 경상수익은 기업 운영에 필요한 절대적 최저이익을 의미한다.

6. 생산과 소비에는 외적 요소가 전혀 없고, 따라서 민간비용과 공공비용, 민간이익과 공공이익 간의 차이가 없다.[4] (밑줄은 저자)

가짜 경제학자의 구름 뻐꾹 나라에는 마이크로소프트도, 엑손모빌도, 월마트도 없다. 그 세계는 가상의 대륙에 있는 듯하다. 현실에서 이들 전제 중 단 하나라도 유효한 시장을 찾는 것도 거의 불가능하고, 모든 조건을 충족하는 시장을 찾을 확률은 틀니 낀 암탉을 만나는 것만큼이나 희귀하다.

그런데 이런 현실적 문제 제기에 주류 경제학은 다음과 같이 답한다.

많은 경제학자가 완전 경쟁 연구의 유효성에 의문을 제기했다. 그러나 이 이론은 실제로 경쟁 조건이 유효할 때 장기적으로 가격과 생산량이 변화하는 양상에 대해 중요한 예측들을 내놓았다.

고도로 경쟁적이고 최근 경쟁이 강화된 시장들이 여전히 존재한다. 경쟁 시장의 바람직한 예를 들어보겠다.

- 주택보험과 자동차보험
- 인터넷 서비스

---

4) Perfect Competition: The Economics of Competitive Markets," tutor2u (emphasis added). Online: http://tutor2u.net/economics/content/topics/competition/competition.htm (accessed 13 October 2013). '외적 요소'는 간단한 개념을 복잡하게 포장한 용어로, 가짜 경제학의 신비로움을 유지하는 데 이바지한다. 강철처럼 다른 산업의 투입 요소를 생산하는 회사에서 산출이 증가할수록 생산 원가가 감소하는 것은 '생산에서의 외적 요소'의 한 예다. 이렇게 되면 강철 구매자가 아무런 행동을 하지 않았는데도 강철을 구매하는 모든 회사의 생산비용이 감소한다. 따라서 이것은 다른 산업의 관점에서 '외적 요소'다. 생산활동이 야기한 환경오염도 '외적 요소'다. 오염은 사회 전체에 타격을 입히는 부정적 요소다.

- 대형 화물 운송[5]

이런 글을 적은 「tutor2u」 웹사이트 저자들은 보험과 인터넷 서비스를 내가 이용한 것과 같은 시장에서 구매하지 않은 모양이다. 특정 시장의 경쟁성에 관해서는 나중에 자세히 다루기로 하고, 여기서는 더 일반적인 의견을 개진하고자 한다. 이 인용문은 1) 완전 경쟁 이론에 타당성이 부족함을 시인하면서도 그것이 유용하다고 우기고, 2) 예시를 통해 자기를 변호하는 설득력 없는 주장이다.

이 웹사이트 저자들은 경제학자들이 완전 경쟁의 타당성에 "의문을 제기했다"고 지적했는데, 이는 마치 동물학자가 일각수의 존재를 의심한다고 친절하게 알려주는 셈이다. 그들은 말한다. "그러나 이 이론은 실제로 중요한 예측들을 내놓는다." 앞에 나온 전제들을 다시 살펴보자. 거기에는 분석적 결과를 제시할 수 있는 이론이 없다. 존재하지 않는 개념을 창조하는 데 필요한, 존재하지 않는 특성들의 목록이 있을 뿐이다. 이것은 이론이 아니다. 그들은 이 이론의 존재하지 않는 구성요소들을 통해 현실을 예측할 수 있다고 말한다. 이 이론은 딱 한 가지를 명확하게 예측한다. 그것을 믿을 수 있다면 무엇이든지 믿을 수 있다는 것이다.

구체적인 사례는 논지를 탄탄하게 뒷받침할 수는 있지만, 논지의 '토대'가 될 수는 없다. 예시를 이용해서 주장하다 보면, 반대 사례에 부딪히기도 하고 그 사례가 실제로 논지를 지탱하는지에 관해 논란이 생긴다. 어

5) "Perfect Competition: Introduction," tutor2u. Online: http://tutor2u.net/economics/content/topics/monopoly/perfect_competition.htm (accessed 13 October 2013).

떤 논지가 일반적으로 타당하다면, 예를 들지 않은 상태에서도 일반적으로 신뢰할 수 있어야 한다.

완전 경쟁이 실제로 존재하는 시장을 이해하는 데 도움이 된다는 주장은 증명할 수 없다. 첫 번째 전제만 봐도 이 주장이 틀렸음을 쉽게 알 수 있다. "공급자는 많고, 각 공급자의 시장 점유율은 무시할 수 있을 정도로 작다."는 전제가 늘 맨 앞에 제시되는 것은 우연이 아니다. 정확히 말하자면 사실은 '공급자도 많고 구매자도 많다'는 조건이 제시되어야 한다. 실제 시장에서 이 조건이 성립하지 않는 한, 완전 경쟁의 개념은 적용할 수 없다.

이 시점에서 애덤 스미스가 우리를 도와준다. 경쟁에 관한 스미스의 경험적·실용적 분석은 기업의 대규모 생산이 중요한 문제로 대두하기 이전 사회에 적용되었다. 그것은 소수의 '원자화된' 구매자와 판매자 들의 경쟁에 대한 찬사였다. 경쟁에 대한 이런 관점은 자본주의가 발달하고 기업들이 성장하자 점점 신뢰성이 떨어졌고, '경쟁'이라는 허구를 뒷받침하는 난해하고 황당한 설명이 필요해졌다.

일각수에 관한 근거 없는 신화는 많다. 내가 알기로 일각수의 해부 구조가 말이나 다른 동물을 이해하는 데 도움이 된다고 주장하는 동물학자는 없다. 완전 경쟁은 단지 신화일 뿐이다. 그리고 최악의 경우, 우리는 이따금 이질적인 요소가 개입할 때를 제외하면 본질적으로 시장은 스스로 완벽해지려는 경향이 있다고 믿는다. 시장의 신화를 인정하는 것은 외계 생명체가 지구에 찾아온다고 믿는 것이나 다를 바 없다(미국 성인의 절반 이상이 외계 생명체의 존재를 믿는다고 하니[6] 그리 고무적인 일은 아니다).

6) http://www.newspolls.org/articles/19620 9 accessed 15 December 2013).

18세기 계몽주의 철학자 장 자크 루소는 명저 『사회계약론』(1762)을 "인간은 자유롭게 태어났으나, 어디서나 쇠사슬에 묶여 있다."[7]라는 유명하고 극적인 문장으로 시작했다. 가짜 경제학은 쇠사슬을 인간에게서 시장으로 옮겼다. "시장은 완벽한 상태로 태어났으나, 어디서나 정부 규제의 쇠사슬에 묶여 있다."

시장이 타락하는 이유

> 미국의 기업 독점은 그 기업이 발원한 자유로운 기업 체계를 마비시키고 있고 독점의 강압에 시달리는 사람들뿐 아니라 독점을 조종하는 이들에게도 치명적이라는 사실을 깨닫는다면, 전국의 모든 산업이 그런 인공적 속박을 제거하는 정부의 개입을 환영할 것이다.[8]
> ─ 프랭클린 D. 루스벨트

시장이 반사회적 결과를 초래하는 과정과 이유를 이해하는 데는 대단한 통찰이 필요하지 않다. 시장이 반사회적 결과를 거의 또는 전혀 낳지 않는다고 설명하거나, 반사회적 결과를 낳더라도 규제하지 말아야 하는 이유를 설명하려면 기발한 재주가 필요하다. 가짜 경제학은 이런 일에 열정적으로 도전한다. 그렇게 해서 나온 헛소리를 반박하기 위해, 가짜 시장 경제학을 잠시 접어두고 진짜 시장 경제학을 살펴보기로 하자.

우리가 '시장'이라고 부르는 것은 장소나 사건이 아니라 절차다. 이

---

7) Thomas Hobbes, *Leviathan*, ch. 13, par. 8. http://www.gutenberg.org/files/3207/3207-h/3207-h.htm (accessed 13 November 2013).

8) "Message to Congress on Curbing Monopolies," 29 April 1938.

절차는 적절한 행동을 정의하는 규칙에 따라 개별적·합동적 상호 작용을 수반한다. 누구나 시장 거래의 목표가 개인이나 회사의 이익이라는 사실을 알고 있다. 그런데 우리가 실제로 경험하는 대부분 구매 행위는 그렇지 않다. 소비에서 오는 쾌락을 최대화하려는 의도로 슈퍼마켓에 가는 사람은 거의 없다. 대부분 종류가 같고 상표가 다른 여러 제품의 가격을 비교하고, 또 우리가 알고 있는 상품 질의 영향도 받는다. 전형적인 구매자는 장보기 목록에 적힌 물품을 바구니에 넣고 계산대로 가서 돈을 낸다.

대부분 거래는 상업적 이익과 이윤을 목적으로 이루어지지 않고 꼭 그럴 필요도 없지만, 그런 목적으로 이루어지는 경우에 상대를 속이고 싶은 유혹이 생긴다. 극소수의 시장 참여자(주로 부유한 개인과 기업)는 개인의 이익을 목적으로 시장에 진입한다. 그들은 매매할 때 거래에 참여하는 다른 사람들에게 피해를 줄 정도로 규칙을 어겨야 한다는 강한 압박을 받는다. 나쁜 의도보다는 상황 때문에 그런 압박에 굴복하게 된다. 실제로 시장 거래는 인간의 가장 사악한 면을 이끌어내곤 한다.

꽤 양호한 예를 들자면, 판매 실적에 따라 봉급을 받는 옷가게 점원은 "이 비옷은 100% 방수가 됩니다."와 같이 제품의 성능을 과장하려는 유혹을 떨치기 어렵다. 훨씬 덜 양호한 예로 자동차 판매원이 자동차의 주행거리를 속이기 위해 주행기록계를 조작하는 범죄가 있다.

가짜 경제학이 아닌 다른 관점에서 생각해보면, 이런 기만은 경쟁 때문에 생긴 이윤 추구의 압박이 심해진 결과다. 경쟁은 구체적으로 구매자와 판매자가 많은 상황을 의미하고, 이윤 추구에 모호하고 예측할 수 없는 영향을 미친다. 은행이 예금을 늘리려는 경우를 예로 들어보자. 은행이 몇 개밖에 없다면, 은행들은 서로 공모해서 예금 금리를 낮게 유지하고 예금 인출을 엄격하게 제한할 것이다. 은행이 많다면 예금주들은 초기에 고금리와 더불어 더 유연한 조건으로 예금할 수 있다. 그런데 주류 경제학에 반대하는 사람들이 반복해서 주장하고 입증했듯이, 예금주에게 유리해 보이는 이런 상황에서 일부 은행은 예탁 자금으로 위험한 투기 행각을 벌일 수도 있다.

고금리 경쟁은 또한 이익률(profit margin) 감소를 낳는다. 위험한 투기와 상업적 안전망 약화는 재난을 부르는 지름길이다. 1980년대 말 미국의 저축 대부조합 위기(savings and loan crisis)가 그런 재난이었다. 이 사태로 저축 대부기관의 20% 이상이 파산했다.[9] 아이슬란드의 경제를 파괴하고 영국의 가계, 회사, 지방정부 예금에 수십억 달러의 손해를 입힌 아이슬란드 금융위기는 훨씬 더 참담했다. 그 여파로 2012년 4월 아이슬란드 총리 게이르 호르데는 형사재판에서 유죄 판결을 받았다.

가짜 경제학자만이 할 수 있는 심오한 통찰 중에 이런 것이 있었다. 2008년 아이슬란드 은행이 붕괴하기 직전, 당시 영국왕립경제학회 회장이었고 전에 버크벡 대학에 나와 함께 재직했던 리처드 포테스(Richard Portes)는 아이슬란드 상공회의소에서 58,000파운드에 의뢰받아 작성한 낙관적인 보고서에 다음 문장을 적어 후대에 남겼다. "(아이슬란드의) 제도적 기틀은 유난히 건강하다. 은행들은 감당할 수 없는 위험을 감수하지 않으면서 기업적으로 성공했다. 그 배경에는 훌륭한 감독과 규제의 기여가

---

9) FDIC, "The S&L Crisis: A Chrono-Bibliography," 20 December 2002. Online: http://www.fdic.gov/bank/historical/s%26l/ (accessed 13 November 2013).

있었다."[10]

"유난히 건강한" 아이슬란드 경제의 참사가 더 심각한 사태의 조짐이 었다는 사실이 드러난 것은 2008~2009년 세계 금융위기가 미국과 서유럽 은행들을 강타했을 때였다. 이 인재(人災)를 예측하지 못한 가짜 경제학자들의 명단은 작은 마을의 전화번호부를 방불케 한다.

이런 참사들은 경쟁의 압박을 받은 개인과 기업의 행동이 거대하고 사악한 시장 권력의 전횡만큼이나, 또는 그보다 더 나쁜 결과를 낳을 수 있음을 보여준다. 시장 권력이 악마의 창조물이고 자유경쟁이 악마 자체라는 자명한 사실에 따른 합리적 반응은 대중의 이익을 위해 시장을 규제하는 것이다. 우리는 정체불명의 혼합물을 체중감량제로 둔갑시켜 팔지 못하게 하려고 의약 산업을 규제하고, 사기꾼들이 위험한 노후 차량을 속여 팔지 못하게 하려고 중고차 판매를 규제하고, 상상을 초월할 정도로 다양한 보험사기를 막으려고 보험 산업을 규제한다('돈을 노리는 시장' 글 상자 참조).

평범한 시민이었던 남성과 여성이 군인이 되어 전쟁터에 나가면 다른 남성, 여성, 그리고 어린이까지 죽이거나 불구로 만든다. 같은 인류에 속한 타인을 해치는 것은 인간의 본성에 따른 행동이 아니다. 우리는 우리가 처한 상황 때문에, 그리고 그 상황에 대비해서 받은 훈련 때문에 그토록 병적으로 반사회적인 행위에 동참한다. 이와 마찬가지로 상업적 사기와 기만도 인간의 본성에서 나온 현상이 아니다. 어느 나라에서나 사기 행위를 강렬하게 비난한다. 우리는 전쟁 때 그러듯이 시장에서 상업적 이익

10) Robert Wade and Silla Sigurgeirsdottir, "How to Discredit a Financial Regulator: The Strange Case of Iceland," Triple Crisis (blog), 27 March 2012. Online: http://triplecrisis.com/the-strange-case-of-iceland (accessed 13 October 2013).

이 부여하는 강한 동기 때문에 타인을 속이고, 어쩌면 친구, 이웃, 친척조차 속인다.

시장에서 벌어지는 사기는 운동선수가 경기력 향상을 위해 금지된 약물을 복용하는 것과 같은 이유로 발생한다. 주최 측은 '경기 규칙'을 이용해서 부정행위를 막는다. 그와 유사하게 시장 규제는 가계와 기업 간 거래에서 부정행위, 사기, 기만을 막으려고 한다. 시장의 공공규제는 사람들을 사기로부터 보호하고 시장이 '사용자에게 유리하게' 작동하도록 법적으로 '경기 규칙'을 정하는 일이다. 시장이 선택의 자유를 제한한다는 이유로 규제에 반대하는 것은 사실상 상업적 범죄를 무조건 묵인하겠다는 뜻이다.

물론 제 기능을 못 하거나 집행이 불가능하거나 시대에 뒤떨어진 법도 있다. 그러나 상식 있는 사람이라면 운전의 자유를 제한한다는 이유로 의무적인 자동차 검사에 반대하지 않을 것이다. 자동차 검사의 목적은 안전하지 않은 자동차가 도로에 들어가지 못하게 막는 것이다. 공동체, 도시, 국가의 대표자들은 공공규제를 통해 '경기 규칙'을 명시해야 하고 실제로 그렇게 한다.

시장이 효율적으로 작동하므로 공공규제에 반대해야 한다는 주장은 시장의 사회적 본질을 무시한 논리다. 인간이 자기 신체를 완벽하게 통제할 수 있으므로 의사와 의약품이 필요 없다고 주장하는 것이나 다름없다. 규제에 원론적으로 반대하는 것은 어떤 안정적인 시장 사회에서도 허용되지 않는, 속이고 사기 칠 자유를 실질적으로 보장해주는 셈이다.

공공규제의 일반 원리는 간단하고 이해하기 쉽다. 상업과 금융을 규제하는 법률은 실용적인 측면을 고려해서 제정해야 한다. 공공개입이 필수적인지, 만약 필수적이라면 효과를 최대화하고 바람직하지 않은 부작용을 최소화하는 공공개입을 어떻게 설계해야 하는지 당연히 고려해야 한다. 이 원칙은 너무도 자명하고 합리적이어서 이와 비교하면 우익 자유지상주의자들과 티 파티[11] 광신도들의 규제 철폐 주장은 그야말로 황당하다. 미국 중앙은행인 연방준비제도(Federal Reserve System)를 폐지하고, 임금과 노동조건 협상을 위해 사람들이 자발적으로 모일 권리를 폐기하고, 대기 오염 방지에 관한 규정을 폐지하자는 주장을 평범한 시민 중에서 대체 누가 내세우고 진지하게 고려하겠는가?

정치적 광기라고도 부를 만한, 상식과 품격에 대한 이런 과격한 위해를 이 책 뒷부분에서 낱낱이 해부할 것이다. 그 전에 취업 시장, 현금·신용·금융 시장, 국제무역 시장 등 현실의 구체적인 시장 절차들을 그 결함까지 전반적으로 설명하고자 한다. 이 장에서는 취업 시장을 살펴보고 다른 시장들은 나중에 다루겠다.

시장을 살펴보기 전에 당연한 사실 하나를 지적하려고 한다. 규제 철폐의 광기에 빠져드는 것은 가짜 경제학의 교리인 '시장의 완벽함'을 믿을 때만 가능하다. 옛날에 연금술사는 보통 금속을 금으로 바꾸는 '현자의 돌'이 존재한다고 믿었다고 한다. 그처럼 가짜 경제학자는 탐욕과 기만을 마술처럼 상업적 가치로 바꾸는 '완전 경쟁'의 환상을 제공한다. 현자의 돌과 가짜 경제학자의 경쟁은 둘 다 상상 속에서만 존재하고, 둘 다 실천의 지침으로는 전혀 쓸모없다.

---

11) Tea Party: 미국 공화당 내 강경 보수파가 주도해서 작은 정부와 세금 인하, 복지 축소를 주장하고 재정 적자를 반대하는 운동. 옮긴이.

돈을 노리는 시장

제약회사 사기

보건산업 규제가 과도하다고 말하는 사람이 있다면, 인터넷에서 '제약회사 사기'를 검색해 보라. 엽기적 범죄부터 평범한 도둑질까지 다양한 사례가 나온다. 의도적인 것은 아니었지만, 엽기적 범죄로 악명 높은 사례로 태아 발달에 끔찍한 영향을 미친 진정제 탈리도마이드(thalidomide) 사건이 있었다.

평범한 사기에 속하는 사례로 1990년대에 다이어트 제제로 출시됐지만, 위약(placebo)에 불과했던 리포반(Lipoban)이 있다. 리포반은 13만 명 이상이 복용했고 사기꾼에게 1,000억 달러를 벌어준 수익성 높은 위약이었다. 리포반을 판매한 사기꾼은 뻔뻔함의 극치에 달한 자기 변론에서 건강보조식품 증진 운동에 평생을 바쳤다는 이유로 선처를 호소했다.

중고차 사기

연구 결과에 따르면 중고차 판매의 3분의 1에서 다양한 유형의 사기가 발견된다. 사고 내력을 은폐하거나, 훔친 차량을 팔거나, 전 주인의 채무가 해결되지 않은 차량을 판매하는 것은 잘 알려진 수법이다. 중고차 시장은 구매자가 완벽한 지식을 갖춘 시장이 아니라고 볼 수 있다.

보험 사기

보험 사업에서는 거래 양측이 속임수를 쓸 가능성이 있다. 보험 계약자가 허위로 보험금을 신청하는 사례도 있지만, 대개 거액을 받지는 못한다. 보험 판매자는 계약서를 읽다가 놓치기 쉬운 '깨알 글씨'를 활용하는 합

법적인 방법부터 정당한 보험금 지급을 거부하는 행패까지 다양한 방법을 쓸 수 있다. 「에린 브로코비치」(2000) 「심판」(1982), 「이중배상」(1944) 등 다양한 종류의 보험 사기를 다룬 할리우드 영화가 꽤 많다.

더 읽을거리

"Diet Pill Fraud Nets 20-Year Below-Guideline Federal Sentence (and Ads for Diet Pills)," Sentencing Law and Policy (blog), 27 February 2013. http://sentencing.typepad.com/sentencing_law_and_policy/2010/02/diet-pillfraud-nets-20year-belowguideline-federal-sentence-and-ads-for-diet-pills.html (accessed 13 October 2013).

Chris Nickson, "Used Car Scams," Safe from Scams, 12 December 2012. http://www.safefromscams.co.uk/usedcarscam.html (accessed 13 October 2013).

Insurance Fraud Investigators Group. http://www.ifig.org/

노동 시장

사람들은 물건을 살 때 '농산물 직거래 시장'이나 '슈퍼마켓'처럼 구체적인 장소를 가리켜 '시장'이라고 말한다. 이 말은 또한 "아직 제가 원하는 집을 찾지 못해서 시장을 주시하는 중입니다."라는 표현에서처럼 모호하게 사용되기도 한다. 가짜 경제학자들은 '모든 정보를 완벽하게 갖추고 아무런 특권 없는 동등한 참여자 사이에서 즉시 이루어지는 교환'이라는, 아주 구체적인 형이상학적 의미로 '시장'이라는 말을 사용한다.

앞서 언급한 자동차 시장에 관한 논의를 돌이켜보면, 가짜 경제학이 말하는 시장의 모습은 개인과 기업이 실제로 참여하는 매매의 장인 것 같지만, 사실은 전혀 그렇지 않다는 사실을 알 수 있다. 이상화된 시장과 실제 시장의 드물게 공통적인 요소는 가격, 화폐, 구매자, 판매자다. 그러나 가짜 경제학자들은 시장의 마술적 결과를 염두에 두는 반면, 우리는 '시장'이라는 말을 은유적 또는 상업적 의미로 사용한다. 상상력과 유연성을 발휘해서 사과 시장, 자동차 시장, 컴퓨터 시장, 채권 시장을 이야기한다. 그리고 그것들이 어떤 사건이 아니라 진행 중인 절차임을 알고 있다. 이런 식으로 상품과 서비스 시장을 이야기하는 것은 지나치게 단순화하는 경향이 있긴 하지만, 그것을 말 그대로 해석하지만 않는다면 크게 어폐가 있는 것은 아니다.

'노동 시장(labor market)'이라는 말은 조금 다르다. 이 용어는 자주 사용되지만, 어폐가 있고 본질적으로 타당하지 않다. 이것은 그릇된 일반화를 거친 거짓 은유다. 이 경우에 '시장에 나오는 것'은 노동력(가짜 경제학 용어로는 '노동 서비스')이므로 '노동 시장'이라는 말은 사용하지 말아야 한다. 노동력을 사고파는 방식은 다른 상품을 사고파는 방식과 전혀 다르다. '자동차 시장'이라는 용어는 자동차 경제, 즉 자동차의 생산과 유통을 이해하는 데 제한적으로 쓸모 있는 허구적 관념이지만, '노동 시장'이라는 말은 허구를 넘어서 어떤 사회적 활동을 그것과 전혀 다른 개념으로 바꾸어버린다는 문제가 있다. 그것은 일자리를 찾고 구하는 과정을 정치적으로 반동적인 자본가들과 중개인들이 원하고 추진하는 모습으로 묘사하며 현실을 왜곡한다.

경제학이 발전하기를 원한다면 우리는 사전에서 '노동 시장'이라는 단어 자체를 삭제해야 한다. 한결 개선된 '일자리 시장(jobs market)'이라는 용어는 이 거래가 고용주와 고용인 사이의 거래임을 명시적으로 확인해 준다는 장점이 있다. '노동 시장'이라는 엉성한 용어는 흔히 자영업자까지 아우르는데, 이는 분명히 사과와 오렌지를 혼동하는 것과 마찬가지다. 사람을 판매하는 노예제도나 스스로 생산한 것을 직접 판매하는 자영업과 달리 일자리 시장에서 사람들은 노동력을 판매한다. '일자리'라는 말은 고용주와 고용인 간 거래의 사회적 성격을 분명히 규정한다.

자본주의 사회에만 있는 일자리 시장은 자본주의 사회를 정의하는 특징 중 하나다('도널드 덕의 자본주의' 글 상자 참조). 인간의 노동력을 인간에게서 분리할 수 없으므로 노동력은 다른 상품과 근본적으로 다르다. 이것이 바로 일자리 시장의 필수불가결한 조건이다. 인간의 노동에서 인간을 분리할 수 없다는 것은 일하려면 일하는 장소에 사람이 직접 가야만 일할 수 있다는 심오한 의미로, 고용주와 고용인 간 거래의 모든 측면에 영향을 미친다.

상품에 대한 판매자의 관심은 그 상품이 판매되자마자 사라진다. 노동력을 제외한 모든 상품은 판매자에게서 물리적으로 분리되기 때문이다. 농부, 슈퍼마켓 주인, 계산원은 감자 한 봉지가 팔리고 나면 그것이 어떻게 되든지 아무 관심 없다. 숙련된 가구공은 자기가 공들여 만든 의자를 구매자가 함부로 다루지 않기를 바라겠지만, 그런 걱정 때문에 잠을 못 이루지는 않는다. 노동력이 아닌 상품의 판매자가 압도적으로 중요하게 생각하는 것은 가격과 수익뿐이다. 품질, 내구성, 적합성의 문제는 구매자에게 맡긴다.

도널드 덕의 자본주의*

도널드 덕은 금요일 퇴근 때 맥덕 제너럴 기업의 회계 창구에서 급여를 받았다. 맥덕 셀프주유소에서 차에 휘발유를 넣고, 맥덕 임대 사무실이 문을 닫기 직전에 겨우 임대료를 냈다. 그리고 곧바로 그 지역 맥덕 슈퍼마켓 지점에 가서 식료품을 샀다.
도널드 덕이 귀가하자 조카 휴이와 듀이와 루이가 그를 반갑게 맞이하며 그날 하루를 어떻게 지냈느냐고 묻는다.

도널드: 주급 받은 걸 집에 도착하기도 전에 다 써버렸어, 이제 빈털터리야!
조카들: 스크루지 할아버지가 아직 사무실에 있을 거예요. 가서 다음 주급을 가불해달라고 해보세요.

도널드는 삼촌 스크루지 맥덕(맥덕 기업의 유일한 소유주)에게 가불을 요청하러 간다. 스크루지의 호화로운 사무실에서 이런 대화가 들린다.

스크루지: 도널드, 이번엔 또 뭔가?
도널드: 다음 주 급여의 절반만 가불해주세요. 돈이 한 푼도 없어요.
스크루지: 도널드, 대체 돈을 어디에 쓰는 건지 도무지 모르겠구나. 난 주말마다 빈털터리가 되지 않거든.

결론: 도널드는 생활필수품을 사기 위해 노동시간을 판다. 스크루지는 휘발유, 식품 등을 팔기 위해 그것을 생산하는 도널드의 노동시간을 산다. 도널드는 노동자, 스크루지는 자본가다.

---

* 1980년대 초 미국 일간지 『워싱턴포스트』(Washington Post)에 실린 월트디즈니 일요 만화. 현재 출처 확인 불가.

인간은 일하러 갈 때 직접 노동 장소로 가므로, 가격(임금, 급여)과 더불어 노동 조건(속도, 노동시간)이 중요하다. 노동과 노동자를 분리할 수 없으므로 노동력 매매에는 또 하나의 독특한 특징이 있다. 다른 생산 요소와 달리, 고용주가 노동에서 얻는 이익이 일정하지 않다는 점이다. 대조적으로 컴퓨터는 전기로 작동하고, 특정 기종의 컴퓨터를 정해진 시간 동안 가동하는 데 사용한 전기량을 정확히 측정할 수 있다. 그러나 고용주가 고용인의 노동을 기술적으로 측정할 수는 없다. 고용인의 노동시간과 노동 강도를 결정하는 것은 본질적으로 모순된 사회적 절차다. 이 절차가 본질적으로 모순된 이유는 고용인이 같은 급여를 받으면서 더 오래, 더 열심히 일할수록 고용주의 비용이 감소하기 때문이다. 동시에 고용인의 시간당 소득은 감소하고 건강도 나빠질 수 있다. 실제 노동시간과 노동 속도는 고용주와 고용인의 상대적 협상 능력을 십분 반영한다. 바로 이런 이유로 프랭클린 D. 루스벨트는 "내가 공장 노동자라면 가장 먼저 할 일은 노동조합에 가입하는 것이다."[12]라고 말했다. 노동조합은 고용인이 보수, 노동시간, 노동 속도에 관해 고용주와 상호 호혜적으로 타협하는 수단이기 때문이다.

노동과 노동자를 분리할 수 없다는 것은 상품 생산자가 자기 상품을 싸게 파는 것이 이익이 될 수 있는 것과 달리 노동자는 자신의 노동력을 싸게 파는 것이 절대 자신에게 이익이 될 수 없다는 뜻이기도 하다. 사과 재배자가 추수한 사과를 전부 팔지 못한 상황에서 가격을 낮춰 많이 팔면

---

12) 1936년의 연설. Online: http://www.dailykos.com/story/2010/06/13/875519/-FDR-I-would-join-a-union(accessed 13 November 2013).

일반적으로 비용 증가 폭보다 매출 증가 폭이 더 크므로 이윤이 늘어난다. 전문가들이 '탄력적 수요'라고 부르는 이 통계 개념은 대부분 상품의 특징이다. 이윤을 얻고자 하는 사과 판매자는 자기 상품의 가격을 낮춰 이득을 볼 수 있다.

하지만 노동력 판매에서는 이런 일이 절대 일어날 수 없다. 노동시간과 노동 조건이 똑같은 상태에서 임금을 낮추면 고용인은 더 궁색해진다. 임금 삭감과 노동시간 연장은 이중 타격이다. 고용인은 노동시간을 더 투입하지만, 그 시간의 가치가 더 낮아졌다. 이상해 보일 수 있지만, 내 학계 동료 한 사람은 경제 전반을 볼 때 저임금이 고용을 늘려서 모든 사람을 행복하게 한다고 주장했다. 실업자는 일자리를 구해서 기뻐할 것이고 기존 근로자는 소득이 높아져서 기뻐할 것이라고 했다. 기존 근로자의 소득이 높아지는 이유는 노동력도 사과처럼 '가격이 탄력적'이기 때문이라는 것이다. 도저히 '분석'이라고 말할 수 없는 이 논리는 너무도 터무니없다.[13]

그렇다, 터무니없다. 어떤 식으로 터무니없는지 들여다보자. 우선 노동력 수요가 상품 수요와 유사하게 결정된다고 암시하는 것이 터무니없다. 사과, 자동차, 컴퓨터, 맥주의 가격을 낮추듯이 노동력 가격을 낮추면 판매자의 수익이 늘어난다고 한다. 정말 그럴까? 전혀 그렇지 않다. 소비자의 선호와 필요와 소득이 수요를 결정하고, 이 수요는 상품을 먹거나 읽거나 운전하는 등의 최종 사용과 관련된 수요다. 이와 달리 민간 고용주는 뭔가를 생산하거나 판매하기 위해 노동력을 구매한다. 그나마 덜 모호한

13) Paul Krugman, "Does Economics Still Progress?" New York Times, 27 September 2011. Online: http://krugman.blogs.nytimes.com/2011/09/27/does-economics-still-progress/ (accessed 13 October 2013).

경제 용어를 사용하자면, 노동자(또는 모든 투입 요소)에 대한 고용주의 수요는 '파생 수요'다.

소비자는 개인이나 가계의 필요나 쾌락을 충족하려고 재화나 용역을 구매한다. 고용주는 판매할 상품의 생산이나 유통으로 이어질 것으로 기대하며 재화나 용역을 구매한다. 이 파생 수요에는 소비자 수요에 없는 특징이 있다. 즉, 투입 요소에 대한 수요를 정확하게 결정하는 것은 생산 기술이다. 슈퍼마켓에서 줄을 서본 사람이라면 누구나 알겠지만, 소매업에서도 기술적 측면이 고용을 결정한다.

가짜 경제학의 어느 우화에 따르면 사람을 고용하는 단위 비용이 달라지면, 기업이 재화와 용역을 생산하거나 유통하는 기술을 교체할 수 있다고 한다. 여기에 생산의 '변신 이론' 혹은 '늑대인간 이론'이라는 별명을 붙일 수 있다. 이 우화는 모든 가짜 경제학 임금 이론을 뒷받침한다. 이것은 전적으로 무시해야 마땅한 헛소리다.

가계는 가격 변화에 반응해서 소비 패턴을 갑자기 바꿀 수 있다. 휘발유 가격이 오르면 소비자는 자가용이나 택시를 타지 않고 버스를 탄다. 반면에 기업에서 고용주들은 재화나 용역 생산에 사용하는 건물과 기계의 사양에 따라 추가 고용 인원을 결정한다. 예를 들어 1,000명이 작업하는 것이 최적의 상태인 기계시설 규모를 갖춘 공장에서 상품 판매량에 따라 갑자기 고용 인원을 500명, 300명으로 줄이지 않는다. 다시 말해 회사 건물과 시설을 최대한 가동하고 충분한 판매량을 기대한다면 고용주는 매번 생산할 때마다 고용 인원을 변경하지 않는다.

기업과 가계 수요에는 또 다른 커다란 차이점이 있다. 고용인 수요는 그 고용인이 생산하는 상품의 수요에서 파생되므로, 기업은 주로 예상 판매량에 따라 생산량과 고용 인원을 결정한다. 가짜 경제학자들은 가계도 기업처럼 현재 소득이 아니라 미래의 기대 소득을 근거로 소비한다고 말할 것이다. 한 가짜 경제학자는 이 비상식적인 발상을 끝까지 밀고 나가 사람들이 '평생 소득'을 근거로 소비한다는 사실을 (가짜 경제학의 기준을 충족하며) 입증한 공로로 '가짜 노벨상'을 받았다.

이처럼 기업이 시장에서 하는 활동은 가계가 시장에서 하는 활동과 확연히 다르다. 가계는 봉급을 받아 그것을 지출한다. 봉급을 지출한 뒤에는 다음 봉급을 받기 위해 공장이나 사무실이나 집 컴퓨터 앞으로 돌아간다. 그들의 지출 패턴은 가격에 민감하다. 회사는 노동자를 포함한 생산 요소에 비용을 지출하고 재화와 용역을 생산해서 판매한다. 극단적 변동이 일어난 경우를 제외하면 단기적으로 생산 요소의 가격이 지출에 큰 변화를 일으키는 일은 없다. 회사는 판매 수익으로 다음 생산 주기에 투입할 생산 요소를 구매한다. 20세기의 위대한 경제학자 미하우 칼레츠키(Michał Kalecki)가 쓴 유명한 구절처럼, 노동자들은 자신이 번 돈을 쓰고, 자본가는 노동자들이 쓴 돈을 번다('도널드 덕의 자본주의' 글 상자 참조). 하지만 이런 종류의 통찰이 담긴 연구는 가짜 노벨상을 받지 못한다.

일자리 시장이 여타 시장과 다른 점이 또 있다. 특정 시점에 일자리 시장에 진입하는 인원은 전체 노동인구의 일부일 뿐이다. 2011년 미국과 영국에서는 노동인구의 약 10%가 실업 상태에 있었고, 스페인은 서유럽 국가 중에서 가장 높은 20%가 넘는 실업률을 보였다.[14] 이 수치들은 1930년대 대공황 시대 이후 최악의 경제 상황에서도 미국과 영국 노동인구의

---

14) http://stats.oecd.org/index.aspx?queryid=21760 (accessed 13 November 2013).

90%와 스페인 노동인구의 70% 이상이 고용되어 있었다는 것을 뜻한다. 이것은 그저 기운 내자는 취지로 하는 말이 아니라, 경제가 꽤 어려운 시기에도 대다수가 실직 상태가 아니고, 경제가 호황일 때는 시장에 구직자가 거의 없다는 사실을 강조하는 것이다. 이런 상황은 다른 어떤 상품에도 적용되지 않는다. 한 판매자가 사과나 자동차 가격을 내리면, 다른 판매자도 어쩔 수 없이 가격을 내리게 된다. 한 해에 수확한 사과나 신형 자동차는 거의 같은 기간에 전부 판매되기 때문이다(혹은 그렇게 되기를 판매자들이 원한다). 이처럼 상품에 적용되는 원리를 고용에 적용한다면 임금 삭감이 일자리를 늘린다는 말이 되는데, 이것은 있을 법하지 않은 정도가 아니라 불가능하다. 불가능한 이유는 다음과 같다.

1. 수요 측면에서 단기간(1년 미만)에 민간부문의 최대 잠재적 고용 인원은 사용되는 기계와 장비에 의해 기술적으로 결정된다.
2. 공급 측면에서 기존 근로자는 더 낮은 임금을 수용할 동기가 전혀 없다. 임금이 낮아지면 소득이 낮아지고 노동시간당 보수가 적어지기 때문이다.
3. 일자리 시장에서 대다수 상품(노동력)은 판매 대상이 아니다(대부분 사람이 이미 일자리가 있다).

21세기 반동주의자들은 가짜 경제학자를 이념의 선봉에 내세워 노동력을 다른 상품과 동등하게 취급하는 선전 활동의 성공이 어떤 결과를 낳는지 보여주었다. 그로 인해 실질임금이 정체되거나 낮아지고 노동 강도가 높아지고 산업재해가 늘어났다('기회의 땅에서의 임금과 빈곤' 글 상자 참조).

우리는 프랭클린 D. 루스벨트가 다음과 같이 간명하게 서술한 과거의 직장 독재체제로 돌아갔다. "노동시간, 임금, 노동 조건은 사람들의 통제에서 벗어났고, 산업이라는 새로운 독재자에 의해 부여되었다."[15]

노동자가 실업을 자초한다?

'노동 시장'이라는 용어가 그다지 적절하지 않다고 해도, 조합의 집단행동을 통해서든 최저임금법을 통해서든 임금이 상승하면 실업이 늘어나는 것은 사실이 아닐까? 누구나 알 수 있듯이 고임금은 이윤 감소를 뜻하므로 기업은 직원을 추가로 고용하지 않거나 고임금에 대응해서 상품 가격을 올릴 수 있다. 이렇게 고임금은 직접적으로 고용을 감소시키기도 하고, 가격 상승을 유발해서 소비자의 구매량이 감소하면 간접적으로 고용이 줄어들 수 있다. 이는 물이 높은 곳에서 낮은 곳으로 흐르는 것처럼 자연스러운 일이다. 어느 쪽이든 노동자가 자신의 실업을 자초한다.

하지만 실제로 이 말은 틀렸다. 물은 항상 높은 곳에서 낮은 곳으로 흐르지만, 임금 인상이 항상 고용을 축소하거나 상품의 가격을 올린다는 법칙은 가짜 경제학자의 이념 세계에서만 성립한다. 가짜 경제학자들은 여러 세대에 걸쳐 계량경제학(경제학에 통계학 기술을 적용한 것) 대신 가짜 계량경제학을 이용해서 임금-고용 트레이드오프[16]의 경험적 증거를 찾아 헤맸

---

15) Speech to the Democratic National Convention, Philadelphia, PA, 27 June 1936.

16) trade off: 손해-이익 관계에서 한쪽의 이익이 높아지는 개선이 이루어지면 그것에 의해서 직접적으로

기회의 땅에서의 임금과 빈곤

아메리칸 드림이 평범한 미국인들에게서 멀어진 것은 그들에게만 일어난 현상이 아니다. 흔히 '전형적 가계소득'이라고 부르는 가계소득 중앙값은 소득을 기준으로 고용인구를 절반으로 나누는 기준이다(학급의 절반이 시험점수가 70점 이상이었고 절반은 70점 미만일 때 중앙값은 70점이다). 반면에 평균 가계소득은 총소득을 인구로 나눈 값이다.

1981년부터 2000년까지 평균 가계소득은 51% 증가했지만, 중앙값은 19%만 증가했다. 2000년부터 호황이 끝난 2008년까지 평균 가계소득은 계속해서 15% 더 증가했지만, 중앙값은 3% 감소했다. 어떻게 평균이 증가했는데 대다수 인구의 형편이 어려워질 수 있을까? 그것은 가계소득 상위 50% 인구의 소득은 증가했지만, 하위 50% 인구의 소득은 감소했기 때문이다. 왜 그럴까? 이를 설명하려면 노동조합의 쇠퇴와 금융자본의 성장부터 살펴봐야 한다. 2000년 이후 대부분 임금과 봉급의 실질가치가 하락하고 있었으므로, 2000년대 '신경제'의 '번영' 속에서 미국 빈곤 가정의 비율이 증가했고 2008~2011년에 정점에 달한 것(그래프 참조)은 그리 놀랍지 않다. 미국에서 무슨 일이 벌어진 것일까? 평균 가계소득은 증가했고 전형적인 가계의 소득은 감소했고 빈곤층이 증가하고 있다.

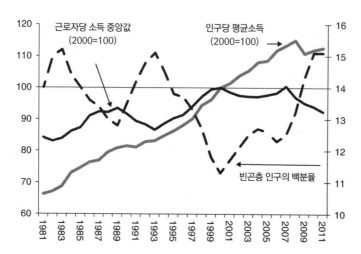

인플레이션을 감안한 소득의 평균과 중앙값.
출처: 『2011년 대통령 경제 보고서』.

지만, 성공하지 못했다. 축적된 증거들이 임금-고용 트레이드오프 가설이 틀렸음을 증명하기 시작하자, 우익 가짜 경제학자들은 분통을 터뜨렸다.

가짜 노벨 경제학상 수상자 제임스 M. 뷰캐넌은 미국 일간지 『월스트리트 저널』에 실은 논평에서 최저임금과 고용의 정비례 관계를 보인 데이비드 카드(David Card)와 앨런 크루거(Alan Krueger)의 연구에 관해 이렇게 단언했다.

> 자부심 있는 경제학자라면 누구도 최저임금 인상이 고용을 늘린다고 주장할 리가 없다. 이런 주장을 진지하게 펼친다면, 경제학에 최소한의 과학성이 있음을 부인하고, 따라서 경제학자들은 이념 집단을 옹호하는 글 밖에 쓸 줄 모른다고 주장하는 것과 같다. 다행히도 200년 역사의 학문을 저버리려는 경제학자는 손에 꼽힌다. 우리는 아직 군부대를 따라다니는 매춘부 무리로 전락하지 않았다.[17]

'이념적이지 않은 학문 연구'를 추구한다고 주장하는 뷰캐넌 교수는 정치인들이 본질적으로 자기중심적이고 대중의 이익에 반해서 행동한다는 사실을 (가짜 경제학자의 기준을 충족하며) 입증함으로써 경제학에 기여했다. 뷰캐넌은 카토 연구소(Cato Institute)의 우수연구위원으로 위촉됨으로써 자신의 학문적 객관성을 추가로 입증했다. 카토 연구소의 조직 강령은 다음과 같다.

다른 쪽에 손실이 초래되는 경우. 옮긴이.

17) James M. Buchanan, Wall Street Journal, 25 April 1996, A20.

(…) 제한된 정부, 자유 시장, 개인의 자유, 평화의 원리에 기초한 공공정책에 관한 이해를 증진하고자 한다. 본 연구소는 미국과 전 세계에서 자유롭고 개방적인 시민사회를 창조하는 실용적인 정책안을 기획하고 지지하고 추진하고 전파하기 위해 효과적인 수단들을 이용할 것이다.[18]

카토 연구소는 '효과적 수단'을 강구하기 위해 억만장자 찰스 G. 코크(Charles G. Koch)의 후원금을 받는다. 코크는 "정부의 역할을 최소화하고 민간경제의 역할을 최대화하고자 한다."[19]고 천명한다. 뷰캐넌이 군부대를 따라다니는 매춘부를 언급했을 때 염두에 두었을 만한 사람 중 한 명인 폴 크루그먼(그 역시 가짜 노벨상 수상자다)은 자칭 비(非)이념주의자 뷰캐넌에게 다음과 같이 응답했다.

(카드와 크루거는) 미국이 경험한 범위에서 최저임금 상승이 실업으로 귀결한다는 증거를 발견하지 못했다. 연구 결과가 경제학 개론 수업의 내용과 어긋나는 것 같았고, 이념 측면에서 많은 사람에게 불편했기 때문에 사람들은 그들의 연구를 비난했다. 그러나 그들은 반복된 공격에도 꿋꿋이 버텼고, 그들의 연구 결과가 옳다는 사실을 확인해주는 새로운 사례들이 끊임없이 나오고 있다.[20]

---

18) http://www.iop.harvard.edu/cato-institute (accessed 22 November 2013).
19) National Journal, 16 May 1992.
20) Paul Krugman, *Conscience of a Liberal* (New York: W. W. Norton, 2007), 261.

가짜 경제학자들은 어떤 논리로 임금 상승이 고용을 감소시킨다고 단정할까? 그리고 이것은 왜 현실과 다를까? 그들의 논리는(그것을 논리라고 부를 수 있다면) 4장에서 자세히 살펴볼 '수요와 공급 법칙'이 작동하는 완전고용의 환상 세계에서 비롯한다. 먼저 가짜 경제학의 임금-고용 트레이드오프 가설을 명확하고 구체적으로 정의해보자. 이 가설은 '특정 기업이 임금을 올리면 고용이 줄어든다'고 주장한 것이 아니다. 정확히 기술하면 이렇다. "완전 경쟁 상태에서 단 한 가지 상품만을 생산하는 경제가 완전 고용의 초기 조건에서 출발할 때, 실질임금 상승은 고용을 감소시킨다."

이성적인 인간이라면 여기에 의문을 제기할 것이다. 임금 상승과 고용 감소라는 간단한 명제를 대체 왜 그토록 복잡하게 진술할까? 그 이유는 이 명제가 결코 간단하지 않기 때문이다. 임금-고용 트레이드오프 가설은 극히 제한적인 조건에서만 유효하다. 그것은 개별 기업이나 개별 산업이 아니라 경제 전반을 대상으로 시작된다. 그 이유는 곧 명확해질 것이다. '완전 고용'이라는 제한 조건은 고용률과 실업률을 결정하는 가장 중요한 요소인 경제 전반의 공공과 민간 총지출(총수요)의 영향을 배제하기 위해 꼭 필요하다. 실업이 존재하는 상황에서 경제학적 분석을 시작하면 실질임금 상승이 소비자 수요를 늘림으로써 고용 증가에 기여할 것이 분명하다. 반면에 가짜 경제학자들은 완전 고용(최대 산출) 상태를 이론 전개의 출발점으로 삼기 때문에 고용 증가의 가능성이 배제되어 수요 증가는 인플레이션으로 귀결될 수밖에 없다. 이론 전개를 완전 고용 상태에서 출발한다는 것은 이런 분석을 개별 기업에 적용할 수 없고, 기업을 경제 전반의 일부로 간주할 때만 적용할 수 있다는 뜻이다. 결국, 임금-고용 트레이드오프 가설은 현실에서 기업이 고용 수준과 관련해서 내리는 결정과 전혀 무관하다.

황당한 점은 또 있다. 이 가설에서는 단 한 가지 상품만을 대상으로 삼는다는 기술적 요건이 필수적이다. 한 가지 상품만이 있다는 것은 투입 요소가 없거나 투입 요소가 바로 산출된 상품 자체라는 뜻이다(잘 생각해보면 참 이상한 상황이다). 가짜 경제학자들이 그토록 뒤틀린 비논리에 빠져드는 이유를 다음 사례에서 찾아볼 수 있다. 산출물과 투입 요소가 서로 다른 경제(예: 밀과 비료)에서는 두 산업에서 동시에 임금을 인상한 결과를 예측할 수 없다. 논리적·실용적으로 예측할 수 있는 한 가지 시나리오는 다음과 같다. 임금이 높아지면 농부는 수확량을 늘리고 노동 생산성을 높이기 위해 비료를 더 많이 사용한다. 그러면 비료 제조업 고용은 늘어나지만, 농장에서 필요한 노동에는 거의 변화가 없는 상태로 총고용이 증가한다. 수천수만 가지 상품이 생산, 유통, 판매되는 실물경제에서는 임금 상승이나 하락의 결과를 예측할 수 없다.

이것은 추상적이거나 불가사의한 문제가 아니다. 일반적인 임금 상승의 결과를 예측하는 것이 불가능하다는 사실은 '투입-산출표(input-output table)'를 이용해서 쉽게 입증할 수 있다. 대부분 국가에서 인터넷에 공개된 투입-산출표를 볼 수 있다. 이 표는 생산체계 전반에 걸쳐 투입 요소들의 흐름을 보여주는데, 이 투입 요소들은 결국 '최종 상품'이 된다. 가계와 정부, 그리고 기업(투자 목적으로)은 최종 상품을 구매한다.

마지막으로 임금-고용 트레이드오프 가설은 고용주나 고용인 사이에 결탁이 전혀 없는 경쟁적 경제라는 전제조건이 필요하다. 이 조건이 성립하면 노동 수요는 공급량과 무관하게 변동한다(4장에서 더 자세히 설명할 것이다). 그에 따라 고임금이 고용을 늘릴 가능성도 배제한다.

저임금과 싼 노동력이 고용을 늘린다는, 너무도 간단하고 자명해 보였던 논리는 결국 일반 법칙으로 정립할 수 없다는 사실이 밝혀졌다. 개별 기업이 임금을 삭감하면 고용이 늘어날 수 있지만, 이는 중요하지 않다. 기업 차원에서 임금을 삭감하면 제품 가격을 낮출 수 있고, 저임금 기업이 경쟁자들보다 우위를 차지할 수 있다. '고임금이 실업을 유발한다'는 주장은 별개 문제다. 이 주장은 경제 전반의 일반적 임금 상승이 고용을 감소시키고 고용을 줄이면 임금이 상승한다는 가짜 경제학의 가짜 법칙을 내세운다. 이 주장은 이론으로 정립할 수도 없고, 경험적 증거로 뒷받침되지도 않는다. 단지 저임금과 고수익을 정당화하고 실업의 책임을 노동자에게로 돌리려는 이념적 허구일 뿐이다.

실제로 가짜 경제학자들과 그들이 세뇌한 사람들은 이 주장을 마치 너무도 당연한 자연법칙처럼 떠벌리고 다니면서, 노동 조건과 노동시간을 개선하려는 모든 노력을 방해한다. 이를테면 노동시간을 규제하고 초과근무수당을 요구하는 법은 노동비용을 늘리므로 고용을 감소시킨다고 주장한다. 그리고 같은 이념적 비논리를 업무현장 보호, 위생과 안전 법률, 사회적 약자인 근로자 보호에도 적용한다. 이 모든 것은 고용비용을 늘리므로 결국 실업률을 늘리는 것이 틀림없다는 것이다. 그리고 근로자의 집단행동이나 법률 제정을 통해 노동 조건을 개선하려는 모든 시도는 자멸을 초래한다고 강조한다. 이런 논리는 기술적·경험적·도덕적으로 틀렸다. 문명사회에서는 경제발전이 허용하는 범위에서 모든 사람이 제대로 임금을 받고 건강한 환경에서 일한다. 이것은 기발한 전제나 가정이 필요 없는, 너무도 단순하고 이해하기 쉬운 명제다.

가짜 경제학자들은 자유 시장과 관련해서 영감을 준 애덤 스미스를 그들의 선구자로 우러러본다. 그러나 스코틀랜드 계몽주의에 크게 기여한 스미스는 '노동 시장'을 인정하지 않았다.

> 일반적인 임금 수준은 전적으로 (노동자와 고용주가 맺은) 계약에 달렸다. (…) 그러나 둘 중 어느 쪽이 분쟁에서 우위에 서서 상대에게 자기 조건을 강요할지를 예견하기는 어렵지 않다. 수적으로 열세인 고용주들은 쉽게 연합한다. 게다가 법은 노동자들의 연합을 금지하면서 고용주들의 연합을 승인하거나 적어도 금지하지 않는다. (…) 그런 모든 분쟁에서 고용주들은 훨씬 더 오래 버틸 수 있다.[21]

20세기 말 미국과 유럽의 노동조합 타파 운동에 대해 잘 아는 사람이라면 누구나 20세기 말 상황이 18세기 말 상황과 닮았음을 알아차릴 것이다.

더 읽을거리

시장은 어떻게 작동하는가

Ha-Joon Chang, *23 Things They Don't Tell You about Capitalism* (London: Penguin, 2010). 『그들이 말하지 않는 23가지』, 부키(2010).

James K. Galbraith, *Created Unequal: The Crisis in American Pay* (Chicago: University of Chicago Press, 2000).

Philip L. Rones, Randy E. Ilg and Jennifer M. Gardner, "Trends in Working Hours since the Mid-1970s," *Bulletin of Labor Statistics*, April 1997. Online: http://www.bls.gov/opub/mlr/1997/04/art1full.pdf (accessed 13 October 2013).

Susan E. Fleck, "International Comparison of Hours Worked," Bulletin of Labor Statistics, May 2009. Online: http://www.bls.gov/opub/mlr/2009/05/art1full.pdf (accessed 13 October 2013).

---

21) Adam Smith, *Wealth of Nations*, bk 1, ch. 8, par. 11.

3장

금융과 범죄성

예수께서 성전에 들어가셔서, 성전 뜰에서 팔고 사고 하는 사람들을 다 내쫓으시고,
돈을 바꾸어주는 사람들의 상과 비둘기를 파는 사람들의 의자를 엎으시고,
그들에게 말씀하셨다. "성경에 기록한 바, '내 집은 기도하는 집이라고 불릴 것이다' 하였다.
그런데 너희는 그것을 '강도들의 소굴'로 만들어버렸다."
(마태복음 21장 12~13절)

금융부문은 왜 존재할까?

내가 어린 시절을 보낸 텍사스 동부와 중부 사람들은 상대방의 판단력을
폄하할 때 "그렇게 생각하신다면, 당신에게 중고차를 팔고 싶군요."라고
말하곤 했다. 같은 맥락에서 나는 아직도 금융시장의 효율성을 믿는 사람
이 남아 있느냐고 묻고 싶다. 그런 사람은 혼자서 중고차 매장에 가면 큰
일 난다.

1930년대에는 대공황이 북미와 유럽의 은행 위기를 초래했다. 1929
년 은행 위기 직전, 미국에서 영업 중인 은행은 26,000개가 넘었다. 새로
선출된 프랭클린 D. 루스벨트 대통령이 1933년 3월 5일 은행 영업정지

를 명령했을 때, 미국의 은행은 15,000개가 채 되지 않았다. 1932년에만 5,000개의 은행이 도산했던 것이다. 은행 영업정지 명령으로 전국적인 뱅크런[1]이 일시적으로 멈췄다. 1933년 3월 9일 미국 의회에서는 민간 금융기관에 대한 강도 높은 규제를 지향하는 긴급은행구제법(Emergency Banking Relief Act)이 신속하게 통과되었다.

이 법이 통과된 지 3개월 뒤 글래스-스티걸법(Glass-Steagall Act)으로 알려진 은행법이 의회에서 통과되었다(상대적으로 덜 중요한 1932년 글래스-스티걸법과 혼동하지 말자). 글래스-스티걸법이 이후 50년 동안 미국의 은행 위기를 막았다고 해도 과언이 아니다.

대부분 미국인은 은행 파산 시 가계 예금을 보호하는 연방예금보험법인(Federal Deposit Insurance Corporation)을 설립한 것이 글래스-스티걸법의 의의라고 생각했다. 그러나 이후 반세기 동안 조직적 은행 위기를 방지한 것은 예금자 보호가 아니었다. 이 법의 위대한 성과는 정부가 직접 은행의 일거수일투족을 철저히 규제했다는 점이었다. 아마도 가장 중요한 규제는 주식 등 투기 활동을 금지한 것이다. 은행업을 안전하고 비교적 단조로운 업무로 정착시킨 것은 이 법의 가장 위대한 성과다. 오늘날 미국 남부 여러 주의 하원의원과 상원의원은 대부분 반동주의자인데, 글래스와 스티걸이 남부 출신이라는 사실이 놀랍다(카터 글래스[Carter Glass] 상원의원은 버지니아 주 출신, 헨리 스티걸[Henry Steagall] 하원의원은 앨라배마 주 출신이다).

글래스-스티걸법에 역행한 첫 번째 주요 단계는 1980년 예금기관 규제 완화 및 통화통제법(Depository Institutions Deregulation and Monetary Control

---

1) bank run: 예금주들이 은행에 맡겼던 돈을 한꺼번에 찾아가는 대규모 예금 인출 사태. 옮긴이.

우리 시대의 금융 참사

1933년 글래스(Glass) 상원의원과 스티걸(Steagall) 하원의원.
지금 두 분이 필요합니다. 어디에 계신가요?

1980년대 초반 주요 개발도상국, 특히 라틴아메리카 국가들은 미국 주요
은행에서 받은 대출에 대해 거의 채무불이행 상태가 되었다. 만약 이 상
태가 공식화되었다면, 미국의 금융부문은 결정적인 파국을 맞았을 것이
다. 이 국가부채 위기는 글래스-스티걸법을 폐지하기 훨씬 전부터 태동
하고 있었다. 1980년대 부채 위기는 엄격한 규제의 필요성을 분명히 입증
했다. 상업은행은 글래스-스티걸법으로 규제되지 않았기에 상환 능력이
없는 정부에 자금을 대출해줬던 것이다.

규제 감시에서 벗어난 웰스파고(Wells Fargo), 시티코프(Citicorp)*, 뱅크 오
브 아메리카(Bank of America) 등 거대 은행은 외국 정부에 무분별하게 대

---

* 1998년 시티그룹으로 합병되었다. 옮긴이.

출해줄 수 있었고, 실제로 그렇게 했다. 미국 정부가 수차례 개입해서 구제하지 않았다면, 그 은행들은 도도새처럼 멸종했을 것이다. 부채 위기는 우리에게 두 가지 교훈을 주었다. 1) 정부가 은행을 규제하지 않으면 은행은 난장판을 벌인다. 2) 은행이 벌인 난장판은 공공부문이 해결해야 한다. 그러나 그 뒤에 일어난 사건들을 보면 이 교훈을 마음에 새긴 사람은 아무도 없었다.*

1987년 블랙 먼데이(Black Monday). 이날 미국 주식시장은 사상 최대 일일 낙폭을 기록했다. 미국 증권거래위원회(Securities and Exchange Commission)가 컴퓨터를 이용한 전자거래 등 새로운 주식거래 방식을 규제하지 않은 것이 가장 큰 원인이었다.

1989~1991년 저축 대부조합 위기. 비교적 소규모인 900억 달러의 비용이 소요되었다.

2001~2002년 닷컴 투기성 버블 붕괴. 금융기관 공공규제 완화로 가치 변동이 심한 '전자주식'의 가치가 최대 5조 달러 추락했다.

2008년~ 전 세계를 강타한 전대미문의 금융위기. 아직도 이 사태의 소요 비용을 계산하는 중이다. 이 위기는 대규모 실업을 유발했고, 여기서 영감을 받아 맷 데이먼(Matt Damon)이 내레이션을 맡은 다큐멘터리 「내부자 범행(Inside Job)」(2011)이 제작되었다.

---

* http://en.wikipedia.org/wiki/File:Fireside_Chat_1_On_the_Banking_Crisis_(March_12,_1933)_Franklin_Delano_Roosevelt.ogg (accessed 15 October 2013).

Act)이었다. 이 법은 뭔가를 통제하기는커녕 연방준비제도의 금리규제를 폐지했다. 그 결과로 미국 금융기관들은 50년 만의 금융위기인 저축 대부 조합 위기를 향해 달려갔다.

연방준비제도의 금리규제 폐지는 미국의 저축 대부조합 3,234개 중 약 750개가 도산하는 직접적 원인이 되었다. 이는 또한 '의도하지 않은 결과의 법칙'을 교과서적으로 입증했다. 저축 대부조합 위기로 정부는 공 공예산 900억 달러, 또는 2012년 물가로 1,500억 달러(국민소득의 2%에 가까 운 금액)를 지출했다.[2] 2008년 금융 참사와 비교하면 약소한 금액이다.

일반적으로 금융위기는 금융업자에게 이로운 면이 없지 않다. 저축 대부조합 위기는 경쟁이 약해지는 효과를 냈고, 그 덕분에 미국 거대 은 행들은 글래스-스티걸법이 건재한 상태에서는 가망이 없었던 '금융시장 점유'라는 목표를 향해 나아갈 수 있었다.

미국의 사례에 국한해서 살펴보더라도 금융 참사의 목록은 인상적이 다('우리 시대의 금융 참사' 글 상자 참조). 금융시장은 왜 그토록 불안정할까? 금융업자들이 직접 나섰고 가짜 경제학자들이 열렬히 승인한 선전 활동 의 안개를 걷어내면, 답은 꽤 간단하다. 즉, 금융의 본질과 투기의 본질이 라는 두 가지 요소가 있다. 원점으로 돌아가 다시 생각해볼 필요가 있다. 금융은 왜 존재할까? 그리고 은행은 왜 존재할까?

언론과 가짜 경제학자들은 쉽게 버는 돈을 쫓아다니며 도박하는 투 기꾼을 '투자자'라고 우리를 설득한다. 이는 그리스 채권을 사서 1시간 내

---

2) http://useconomy.about.com/od/grossdomesticproduct/p/89_Bank_Crisis.htm (accessed 15 December 2013).

에 되파는 행위를 '투자'로 부르는 어이없는 짓이다. 이처럼 '투자'라는 용어는 부정확하게 사용되지만, 분별 있는 사람들은 투자의 개념을 경제의 지속 가능한 성장 잠재력의 주된 원천인 새로운 생산능력을 창출한다는 뜻으로 이해한다.

시장경제에서 어떤 기업이 기존 생산시설을 확장하거나 새로운 시설을 확충하는 데 투자하려고 하면 구체적인 어려움에 직면하게 된다. 경제 전반적인 측면에서 볼 때 새로운 투자의 규모는 장기적인 사업 이익을 초과하지 못하고, 보통 사업 이익보다 훨씬 적다. 경제 전체를 하나의 커다란 기업으로 가정한다면, 투자금이 이익금보다 적어야 한다는 제한은 자명한 것이다. 판매 수입에서 공급업체에 대금을 치르고 고용인에게 임금을 주고 남은 것이 이익금이다. 기업이 이익의 일부를 주주에게 배당한다면, 잠재적인 새 투자금은 이익금보다 훨씬 적어진다. 제2차 세계대전 이후에 미국과 서유럽 정부는 주주 배당금을 줄이고 기업이 투자할 동기를 부여하는 조세정책을 폈다. 이 경향은 1980년대에 변화하기 시작했다. 미국에서 주주 배당금은 1960년대 회사 수입의 39%를 차지했는데, 2000년대에는 약 65%를 차지했다.[3]

실물경제는 많은 기업으로 구성되고, 그중 일부는 사업을 확장하고 일부는 축소하며, 회사가 망하기도 하고 새로 생기기도 한다. 새 기업은 돈을 빌려야 하고 기존 기업도 돈을 빌려야 한다. 기존 기업이 경상이익을 초과해서 투자하려면, 과거 투자에서 얻은 이익을 모아두었다가 사용하

3) Council of Economic Advisers, Economic Report of the President (Washington, DC, February 2012). Online: http://www.gpoaccess.gov/eop/tables11.html (accessed 13 October 2013).

거나 기업 외부에서 자금을 마련해야 한다. 그러기 위해 기업은 대출을 받거나 주식을 발행해서 일반인(주로 부유층)에게 판다. 가계는 주식을 발행할 수 없으므로 주택을 구매할 때 주택담보대출을 받는다. 대출과 신규 발행 주식 판매를 통해 망해가는 회사에서 성장하는 회사로 경제 전반의 총이익이 재분배된다. 이 재분배에는 시장경제의 역학에 필수적인, 돈을 빌리고 빌려주는 활동이 필요하다.

그렇다면 투자를 위한 대출을 담당하는 기관이 필요하다. 이런 기관은 19세기 중반 서유럽과 미국에서 제법 큰 규모로 발달했다. 그전에도 투자은행과 비슷한 기관이 있었는데, 생산시설비용을 제공하기보다는 주로 거래 목적으로 대출해주었다. 신용대출을 통한 투자 덕분에 기업은 이익을 초과해서 투자할 수 있고, 그 결과 강한 기업은 번성하고 약한 기업은 쇠퇴한다.

신용대출에도 그 나름대로 문제가 있다. 결과가 불확실한데도 수익 창출을 위해 대출해주는 기관(은행)들이 생긴다. 은행 대출은 본질적으로 불확실하다. 은행은 대출자의 사업 결정을 제한적으로만 통제할 수 있고 대출 기업의 운영 환경을 거의 통제할 수 없다. 2008년 금융위기와 같은 극단적 상황에서는 대출자가 현명하게 행동하든 어리석게 행동하든 대출을 상환하지 못하게 될 수 있다.

불확실성은 시장경제의 금융부문에 내재되어 있는데 흔히 오해받거나 부정확하게 진술된다. 탄탄한 경제성장은 시장의 불확실성을 극적으로 줄여준다. 기업 차원에서는 시장 점유율을 유지하거나 늘리려는 기업들에 총 성장액을 분배하는 일과 관련해서 여전히 불확실성이 남아 있다. 그러나 경제가 전반적으로 성장세일 때는 상업적 경쟁의 승자가 패자보다 훨씬 많다. 불경기가 오면 불확실성은 마치 바이러스처럼 맹렬히 확산하고 패자가 압도적으로 많아진다. 경제 상황은 다른 무엇보다도 위험성과 불확실성을 좌우한다. 포착한 기회를 통해 부를 쌓는 대담한 기업가 정신(entrepreneurship)처럼 보이는 것도 실제로는 대부분 운일 뿐이다. 새 회사의 주식을 호황기에 상장하는 것과 불황기에 상장하는 것은 전혀 다른 일이다(예: 2012년 여름 페이스북의 주식 상장).

금융업자는 물론이고 많은 사람이 은행이 돈을 빌려주는 행위를 건강하고 행복한 경제에 꼭 필요한 숭고한 활동으로 여긴다. 이 자화자찬을 일축하는 구체적인 예가 있다. 휴대용 터치스크린 노트북 같은 신상품을 개발한 회사를 살펴보자. 이 회사는 다른 제품에서 얻은 이익과 은행 대출을 합한 자금으로 기술과 공장과 설비를 마련해서 제품 설계도를 판매 가능한 상품으로 만들어놓는다. 그리고 직판 대리점, 인터넷, 다른 기업의 판매처를 통해 이 상품을 시장에 내보낸다. 구매자가 택배로 받거나 상점에서 산 상품은 그것을 설계한 사람, 직접 생산한 사람, 설계와 생산을 감독한 사람, 운송한 사람, 온라인 또는 오프라인에서 판매한 사람 등 여러 사람의 노동을 구현한다.

그렇다면 은행이 한 역할은 무엇일까? 은행은 아무것도 설계하거나 생산하거나 운송하거나 판매하지 않았다. 은행은 상품이 판매자의 손에 들어가는 데 사용된 자원을 단 한 가지도 창조하지 않았다. 은행의 역할은 컸지만, 진짜로 중요한 것은 아니었다. 은행은 신용대출을 제공함으로써 새 공장과 장비를 가동하고 직원을 고용하는 데 도움을 주었다. 은행은 행정 절차를 통해 신용대출을 제공했다. 먼저 회사의 입출금계좌를 개설하고, 회사가 출금할 수 있는 금액을 구체적으로 설정했다. 회사는 은행에서 출금한 자금으로 공급업체 대금, 직원 임금, 예비 투자와 관련된 비용을 지급했다. 은행은 회사에 '은행이 보유한 돈'을 빌려준 것이 아니다. 자산(국채 등)과 부채(미지급 대출)의 관계를 지배하는, 국가마다 다른 법률을 바탕으로 신용대출을 창출한 것이다.

현실적으로 은행은 예금주들이 맡긴 것보다 훨씬 더 많은 금액을 빌려준다. 모든 시장경제 사회에서 정부는 은행이 예금의 몇 배까지 돈을 빌려줘도 되는지를 법으로 명시해서 제한한다. 2010년대 미국에서는 영세업체를 제외한 모든 대출업체에서 예금의 10배(예대율 10:1)까지 대출할 수 있었다. 은행은 자신에게 없는 남의 돈으로 대출자에게 신용대출을 제공한다. 이것은 예대율 수치와 관계없이 항상 사실이다. '지급 준비금'을 준비해둬야 한다면 그만큼은 빌려줄 수 없기 때문이다. 정부 규제를 토대로 설정된 신용대출 덕분에 대출자는 현재의 현금 유동성(cash flow) 수준보다 더 많은 금액을 지출할 수 있다. 이것은 꽤 유용한 기능이지만, 항상 이윤을 추구할 필요도 없었고 추구하지도 않았던 다른 여러 기관에서도 수행할 수 있는 부차적인 기능이기도 하다.

가지고 있지도 않은 돈을 이용해서 이익을 얻는 활동에 대단한 가치를 부여할 수는 없는 듯싶다. 그래서 나는 의식적으로 금융업자가 돈을 '번다(earn)'고 표현하지 않는다. '번다'라는 단어는 생산적 활동을 가리키는데, 금융은 경제활동에 꼭 필요할지는 몰라도 생산적이지는 않다. 뜨거운 햇볕 아래서든 혹독한 추위 속에서든 온종일 일하는 미화원은 돈을 번다. 컴퓨터 화면에 떠 있는 데이터베이스의 이 칸에서 저 칸으로 숫자를 옮기는 금융업자가 돈을 번다고 표현한다면 그 표현은 본래의 긍정적인 의미를 잃어버릴 것이다.

투기는 은행 등 금융기관이 생산적 투자 절차와 별개로 그들 스스로 불확실성을 조성함으로써 발생한다. 이익에 유혹된 금융업자들은 '투기 이익'이라는 구체적이고 독특한 이익을 얻을 수 있는 불확실성 또는 위험성을 만들어낸다. 투기성 금융 이익이 기업과 기업 간, 기업과 가계 간 판매 이익과 다르다는 것은 명백하다. 기업은 상품이나 서비스를 판매하기 위해 생산한다. 판매대금으로 직원, 공급업체 등에 비용을 지급하고 남은 것이 이익이다. 도매가격과 소매가격의 차이는 운송, 보관, 마케팅 등의 서비스에 들어가는 비용에서 생긴다. 이익을 설명하는 모든 이론은 이익의 출처가 '생산'이라는 사실에 합의한다. 생산은 상품이 판매되기 전에 존재하고, 판매될 때 이익이 실현된다. 생산 요소 중 어느 것이 이익을 창출하는지, 그리고 어떤 절차를 통해 이익이 경제 전반으로 분배되는지에 대해서는 의견이 분분하다. 이 논란은 잠시 접어두고, 투기 이익이 과연 어떤 것인지 자세히 살펴보자.

기업은 이익을 창출하기 위해 뭔가를 생산해야 하지만, 투기꾼은 아무것도 생산하지 않으면서도 매매를 통해 이익이나 손실을 볼 수 있다. 투기꾼들은 가격 변동을 예측하고 도박판에서 노름하듯이 돈을 '걸어' 이익을 얻는다. 대부분 사람이 언젠가 한 번쯤은 가격에 투기하게 된다. 예를 들어 2008년 미국 전역의 신중한 주택 구매자는 주택 가격이 낮아지기를 기대하고 기다렸을 것이다. 그러나 대부분 주택 구매자는 어차피 거주할 목적으로 집을 사므로 이익을 보지는 못했을 것이다.

거래를 통해 이익을 얻으려면 판매할 목적으로 사야 한다. 그렇게 하는 고지식한 구식 방법은 투기 이익을 가져다줄 상품을 실제로 구매하는 것이었다. 원시적 투기꾼은 경매장에서 감자 한 포대를 사서 일정 기간 보관했다가 나중에 더 높은 가격에 되팔기를 바라면서 경매장으로 들고 나간다. 그러나 오늘날 투기꾼은 운송, 보관, 재운송의 성가신 노고를 피하기 위해 미래의 명시된 날짜에 명시된 가격으로 명시된 수량의 감자를 구매할 권리를 보장하는 종이 문서(20세기) 또는 전자 문서(21세기)인 감자 '옵션(option)'을 구매한다. 나는 1월 31일 아이오와 디모인 지방에서 농부가 내게 1톤의 감자를 275달러에 판매한다는 계약을 구매한다. 이 농부는 감자 가격이 톤당 275달러보다 낮아질 위험에 대비해서 '헤지(hedge)하는'[4] 것이고, 나는 가격이 톤당 275달러보다 높아지리라는 예상에 돈을 거는 것이다. 만약 1월 31일 디모인 지방의 감자 가격이 톤당 350달러('현물가격')가 된다면, 나는 부자가 된다. 실제로 감자를 유용하게 사용하려는 구매자들은 내게 톤당 350달러를 지급할 용의가 있을 것이다. 나는 감자를 찌거나 튀기거나 삶을 생각 없이 감자를 이용해서 이익을 챙겼다. 반대로 1월 31일에 감자 가격이 톤당 125달러로 내려간다면 나는 너무 비싼 1톤의 감자 또는 내가 지급한 가격의 절반도 안 되는 가치의 계약서를 손에 들고 난감한 표정을 짓고 있을 것이다.

이렇게 '파생상품'(다른 상품과 연계된 것)을 이용한 투기는 투기 대상과 직접 접촉하지 않고 진행된다. 가짜 경제학자와 금융 사기꾼의 상상력은 투기를 정당화하는 다양한 방법을 제공하고, 그런 방법들이 위험성과 불확실성을 제거한다고 주장한다. 그들은 개인이나 기업이 여러 가격에 옵션들을 구매함으로써 예기치 못한 사건에 대비해서 '헤지할' 수 있다는

---

4) 자산의 가격이 불리한 방향으로 변동할 위험을 완화하려는 구체적 목적으로 투자하는 행위를 '헤지(hedge)하다'라고 한다. 옮긴이.

주장을 퍼뜨린다. 2008년 중반 이전에 그런 불가능한 낙관주의를 수용한 사람들이 있었다면(그런 사람이 많았다), 나는 지금이라도 그들이 깨달음을 얻었기 바란다.

디모인 지방 감자 가격이 톤당 350달러로 오르면 내 이익은 어디서 나올까? 정답은 명백하다. 내가 파생상품 계약을 하지 않았다면 당연히 농부가 얻었을 이익을 챙긴다. 이것은 생산자와 투기꾼 사이의 직접적인 이익 재분배다. 그런데 현물가격이 톤당 125달러로 내려갔을 때 내 손실이 어디서 비롯하는지는 덜 명백하다. 나는 최대 150불의 손해를 보지만, 아무것도 생산한 적이 없으므로 내가 손실의 원천일 수는 없다.

사회의 어떤 유용한 활동에서 발생한 소득이 내 손실을 상쇄해주는 것은 분명한 사실이다. 이익을 보고 손해를 보는 과정은 대칭적이지 않다. 투기꾼의 이익은 유용한 특정 활동(감자의 생산)에서 비롯한다. 반면에 투기꾼의 손실은 전반적인 생산 활동을 통해 처리되고, 투기꾼을 제외한 나머지 사람들이 함께 책임진다.

투기꾼은 사회의 유용한 활동에서 이익을 챙기고, 그 유용한 활동이 투기꾼의 손실을 상쇄해준다는 사실이 비현실적으로 보인다면, 2008년의 대규모 금융위기를 떠올려보자. 2008년 3월 미국의 근로자 수는 1억 4,600만 명이었다. 2009년 크리스마스 무렵 총 근로자 수는 1억 3,800만 명으로 800만 명 넘게 줄어들었다(5.6% 하락).[5] 누구나 알다시피 금융부문의 붕괴가 이 상황을 초래했다. 금융부문은 불확실성을 헤지하고 끝없이 성장하는 '신경제'를 이룩했다고 자랑했지만, 과열된 피라미드식 투기의

---

5) Economic Report of the President (2013), annex table B 45.

정체되고 비생산적인 무게를 견디지 못하고 무너졌다. 그 결과, 유용하고 생산적인 활동을 하는 수많은 미국인의 막대한 소득과 부가 쓸모없고 무책임한 금융부문으로 이동했다(뒤에서 더 자세히 이야기할 것이다).

금융 투기에 몰두한 투기꾼은 생산적 활동을 전혀 하지 않는다. 투기는 더욱 근본적인 의미에서 경제적·사회적으로 비생산적이다. 투기꾼에게 이익을 제공하는 거의 모든 위험성과 불확실성은 반드시 있어야 하는 것이 아니다. 그것은 시장경제의 본질적 요소가 아니다. 의도적인 공적 시장규제는 비생산적이고 안정을 해치는 투기 기회를 제거한다.

가장 큰 투기 기회는 통화 시장에서 생긴다. 날마다 수조 규모의 달러, 파운드, 유로 등의 통화가 무에서 이익을 창출하는 불가능한 목표를 향해 미친 듯이 경주를 펼친다. 스위스 바젤에서 각국 중앙은행에 서비스를 제공하는 국제결제은행(Bank for International Settlements)은 2010년 통화 시장의 평균 일일 체결액을 약 4조 달러로 추정했다.[6] 회사가 공급업체에 지급하기 위해 환전하는 것처럼 유용한 활동의 일일 평균 체결액은 기껏해야 그 10% 정도밖에 되지 않는다. 거래 시작 시점인 월요일 0시 1분부터(이 비정상적 시장들은 하루 24시간 가동한다) 누적된 거래 체결액은 그 주 목요일 아침을 먹기도 전에 미국이나 유럽연합의 연간 총매출액을 웃돌 것이다.

투기성 통화 시장이 조작, 음모, 결탁이 전혀 없는 경쟁 시장이며 가짜 경제학이 말하는 '완전 경쟁'의 실체에 가깝다는, 근거는 없으나 강력한 믿음이 있다. 그러나 통화 거래자는 많지만, 몇몇 다국적 거대 은행이 대

---

6) Bank for International Settlements, "Derivatives Statistics," 8 May 2013. Online: http://www.bis.org/statistics/derstats.htm (accessed 15 October 2013).

부분 거래를 맡는다. 따라서 미국과 유럽의 통화 시장에서 발생한 제한적인 경쟁과 결탁 때문에 규제의 필요성이 대두했다.

2000년대 중반 전문 은행가 휴 토머스(Hugh Thomas)는 은행업계의 분포를 계산해보고 다음 결론에 도달했다.

> (최대 규모의) 100대 은행에 전 세계 은행 자산의 67%가 집중되어 있다. 상위 100대 은행 중에서도 상위 20개 은행이 이익의 50%와 총자산과 총자본의 45%를 차지해서 매우 편중된 분포를 보였다. 이런 편중된 분포는 미래에 국가 간 자본 흐름의 경계가 허물어지고 전국적으로 파편화된 기관들과 시장들이 세계화에 굴복하면서 더욱 심해질 가능성이 크다.[7]

국제 금융은 젊고 대담한 트레이더들이 적자생존 경쟁의 스릴을 좇는 흥미진진한 게임장이 아니다. 자산과 권력은 극도로 편중되어 있다. 권력을 쥔 금융기관들은 사기성 결탁을 통해 시장을 냉소적으로 관리하고, 그 시장에서 비생산적인 투기에 자산을 투입한다. 2012년 바클레이 은행을 필두로 금융전문가들이 오랫동안 국제 금리를 조작하는 데 공모했다는 사실이 드러나면서 이 냉소주의의 야비함이 분명히 밝혀졌다. 한 전문가는 이 사건을 사상 최대 규모의 상업적 사기 사건으로 규정했다. "시장 역사상 모든 금융 사기가 이 일과 비교하면 수십, 수백 배로 사소해 보인다."[8] 그것은

---

7) https://docs.google.com/a/wpcpress.com/document/d/1gUw5AR6ZbdEuZbtu71G1K-n79qxxWD_Bly6CbDJnt74/edit (accessed 15 December 2013).

8) James O'Toole, "Explaining the Libor Interest Rate Mess," CNN Money, 10 July 2012. Online: http://money.cnn.com/2012/07/03/investing/libor-interest-rate-faq/index.htm (accessed 15

주택담보대출이든 자동차담보대출이든 신용기관에서 대출받은 모든 사람에게 간접적으로 영향을 미쳤고, 지금도 영향을 미치고 있는 담합이다.

애덤 스미스는 다음과 같은 유명한 말을 남겼다. "같은 상품을 거래하는 사람끼리는 친목을 도모한다는 목적으로도 모이는 일은 드물지만, 만났다 하면 대화는 언제나 대중을 속일 음모나 가격을 올릴 계책 논의로 끝나곤 한다."[9] 금융부문에서만큼은 이 말이 사실이다.[10]

금융위기의 비용

> 하지만 은행은 대리석으로 지어졌고, 문마다 문지기가 서 있으며,
> 금고는 우리가 그것을 벌기 위해 땀 흘려 일한 은화로 가득 찼다.[11]
> — 레스 라이스(Les Rice), 노래 「은행은 대리석으로 지어졌다(The Banks are Made of Marble)」

> 허리케인 아이린은 복구비용이 700~1,000억 달러로 추정되고,
> 비용 규모로 볼 때 이는 미국 역사상 10위 안에 드는 재난일 가능성이 크다.[12]
> — 미국 일간지 『뉴욕타임스』, 2011년 8월 31일

2007~2008년 미국의 금융위기 때문에 전 세계인이 부담한 비용은 얼마

October 2013).

9) Adam Smith, *An Inquiry into the Nature and Causes of the Wealth of Nations*, bk 1, ch. 10, par. 82. Online: http://www.econlib.org/library/Smith/smWN.html (accessed 12 November 2013).

10) John Weeks, "It's about Wall St. but It's Not All about Speculation," at http://therealnews.com (accessed 15 October 2013).

11) http://www.oldielyrics.com/lyrics/pete_seeger/banks_are_made_of_marble.html (accessed 15 October 2013).

12) "Hurricane Irene Seen as Ranking among Top Ten," New York Times, 31 August 2011, 1.

일까? 어떤 허리케인이나 지진이나 다른 자연재해도, 2004년 12월 인도양을 덮친 죽음의 쓰나미조차도 인간이 금융시장에서 행사하는 파괴력에는 비할 바가 아니라고 자신 있게 단언한다. 1930년대 대공황과 최근 금융위기의 파괴력에 맞먹는 재해는 역사적 전쟁과 기근과 대학살의 피해에서 찾아야 한다. 이 말이 전혀 과장되지 않았음은 통계가 말해준다. 2000년 초반부터 2008년 중반까지 미국 국민총생산(GNP)은 연간 2.3% 성장했다. 3년 뒤인 2011년 미국 국민총생산은 여전히 2008년 중반의 최고점을 넘지 못하고 정체되어 있었다.[13] 미국 경제가 그 3년간 성장률 0%, 국민총생산은 2008년 중반 수준으로 유지되었다면, 금융위기의 결과와 비교한 누적 소득 차액은 거의 8,000억 달러에 이르렀을 것이다. 이는 3억 1,100만 명 미국 국민 1인당 약 2천 달러에 해당하는 금액이다.

금융업자들의 어리석은 행동 때문에 미국의 모든 국민이 2천 달러의 손해를 본다는 것은 끔찍한 일이다. 더 심각한 것은 8,000억 달러조차도 최소한으로 추정한 금액이라는 사실이다. 미국 경제는 제2차 세계대전이 끝난 뒤, 3년 연속 성장률 0%로 정체된 적이 한 번도 없었고, 하물며 성장률이 마이너스를 기록한 적도 없었다. 8,000억 달러는 인류 역사상 어떤 지진이나 허리케인의 복구비용보다도 훨씬 많지만, 통제를 벗어난 금융 부문이 저지를 수 있고 우리 눈앞에서 실시간으로 저지른 참사의 복구비용으로는 대단히 과소평가된 금액이다.

미국 국민총생산이 금융위기 이전 2000년대에 그랬듯이 연간 2.3%의 성장률로 계속 증가했다면 어떨까? '신경제'를 들먹이는 호들갑을 떨

---

13) Economic Report of the President (2013), annex table B 45.

었지만, 2.3%의 연간 성장률은 보기 드물게 높은 것도 아니었다. 오히려 1946~1999년의 연평균 성장률 3.6%보다 훨씬 적었다. 금융부문이 보통 수준인 2.3%의 연간 성장률을 망쳐버리지 않았다면 어땠을까? 아래 그래 프에 답이 나온다. 이 그래프는 인플레이션으로 인한 물가 상승의 영향을 배제하고 2011년 물가를 기준으로 국내총생산(GDP)을 나타냈다.

실제로 2013년 국내총생산은 14.9조 달러였지만,[14] 만약 금융시장의 활동이 모든 것을 망쳐버리지 않고 경제가 줄곧 연간 2.3%로 성장했다면, 2013년 국내총생산은 16조 달러에 육박했을 것이다. 절대 만회할 수 없는 2008~2013년의 누적 사중손실[15]은 6.5조 달러다(그래프 참조). 만약 금융위 기의 사중손실을 마법처럼 허공에서(즉 은행가들에게서) 되찾는다면 2013년 말 미국 국민은 1인당 2만 달러를 추가로 벌었을 것이다.

고용은 어떠한가? 다음 그래프를 이용해서 대형 금융기관들이 일자 리에 미친 영향을 간단히 추정할 수 있다. 2000년부터 금융위기 직전까지 국내총생산 연간 성장률은 평균 2.3%였고, 이 수치는 5%의 실업률과 결 부되어 있었다. 연간 성장률이 유지되었다면 실업률도 같은 수준으로 유 지되었을 것이다. 이렇게 추정한 실업자 수에서 실제 실업자 수를 빼는 간 단한 산수를 통해 고용 측면의 사중손실을 계산할 수 있다.

금융위기의 여파가 최악이었던 2009~2011년의 총실업자 수는 연평 균 1,500만 명으로 노동인구의 9% 아래로 한 번도 줄어들지 않았다. 여기

---

14) Ibid.

15) Deadweight loss: 재화나 용역 시장에서 수요와 공급의 균형을 이루지 못할 때 발생하는 경제적 효용의 손실. 옮긴이.

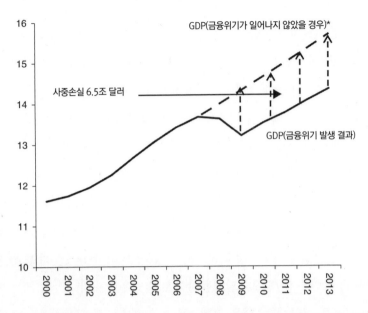

GDP(금융위기가 일어나지 않았을 경우)*

사중손실 6.5조 달러

GDP(금융위기 발생 결과)

2000~2013년 실제 미국 국내총생산과 금융위기가 일어나지 않고 2000~2007년과 같은 성장률이 유지되었을 경우를 추정한 그래프. (단위: 조 달러, 2011년 물가로 보정함)
출처: 『2013년 대통령 경제 보고서』, 표 B-4.

서 금융위기가 일어나지 않았을 경우의 실업자 수를 빼면 거의 절반인 연평균 670만 명이었다. 딱 이만큼의 실업자가 금융위기 때문에 생긴 것이다. 700만 명이 4년을 실업 상태로 보낼 정도로(2,500만 명분의 연간 노동시간 손실) 사회를 황폐화하는 재해를 상상해보라. 그것은 모든 허리케인을 능가할 것이다. 그 재해의 이름은 바로 '시장 권력'이다.

허리케인과 금융시장 재해는 전혀 다르다. 첫째, 금융시장 재해가 훨

---

* Economic Report of the President (2013)의 통계를 이용해서 계산했다.

씬 파괴력이 크다. 둘째, 우리는 허리케인에 대비할 수 있지만, 예방할 수는 없다. 반대로 시장 재해는 예방할 수 있다. 금융시장 재해는 반드시 발생할 필연적인 이유가 없다. 1950~2008년의 60년 사이에 연간 실업률이 9%를 넘은 연도는 1982년과 1983년 두 해밖에 없었는데, 2011년 말이 되자 여섯 해가 되었다.[16] 이런 시장 재해를 방지하는 방법을 우리는 잘 알고 있다. 그것은 바로 금융시장에 대한 철두철미한 규제와 '경기 역행적 재정정책'이다(7장과 9장 참조).

실업은 시장경제의 수치다. 실업은 인간의 기술이 낭비되고 다량의 재화와 용역이 생산되지 않는다는 것을 의미한다. 가동하지 않아 녹슬어 가는 공장은 눈에 거슬린다. 사회가 일자리 제공에 실패해서 사람들이 일하지 않고 절망에 빠지는 상황은 범죄로 봐도 무방하다. 21세기 여러 선진국의 높은 실업률은 현대 사회제도와 민주주의가 일하기를 원하는 모든 사람에게 일할 기회를 보장하는 데 실패했음을 입증했다. 1941년 1월 프랭클린 D. 루스벨트는 미국 의회에서 한때 유명했던 '네 가지 자유' 연설을 통해 이 사실을 설득력 있게 설명했다.

국민이 정치와 경제 체제에 기대하는 기본적인 사항은 간단합니다. 일할 능력이 있는 사람에게 일자리를, 모든 사람에게, 특히 젊은이에게 기회의 평등을, 사회적 약자에게 사회보장제도를 제공하고, 소수의 특권을 철폐하고, 모든 시민의 자유를 보전하고, 생활 수준이 광범위하게 지속적으로

---

16) Economic Report of the President (2013), annex table B 45.

향상되는 가운데 과학 발전의 성과를 누리는 것입니다.[17]

　선진국의 21세기 정치인들이 국민에게 봉사하기 원한다면, '일할 능력이 있는 사람에게 일자리를 제공하는 것'이 최소한의 출발점이 되어야 할 것이다. 이 목적을 달성하는 방법을 마지막 장에서 구체적으로 설명할 것이다.

　금융부문의 어리석음에 관한 논의를 마무리하는 질문이 있다. 금융 시장은 왜 본질적으로 불안정하고 왜 엄격한 규제를 받아야 할까? 그것은 금융 활동 자체가 잠재적으로 쓸모는 있지만 비생산적이고, 금융업자들을 방치하면 쓸모 있는 활동을 외면하고 비생산적인 활동에만 열중하기 때문이다.

　철학자 조지 산타야나(George Santayana)는 "과거를 기억하지 못하는 자는 과거를 반복하는 저주에 걸린다."고 했다. 이 격언을 은행가와 투기꾼에게 적용한다면 "과거에 이익을 얻은 자는 기꺼이 과거를 반복한다."는 말이 될 것이다. 2007년 미국 기업의 총이익은 국민소득의 13% 미만이었고, 2년 뒤의 경제침체기에는 10%로 떨어졌다. 2012년 말이 되자 대기업 부호들은 국민소득의 14% 이상의 이익을 내면서 다시 잘나가고 있었다.

　상품을 생산하고 운송함으로써 돈을 벌고자 한 우직한 기업들의 이익은 2007~2012년에 겨우 12% 증가했지만, 금융 귀족들이 '벌었다고 할

---

17) Franklin D. Roosevelt, 1941 State of the Union Address ("The Four Freedoms") (Washington, DC, 6 January 1941).

수 없이' 챙긴 투기 이익은 30%도 넘게 증가했다.[18]

한 번은 성공했다. 끔찍한 금융 참사와 공적 자금을 투입한 구제금융 이후로 아무런 비난이나 피해 없이 빠져나온 은행가들은 '아무도 우리를 막지 않는다면 한 번 더 하는 것이 어떨까?' 하고 궁리하고 있다.

금융시장: 우리 같은 보통 사람들

> 범죄를 통해 막대한 부를 쌓은 도둑이나 사기꾼은
> 좀도둑보다 법의 엄격한 처벌을 피할 가능성이 크다.[19]
> – 소스타인 베블렌(Thorstein Veblen)

> 살아오면서 나는 이상한 사람을 많이 만났다. 어떤 이들은 6연발 권총으로,
> 어떤 이들은 만년필로 돈을 훔쳐간다. 그러나 당신은 살아가면서, 세상을 배회하면서
> 가족을 그들의 집에서 쫓아내는 범죄자를 결코 보지 못할 것이다.
> – 우디 거스리(Woody Guthrie), 「꽃미남 범법자 플로이드」(1935년경)

가짜 경제학자와 언론이 금융시장에 막대한 권력을 부여한 상태에서 금융시장 숭배자들이 금융시장을 인격화하는 현상은 그리 놀랍지 않다. 금융시장 인격화는 민주주의 체제에서 자유로운 시장경제를 옹호하는 핵심 요소로 작용하고, 모든 종류의 시장에 적용된다. 미국 대통령 후보 미트 롬니(Mitt Romney)는 흥미롭게도 "기업은 사람이다."[20]라고 했다. 인격화 원리를 가장 열렬하게 적용한 사례를 금융부문에서 찾아볼 수 있다. 금

---

18) http://www.federalreserve.gov/releases/z1/20121206/accessible/f7.htm (accessed 13 November 2013).

19) Thorstein Veblen, Theory of the Leisure Class (1899) (New York: Modern Library, 2001), 117.

20) YouTube: http://www.youtube.com/watch?v=E2h8ujX6T0A (accessed 15 October 2013).

융시장은 독립적이며 집단적인 (반)사회적 행위자로 여겨진다.

실제 인간을 시장 참여자로 보는 대신에 금융시장을 인간으로 취급하는 태도는 경쟁의 신화를 영원히 유지하는 데 도움이 된다. 금융시장을 인격화하는 것은 곧 개인에게는 시장 권력이 전혀 없다는 뜻이다. 이런 인격화는 또한 비정상적으로 기능하는 국내 및 국제 금융 체계를 정당화하는 데 중추적이다. 2007~2008년 세계 금융위기의 배경에 전적으로 부합하는 금융시장 인격화는 2009~2011년 유로 채권 시장의 피해 막심했던 투기를 미화하는 핵심적 요소였다.

로이터 통신의 티모시 헤리티지(Timothy Heritage)는 심층 분석 기사에서 "유럽연합은 스스로 유로 통화를 구제할 역량이 있다고 금융시장을 설득하기 위해 고군분투하고 있다."[21]고 썼다. 채권과 통화의 대규모 투기성 매도는 정부와 시장이 서로 의지를 겨루는 시합으로 제시되었다. 이는 곧 유로 통화가 겪는 어려움을 인간의 무책임과 자연의 힘 사이 대립으로 이념적으로 정의하는 것이다. 여기서 필연적인 승자가 어느 쪽인지는 자명하다('시장 권력에 대항할 수는 없다'는 사실을 떠올리자).

자칭 '깨끗한 자본주의를 위한 회사' 코퍼레이트 나이츠(Corporate Knights) 대표 토비 힙스(Toby Heaps)는 어느 기사에서 시장을 감동적으로 인격화했다. "채권 시장의 노여움만큼 기업 대표나 최고경영자를 떨게 하는 것은 없다. 왜냐면 채권 시장에 산소 공급을 중단할 힘이 있기 때문이다. 채권 시장은 기분이 나쁘면 대출 금리를 인상해서 기업의 약점을

21) Timothy Heritage, "EU Struggles to Convince Markets in Euro Crisis," Reuters, 28 May 2010. Online: http://uk.reuters.com/article/2010/05/28/uk-eurozone-politicsidUKTRE64R24S20100528 (accessed 13 November 2013).

찌른다."[22]

지금 "기분이 나쁜" 채권 시장은 미국 금융규제기관인 증권거래위원회에 "당신이 우리를 찌르면 우리는 피를 흘리지 않습니까? 당신이 우리를 간질이면 우리는 웃지 않습니까? 당신이 우리를 독살하면 우리는 죽지 않습니까? 그리고 당신이 우리를 해치면 우리는 복수하지 않겠습니까?"[23]라는 샤일록(Shylock)의 유명한 질문을 던지기 직전의 상태인 듯하다. 샤일록의 마지막 질문이 우리 상황과 관련이 있다.

시장은 피를 흘리거나 웃거나 죽지 않는다. 시장의 인격화는 사람들의 관심을 투기꾼들의 세계로부터 다른 곳으로 돌리게 하고, 금융사기를 자연의 힘으로 변질시킨다. 또한, 금융체계는 인간이 만든 것이 아니라는 거짓 신화를 만들어내서 인간이 반사회적인 규칙과 표준을 따르는 기관에서 비정상적으로 작동하는 금융체계를 발명했다는 진실을 은폐한다. 게다가 시장의 인격화는 투기가 자연법칙에 따른, 피할 수 없는 결과라고 우리를 설득한다. 자연적인 현상이므로 어떤 정부도 규제할 수 없다는 논리다. 미국, 영국, 그리스의 적자가 줄어들기를 '채권 시장이 원한다'거나, 경영진의 천문학적 연봉이 초인간적인 '국제 재능시장'이 작동한 당연한 결과라는 주장에도 투기 행위를 자연현상으로 보는 태도가 드러난다.

재정적자로 공공대출비용이 증가한다면, 그 원인은 금융 투기꾼들에게 있으므로 공공규제를 통해 그들의 행동을 통제할 수 있다. 천문학적인

---

22) Toby A. A. Heaps, "Can Bond Markets Save the World?" Corporate Knights, 13 July 2011. Online: http://www.corporateknights.com/article/can-bond-markets-save-world (accessed 15 October 2013).

23) William Shakespeare, *Merchant of Venice*, act III, scene 1.

경영진의 연봉의 원인과 그것을 억제하는 해결책은 더 명백하다. 그 원인은 회사 고위직이 권력을 쥐고, 주주들이 목소리를 내지 못하게 제도화했기 때문이다. 기업 운영과 관련된 법을 개정하는 등의 간단한 방법으로 경영진 연봉을 적정 수준으로 조정할 수 있다(이 장 마지막에 언급한 윌리엄 라조닉의 저서에 구체적인 방법이 나온다).

금융시장은 어느 나라에서도 그 자체로 문제를 일으키지는 않는다. 시장에 대한 빈약하고 부적절한 법과 제약이 문제를 일으킨다. 법 제정과 적용이 허술하기 때문에 투기꾼, 사기꾼, 악당들은 잡혀가지도 재판을 받지도 감옥에 갇히지도 않고, 책임지지 않아도 된다는 자신감으로 무모하게 행동한다. 끔찍한 예를 하나만 들자면, 2008년 세계 금융위기를 초래한 모든 기업 범죄에 대응해서 미국 정부는 거대 은행 소속 사기꾼들을 단 한 명도 고발하지 않았다. 2011년 미국의 검찰 기소 사례는 20년 만에 최저점을 찍었고,[24] 지극히 일상적인 금융사기조차도 정의의 손아귀에서 벗어나 금융위기 이후의 휴가를 즐기는 듯했다.

법이 그토록 빈약한 이유는 사기를 영속하는 장본인들이 금융부문 등여러 부문의 법률을 개정했기 때문이다. 18세기 철학자 데이비드 흄은 "소수가 다수를 통치하는 일이 얼마나 쉬운지"[25] 놀라워했다. 그처럼 나는 소수가 고안한 체계적 금융사기에 다수가 거의 이의를 제기하지 않는다는

---

24) Alexander Eichler "Federal Prosecution of Financial Fraud Falls to 20-Year Low, New Report Shows," Huffington Post, 15 November 2011. Online: http://www.huffingtonpost.com/2011/11/15/financial-fraudprosecution_n_1095933.html (accessed 15 October 2013).

25) David Hume, *First Principles of Government* (1742), part 1, essay 4, par. 1. Online: http://www.econlib.org/library/LFBooks/Hume/hmMPL4.html

사실이 놀랍기만 하다. 대중이 경각심을 품기 바라면서 다음 장에서는 가짜 경제학과 자유 시장 이념주의자의 새빨간 거짓말을 파헤칠 것이다.

더 읽을거리

John Kenneth Galbraith, *The Great Crash 1929: The Classic Account of Financial Disaster* (New York: Penguin 1954). 『대폭락 1929』, 일리(2008).

Ha-Joon Chang, *23 Things They Don't Tell You about Capitalism* (London: Penguin, 2010). 『그들이 말하지 않는 23가지』, 부키(2010).

James K. Galbraith, *The Predator State: How Conservatives Abandoned the Free Market and Why Liberals Should Too* (New York: Free Press, 2008).

William Lazonick, *Business Organization and the Myth of Market Economy* (Cambridge: Cambridge University Press, 1991).

전문적인 내용을 쉽게 설명한 책

Jan Toporowski, *Why the World Economy Needs a Financial Crash and Other Critical Essays on Finance and Financial Economics* (London: Anthem Press, 2010).

4장

시장의 신화 팔아먹기

기만의 설계

최초로 땅에 울타리를 치고 "이 땅은 내 것이다."라고 말한 사람, 그리고 남들이 순진하게도
그 말을 믿는 모습을 본 사람. 그 사람이 바로 문명사회의 진정한 설립자였다.
만약 누군가가 그 울타리를 치우거나 경계에 파 놓은 도랑을 메우고 다른 사람들에게
"이 사기꾼에게 귀 기울이지 마시오. 지구의 열매는 우리 모두의 것이고
지구는 누구의 소유도 아니라는 사실을 잊는다면 여러분은 끝장난 겁니다."라고 외쳤다면,
그는 얼마나 많은 범죄와 전쟁과 살인, 공포와 불운에서 인류를 구했겠는가.[1]
-장 자크 루소

사람들은 작은 거짓말보다 큰 거짓말을 쉽게 믿는다.
그리고 그 거짓말을 되풀이하면 사람들은 곧 그것을 사실로 믿게 된다.[2]
- 미국 전략사무국, 히틀러의 심리 프로파일을 기술하며

사람들은 세계 각지에서 물건을 사고팔면서 좌절을 경험한다. 그런 좌절은

---

1) Jean-Jacques Rousseau, *Discourse on Inequality* (1754). Online: http://www.philosophyparadise.com/
quotes/rousseau.html (accessed 16 October 2013).

2) Walter C. Langer, *A Psychological Analysis of Adolph Hitler: His Life and Legend* (Washington, DC: OSS,
1943).

대개 사기 행위에서 비롯한다. 매매 활동에서 범죄성 사기는 흔히 일어난다. 그리고 광고 내용을 믿고 상품을 산 다음에 실망하는 일은 더 흔하다.

그런데도 많은 사람이 정부 규제가 시장의 혜택을 제한한다는 표면상의 이유로 정부의 시장 규제를 반대한다. 이것은 복잡하고 모순적인 상황이다. 사람들은 시장에서 실망하고 사기당한 경험이 많다. 그러나 극도로 예외적인 상황에서만 시장을 규제해야 한다고 생각한다. 사람들은 시장이 해악을 끼칠 수 있다는 사실을 구체적으로는 알지만, 추상적으로는 시장이 선하다고 믿는다. 왜 그럴까?

우리가 경험과 상식에 어긋나는 사실을 믿는 일은 드물지 않다. 예를 들어 전 세계 스포츠팬들은 그들이 응원하는 팀이 경기에서 절대 이길 수 없는 실력을 갖췄어도 우승하리라는 희망을 안고 새 시즌을 맞이한다. 많은 사람이 외계 생명체가 지구를 방문한다고 생각한다. 이런 환상은 시장에 대한 믿음과 달리 실생활이나 가계의 행복에 악영향을 미치지 않는다.

불완전한 시장에 대한 믿음은 곧 공공정책('큰 정부'나 '보모국가')의 실효성에 대한 불신과 상통한다. 미국과 영국 대부분 국민이 기본적으로 이런 불신을 품고 있음을 부인할 수 없다. 그런데 영국 일간지 『가디언』은 2012년 '에델먼 신뢰 지표(Edelman Trust Barometer)'라는 약간 수상한 기관의 설문에 참여한 영국인의 38%만이 정부기관을 신뢰한다는 결과가 나왔다고 보도했다. 미국인은 43%가 정부기관을 신뢰한다는 결과가 나왔다. 이런 여론조사는 진지하게 받아들일 것이 못 된다.[3]

---

3) "Do We Trust Our Government? See How Your Country Compares," Guardian, 24 January 2012. Online: http://www.theguardian.com/news/datablog/2012/jan/24/trust-in-government-country-edelman (accessed 14 November 2013).

양국 국민의 민간부문에 대한 불신은 더욱 심각한 것으로 나타났다. 2011년 6월 갤럽 여론조사는 미국인의 19%만이 거대 기업을 신뢰한다고 보도했다.[4] 거대 기업을 신뢰한다는 것 자체가 가능성이 희박하지만, 만약 신뢰하는 사람들이 있다 해도 '시장에 대한 신뢰'를 '거대 기업에 대한 신뢰'로 교체한 것에 지나지 않는다. 여론조사 결과로 시장 규제에 대한 수수께끼 같은 반감을 설명하는 것은 좋은 방법이 아닌 듯하다.

그렇다면 사람들이 모순 없는 회의적인 시각을 거부하는 이유는 무엇일까? 사람들은 시장의 우매함과 사기성을 직접 경험한다. 그들은 불완전한 시장을 적절히 규제할 때만 시장이 다양한 문제에 대해 충분한 해결책을 제공한다는 결론을 내릴 수도 있었다. 정리하자면, 시장은 그럭저럭 괜찮은 제도지만, 지나친 낙관은 금물이라는 것이다.

시장이 본질적으로 선하다고 보는 실용적 관점을 수용하는 태도를 어떤 근거로 만류할 수 있을까? 어떤 이들에게 이 관점은 종교에 가깝다. 앞서 언급한 미국 갤럽 여론조사에 응답한 사람의 5분의 1이 "신은 정부 규제에 반대하고, 자유 시장을 믿음의 문제로 간주하는 경제적 보수주의 관점으로 우리 삶을 적극적으로 관장한다."고 생각했다.[5] 뒤에 나오겠지만, 시장의 작동 원리에 대한 설명으로 우익 성향의 신이 개입한다는 가설은 애덤 스미스의 유명한 '보이지 않는 손'보다 훨씬 믿을 만하다. 자주 언

4) Elizabeth Mendes, "In U.S., Fear of Big Government at Near-Record Level," Gallup, 12 December 2011. Online: http://www.gallup.com/poll/151490/fear-big-government-near-record-level.aspx (accessed 14 November 2013).

5) Justin Rorlich, "One in Five Americans Thinks God Controls the Stock Market," Minyanville, 20 September 2011. Online: http://www.minyanville.com/dailyfeed/2011/09/20/one-in-five-americans-thinks/

급되는 그 '손'은 보이지 않을뿐더러 보이지 않는 창조물이 대개 그렇듯이 존재하지도 않는다.

사람들에게 시장의 미덕을 설득시키는 데 걸림돌이 되는 것은 현실, 즉 물건을 사고파는 경험이다. 가짜 경제학자는 환상 세계를 창조함으로써 '현실'이라는 걸림돌을 교묘하게 피해간다. 이 환상 세계에서는 모든 사람이 고용되어 있고, 시장에는 어떤 결함도 없고, 매매에 참여하는 모든 거래자는 완벽하고 완전한 정보를 갖췄다. 하지만 현실이 가짜고 환상이 진짜라는 주장은 가짜 경제학 추종자에게 만족스러울지 몰라도 일반인이 이해하기는 어렵다.

매매 행위의 불투명하고 불가사의한 세부적 측면들을 자세히 들여다보는 사람들은 시장 작동에 관해 더 신빙성 있는 설명을 요구한다. 가짜 경제학자들은 그들만의 '선한 왕 신화'를 이용한다. 스페인 식민지 시대 아메리카에서 부패하고 폭압적인 지배에 억압받던 대다수 피지배층은 자신들이 스스로 지방 관료들의 억압을 유발했다며 자위했다. 그들은 왕이 실태를 알게 된다면 학대를 멈추리라고 믿었고, 유럽 선교사들은 그 믿음을 부추겼다. 내가 1990년대 후반과 2000년대 초반에 쿠바를 방문했을 때 친구들이 비슷한 말을 했던 것을 기억한다. 쿠바의 관료주의 때문에 거듭 좌절했던 친구들은 "피델이 이 사실을 알았더라면…."이라며 탄식하곤 했다.

가짜 경제학자들이 새로 쓴 '선한 왕 신화'는 '경쟁의 내재적 미덕'이라는 신화다. 이 신화는 두 가지 방법으로 시장 희생자들의 불만에 대처한다. 첫째, 세계 경제 차원에서는 경쟁이 시장의 공정성과 효율성을 보장하지만, 개별 시장에서도 그런 것은 아니고 개인의 시장 경험이 모두 공정하고 효율적일 수는 없다고 주장한다. 누군가가 바가지를 쓰거나 결함 있는 상품을 산다면 그 사람은 운 나쁘게 '내재적 미덕' 교리의 희귀한 예외 상황을 겪은 것이다('간헐적 예외').

둘째, 시장의 병폐에 정기적으로 고통받고, '간헐적 예외' 논리에 탄복하지 않는 부류에는 '무지한 대중의 일반 법칙'을 내민다(서론 참조). '전문가가 가장 잘 안다'는 주장은 시장의 복잡성을 강조한다. 비전문가는 시장 활동의 겉모습만을 이해하거나, 시장의 도덕성을 제대로 해석하지 못한다는 것이다. 다시 말해 일반인이 뭔가를 불공정하다고 느끼는 것은 그의 무지에서 비롯한 오해라는 것이다. 예를 들어 경제학자가 아닌 사람이 보기에 아동 노동은 약자인 어린이에게서 어린 시절의 즐거움과 교육 혜택을 앗아가는 수치스럽고 혐오스러운 일이지만, 가짜 경제학 관점에서 아동 노동은 가계의 수입원이고 가계의 행복을 최대화하는 부모의 합리적 결정이다. 아동 노동 금지는 가계수입을 차단하고 가계를 빈곤의 늪으로 더 깊이 몰아간다는 것이다. 그러나 아동 노동의 '경제학'은 가짜 경제학과 정반대되는 논리를 펼친다. 어린이는 협상 능력이 약하거나 아예 없다. 그래서 임금이 낮을 수밖에 없으므로 쉽게 고용된다. 아동 노동이 금지되면 일자리가 생겨 어른들이 일할 수 있고, 아동 노동을 했던 어린이의 부모 임금을 포함해서 사회 전체의 임금이 상승한다.

우리는 도심에 있는 슈퍼마켓 지점에서 교외 지점보다 거의 모든 상품의 값을 더 비싸게 치르고 나오면서 불평하거나 스트레스를 받곤 한다. 가짜 경제학자는 대도시 중심가의 높은 월세, 운송비 등의 이유로 슈퍼마켓 지점마다 같은 품목에 가격을 다르게 매길 수밖에 없다고 말한다. 그러지 않으면 대도시 중심가에 지점을 운영할 수 없다(1장의 'TINA 원칙' 참조).

시장은 우리를 위해 상품을 공급하는 곳임을 주지하고, 교외 주민보다 높은 가격을 기꺼이 지급해야 마땅하다는 것이다. 이 노골적인 가격 차별의 '경제학'이 지향하는 바는 자명하다. 슈퍼마켓 본사는 가계의 상대적 경제 수준 차이를 이용해서 모든 시장에서 이익을 최대화하는 방향으로 하위 시장의 가격을 정한다.

가짜 경제학 이념은 1) 동어반복적 합리화를 통해 일반인의 시장 경험을 사소한 것으로 간주하고 2) 시장의 작동 방식을 이해하는 것은 전문가가 아닌 사람에게 너무 어렵다는 믿음을 심어줌으로써 '시장은 선하다'는 새빨간 거짓말을 유지한다. 이 논리가 통하지 않으면, 경영진과 학계 이론가들은 "그렇다면, 공산주의를 원하시는 겁니까?"라는 비장의 카드를 내놓는다. "당신이 사는 지역의 슈퍼마켓, 세탁소, 주유소를 그렇게 비판하신다면, 정부가 운영권을 넘겨받아 선택의 자유를 제한하고 지극히 비효율적으로 운영하기를 바라시는 겁니까? 단점과 결함이 있는 지역 슈퍼마켓을 받아들이지 않으면, 자유가 사라지고 인간이 비참하게 추락하는 사회주의와 공산주의의 공포에 시달릴 겁니다."

시장과 자본을 옹호하는 이 형편없는 궤변은 몇 가지 무효한 논리를 결합한 것이다. 끔찍한 공산주의에 대한 이런 경고는 절충안이 없고 오직 두 가지 가능성만 존재한다는 거짓된 흑백논리를 사용한 것이다. 두 가능성 중 하나는 부조리하므로 다른 대안이 없다는 식의 논리는 흔하다. '당신은 내 편이 아니면 내 적이다', '대마초를 한 모금 피운 사람은 마약중독자다', '작은 규모의 인플레이션에서 하이퍼인플레이션이 발생한다'는 등의 논리다.

가짜 경제학은 중간 지대가 없다는 흑백논리를 변주해서 '명시되지

가짜 가격

대부분 종교는 우리가 보는 현실 세계가 거짓이고 가상 세계가 진실이라는 믿음을 강요한다. 이를테면 천국은 '진실하고' 우리가 태어난 세상은 천국을 왜곡한 모습이다. 많은 종교에서 그렇듯이 이런 확신은 가짜 경제학의 토대를 이룬다. 가짜 경제학은 '완전 경쟁 상태의 완전 고용(일반평형 이론)'을 진실한 상태로 정의한다. 실제 상황은 거짓으로 간주한다.

> 특정 날짜의 시장가격은 (···) '가짜 가격'으로 간주한다.
> 이익을 추구하는 기업가들의 경쟁이 주도하는 시장 절차는 그런 가짜 가격 대신에
> 소비자의 잠재적 선호도를 더 '진실하게' 반영한 가격을 사용하도록 보장한다.*
> — I. M. 키즈너

> 가장 간단한 경우는 수요공급곡선이 시장에서 개인행동의 영향을 받지 않는다고
> 가정하는 것이다. 다시 말해 '가짜 가격'으로 이루어진 거래의 영향을 무시해야 한다.**
> —P. 르윈

이 헛소리를 쉽게 설명해보자. 우리는 머릿속에서 시장이 민간 생산비용은 물론이고 사회적 생산비용까지 정확히 반영한 가격을 책정하고 완벽하게 기능하는 경제체제를 상상할 수 있다. 이 가격은 무수히 많은 사람이 스스로 무엇을 소비하고 얼마나 일하는지를 독립적으로 결정해서 나온 결과다. 이것이 '진짜 가격'이다. 그런데 우리가 사는 세상은 완벽하지 않다. 따라서 현실 세계는 '가짜 가격' 체계를 만들어냈다. 이런 논리에 설득된 독자는 가짜 경제학에 종사하거나 열혈 종교집단에 투신하기를 권장한다(이 둘은 성격이 비슷하다).

---

* I. M. Kizner, "Mises and His Understanding of the Capitalist System," Cato Journal 19, 2 (Fall 1999): 26. Online: http://www.cato.org/pubs/journal/cj19n2/cj19n2-2.pdf (accessed 16 October 2013).

** P. Lewin, *Capital in Disequilibrium: The Role of Capital in a Changing World* (1999), 26.

않은 인과관계에 의한 참사'를 주장한다. 이 논쟁 기술은 '시장 기초여건 들을 거역할 수는 없다', '결국에는 시장이 결정한다', '정책은 금융시장 을 흔들지 말아야 한다'와 같은 진술에서 엿볼 수 있다. 이 진술들의 거짓 된 힘은 구체적 인과관계나 관련 위험성을 평가할 방법을 전혀 명시하지 않는 데서 나온다. 시장에 우호적이지 않은 사소한 행동 하나만으로 모든 것이 혼란에 빠지는 것일까? 아니면 중대한 변화를 일으키는 행동도 있고 영향력이 미미한 사소한 행동도 있는 것일까? 후자의 경우 '시장은 자유 로워야 한다'는 주장의 근거가 약해진다.

이렇게 가짜 경제학의 엉터리 논리들을 살펴보았다. '시장에 관한 새 빨간 거짓말'을 요약하면 다음과 같다. '자본주의는 효율적 시장으로 이 루어진 체제다. 하지만 개인은 전체의 일부 측면만 보므로, 그리고 관찰한 사실을 평가할 전문지식이 없으므로 개인에게는 그렇게 보이지 않을 수 도 있다.'

그리고 시장에 매우 심각한 결함이 있어 정부가 개입한다면, 정부 개 입을 시도하기만 해도 절대로 되돌아올 수 없는 공산주의를 향한 암흑의 길로 접어들게 된다는 것이다.

'시장에 관한 새빨간 거짓말'은 존경받는 가짜 경제학자들의 사이비 지식인다운 추상성과 광적인 극단주의 발언의 불경스러운 공생의 산물이 다. 상투적 이론과 부패한 정치의 이런 협력은 지금부터 살펴볼 부수적인 거짓말들을 낳았다. 중간지대는 존재하고, 대안도 존재하고, 그 대안들은 현재 상황보다 훨씬 낫다.

자원의 희소성

경제학은 인간 행동을 부여된 목표와 다른 용도도 있는
회소한 수단 사이의 관계로 연구하는 학문이다[6]
– 라이오넬 로빈스 경

가짜 경제학 이념은 비논리적인 추론에서 유도된다. 각 나라와 세계의 자원은 인간의 필요를 충족하기에 충분하지 않으므로, 한정된 자원을 어떻게 분배할지 결정하는 문제가 인간 존재를 지배한다. 경제학은 무한한 인간의 필요를 충족하기 위해 한정된 자원의 분배를 연구하는 학문이다.

'자원이 한정되었다는 사실을 누가 부인하겠는가? 이는 인간 활동이 기후에 미친 영향만 봐도 알 수 있다. 자원의 희소성은 또한 천연자원의 한계(예: '피크오일[7])에 직면한 인류에 기본적 필요를 충당하기조차 어려운 실태에서도 분명히 드러난다. 이 희소성은 사회의 고령화로 말미암아 은퇴한 노년층을 부양할 노동인구가 부족해지는 상황에서 더욱 악화한다. 희소성은 실재하므로 경제학은 인류 전체의 필요를 최선으로 충족하는 방향으로 제한된 자원을 분배하는 방법을 연구해야 한다.' 인류가 직면한 경제 문제를 이렇게 정의하는 것이 주류 경제학의 존재 이유다. 그러나 이것은 경제학에서 가짜 경제학으로의 돌연변이를 주도한 지적 바이러스이

---

6) Lionel Robbins, *An Essay on the Nature and Significance of Economic Science* (London: Macmillan, 1932), 68.

7) peak oil: 1956년 지질학자이며 물리학자인 킹 하버트가 도입한 개념으로 세계 석유생산이 이미 정점에 도달해서 석유의 수요는 여전히 많고 공급은 부족해져 유가가 폭등하거나 석유분쟁이 발생하는 등 전 세계적으로 매우 심각한 에너지난이 생긴다는 이론. 옮긴이.

기도 하다. 희소성이 인간 존재를 지배한다는 논리가 가짜 경제학에서 차지하는 중요성은 아무리 과장해도 지나치지 않다. 왜냐면 이 논리는 '수요와 공급'으로 요약되는 시장의 우화에 꼭 필요한 토대이기 때문이다. 희소성 원리는 "경영진 연봉은 수요와 공급 법칙에 의해 결정된다." 또는 "수요와 공급 법칙이 슈퍼마켓 가격을 좌우한다."와 같은 진술의 근거를 뒷받침한다.

수요와 공급에 관한 진술들은 다층적인 메시지를 전달하고, 그중 일부는 우리가 인식조차 하지 못하는 것들이다. 가장 심오한(또는 가장 불온한?) 메시지는 상업적 관계와 가격이 예측할 수 없는 사람들의 행동에서 비롯되지 않는다면서 시장에 자연적인 원리를 적용하는 것이다. 수요와 공급에 관한 우화는 경제학의 자연법칙이 우리를 통제하고 구체적인 결과를 예측한다고 설교한다. 그런 자연법칙은 개인의 재량을 넘어선 힘을 통해 작동하므로 구체적 결과에 손을 대면 참혹한 경제적 병폐가 축적될 수 있다는 것이다. 이런 식이니 가짜 경제학을 종교적인 도그마에 비유해도 이상할 것이 없다.

'수요와 공급 법칙'의 주술문은 또한 마치 브램 스토커(Bram Stoker)의 유명한 소설에서 반 헬싱 박사가 십자가로 드라큘라를 물리치듯이 시장 비판론자를 쫓아낸다. 수요와 공급 법칙은 시장 비판론자를 공동체주의 이상향을 꿈꾸는 무지한 몽상가나 전제적 집단주의를 유포하는 극악무도한 선동가로 간주한다. 순진한 사람과 극악한 사람에게는 무지하다는 공통점이 있다. 어쩌면 그것은 '슈퍼마켓'이라는 일상적 배경에서 발현하는 인간의 본성에 대한 의도적 무지일지도 모른다.

우리가 치르는 물건값은 인간의 무한한 욕구와 그것을 충족할 자원의 유한성에 따라 결정된다. 게다가 사고파는 활동은 짝짓기 본능만큼이나 인간의 고유한 본성에 뿌리를 내리고 있다. 이런 경제적 자연주의를 옹호한 권위자로 애덤 스미스가 있다. 가짜 경제학자들의 아이콘인 스미스는 "하나의 물건을 다른 물건과 교환하려는 성향은 모든 인간에게 공통된다."[8]고 썼다. 인간의 교환 성향은 곧 시장이 인간 본성에서 비롯한다는 사실을 암시한다. 이 자연주의를 조금 더 확장하면 시장을 규제('방해')하는 것이 인간 본성에 어긋난다는 결론에 이른다.

개인의 자연스러운 교환 성향은 '수요와 공급 법칙'을 끌어내지만, 오직 전문가(가짜 경제학자)만이 필요와 자원의 관계를 온전히 이해할 수 있다. 여기서 '도덕적 시장의 우화'라고 불러야 마땅한, '수요와 공급'이라는 위대한 자연의 힘을 파악하는 데 도움이 되는 지침을 살펴보자.

인류의 문제는 인간이 너무 많은 것을 원한다는 것이다. 사람들은 소비자로서 시장에서 그들이 무엇을 원하는지를 표현하고, 생산자로서 타인이 원하는 것을 생산하기 위해 시장에 드러난 타인의 욕구를 관찰하고, 재화와 용역 생산에 필요한 자원을 구매한다. 자원은 공급이 제한되어 있다. 이것은 인간과 자연이 우리가 원하는 모든 것을 제공해줄 수 없다는 뜻이다.

이야기가 여기서 끝났다면 서글프고 안타까울 것이다. 욕구는 무한하

---

8) Adam Smith, *An Inquiry into the Nature and Causes of the Wealth of Nations*, bk 1, ch. 2, par. 1. Online: http://www.econlib.org/library/Smith/smWN.html (accessed 12 November 2013).

고 자원은 희소하고 대부분 사람이 욕구를 충족하지 못해 불행하다. 그러나 시장의 마법이 이 이야기를 해피엔딩으로 장식한다.

시장의 해결책은 이렇다. 사람들은 소비자이면서 동시에 생산자이므로 악순환에 빠진다. 생산자로서 우리는 희소한 자원인 노동시간과 '기업가 정신'을 판매한다. 이 판매 행위는 우리에게 그 대가로 소득을 주고, 우리는 그 소득을 소비해서 욕구를 실현한다. 시장가격이 인도하는 대로 우리는 각자 원하는 노동시간을 결정한다. 이는 다시 생산자원의 전반적 공급을 결정하고, 또한 각 개인의 소득을 결정한다. 개인은 소비자로서 자기 소득을 분배해서 개인의 만족을 최대화하는 방향으로 각종 상품을 구매한다.

인간은 생산자와 소비자의 이중 역할을 하므로 모든 사람에게 다음과 같은 은총이 내린다.

마술적 최적 상태: 개인은 누구나 노동과 소비를 동시에 선택함으로써 무한한 욕구를 최대한으로 충족하는 방향으로 희소한 자원(노동시간)을 분배해서 최대한의 행복을 얻는다.

간단히 말해서 우리는 원하는 모든 것을 가질 수는 없지만, 노동과 여가의 균형을 유지하고 지출을 합리적으로 배분함으로써 자연에 내재된 희소성과 인간 욕구의 무한성에 어긋나지 않는 최선의 결과를 실현할 수 있다. 하지만 사람들은 이 미묘하고 숭고한 최적화 절차를 실생활에서 행동으로 옮기면서도 그것을 이해하지 못한다. 슈퍼마켓에 가는 일, 백화점에 쇼핑하러 가는 일, 자동차에 휘발유를 넣으려고 주유소에 가는 일이 자원의 희소성과 욕구의 무한성 사이의 긴장을 해결하려는 원대한 설계의 일부분에 해당한다는 사실을 알지 못한다는 것이다. 그들은 은총의 상태에 이르기 위해 치르는 가격에 대해 불평할지 모르지만, 그 가격은 시장 관계를 통해 더없는 행복을 추구하는 수많은 사람이 일궈낸 결과다.

'도덕적 시장의 우화'는 거짓이다. 마르크스가 "땅의 생산물"이라고 이름 붙인 자원의 (가짜 경제학자들이 항상 부인하는) 진짜 희소성을 제외하면, 자원은 희소하지 않다. 인간의 욕구는 무한하지 않다. 수요와 공급의 법칙은 존재하지 않는다. 그것은 가짜 경제학자가 상상해낸 허튼수작이다.

'수요와 공급' 사기

일상 대화에서 '수요와 공급'이라는 구절은 경제적 사건들이 개인의 영향권을 벗어나 있고 '시장 권력'에 의해 좌우된다는 발상을 전달하는 데 사용된다. 예를 들어 2007년 3월 영국 주간지 『파머스 가디언』의 기사는 영국의 곡식 가격을 '설명'하기 위해 수요와 공급 법칙을 거론하면서 자세한 사항은 독자의 상상에 맡겼다.

> (곡식) 가격이 치솟는 원인은 충분히 입증되어 있다. 전 세계적으로 곡류가 부족하고, 급성장하고 있다고 추정되는 바이오 연료 산업의 곡식 수요가 증가해서 더 많은 구매자가 시장에 추가로 진입하면서 밀 시장을

떠받치고 있다. 다행히도 학교에서 배웠던 수요와 공급 법칙들은 아직 유효하다.[9]

사람들이 어떤 상품을 더 많이 원할 때 가격이 상승한다는 유사한 견해를 원유 가격에 관한 논의에서 찾아볼 수 있다. 여기서는 수요가 가격에 영향을 미치는 것이 아니라 가격이 수요에 영향을 미치는 것으로 보인다.

수요와 공급 법칙은 여전히 석유 시장의 움직임에 큰 영향을 미치는 요소다. 그러나 대부분 다른 시장과 달리 석유 가격의 급격한 변화가 반드시 수요의 급격한 변화를 촉발하지는 않는다. 시티그룹의 에너지 분석가 팀 에번스는 "가격은 수요를 자극하지 않으면서 큰 폭으로 내려갈 수 있다." 고 말했다.
반면에 공급 문제는 석유 가격에 심각한 영향을 미칠 수 있다. 베네수엘라와 미국, 터키와 이라크 쿠르드 족의 갈등처럼 석유 공급을 위협하는 지정학적 사건이 투자자에게 겁을 줘서 가격 변동을 유발할 수 있다.[10]

약간 두서없지만 같은 맥락에서 영국 주간지 『이코노미스트』에는 "수요와 공급의 기본 법칙과 두려움, 이 두 가지 요소가 배럴당 원유 가격

9) "Supply and Demand Rules Still Hold True," Farmers Guardian, 30 March 2007. Online: http://www.farmersguardian.com/supply-and-demand-rules-still-hold-true/7849.article (accessed 16 October 2013).

10) Toni Johnson, "Oil Market Volatility," Council on Foreign Relations, 6 May 2011. Online: http://www.cfr.org/energy/oilmarket-volatility/p15017 (accessed 16 October 2013).

을 결정한다.”[11]는 글이 실렸다. 이 진술은 시장이 개인, 집단, 정부의 힘에서 벗어난 '근본적인' 결과들을 도출하고, 인간이 물물교환을 시작한 이래 늘 그래왔다는 이념적 사실을 시사한다. '수요와 공급의 기본 법칙'을 방해하려는 시도는 잘못된 것이며 반드시 실패한다는 것이다.

이런 시장 근본주의의 요지를 파악하기 위해 '수요'와 '공급'이라는 단어를 사용하지 않고 위 인용문의 핵심 내용을 다시 서술해본다.

기업과 개인이 어떤 재화나 용역을 현재 가격으로 더 많이 사고 싶어 한다면 그것의 가격은 오를 확률이 높다. 기업은 재고를 전부 팔 수 없는 경우에 가격을 내려 더 많은 양을 팔 수 있다. 얼마나 더 많이 파는지는 각 상품의 특징에 달렸다.

이런 주장은 실제 시장 움직임을 예측할 수 있을 수도, 없을 수도 있다. 예를 들어 2011년 영국에서 '아이패드 2'의 소매 재고가 소진되었지만, 가격은 오르지 않았다. 이것은 생산자 애플이 시장 권력을 사용해서 소매가격을 일정하게 유지했기 때문이다. 이것은 '수요와 공급의 기본 법칙'을 위반한 것일까, 아니면 그 법칙이 작동한다는 증거일까? 아니면 둘 다일까?

앞에 인용한 내용은 그 내용이 사실이든 거짓이든 경제학자나 가짜 경제학자가 말하는 '수요와 공급'의 의미와 무관하다. '두려움'은 『이코

---

11) "The Price of Fear," Economist, 3 May 2011. http://www.economist.com/node/18285768 (accessed 16 October 2013).

노미스트』의 추측대로 원유 가격에 영향을 줄 수도 있고 주지 않을 수도 있다. 무엇에 대한 두려움인지를 모르는 상태에서 이 진부한 논리를 평가하는 것은 불가능하다. 하지만 실력 있는 경제학자라면 (그리고 드물게 실력 있는 가짜 경제학자라면) 절대로 '수요와 공급의 기본 법칙'이 원유 가격을 결정한다고 말하지 않을 것이다. 이에 대해 설명해보자.

상품이나 용역의 '수요'와 '공급'은 이론적 개념이다. 이 이론적 개념은 앞서 상세히 논했던 (신뢰할 수 없는 개념인) 완전 경쟁 상태의 가상 세계에서만 존재한다. 현실에서 매매 활동, 가격의 등락, 상품의 잉여와 부족 현상은 경제학 법칙이 작동한 결과도 아니고, '수요와 공급 법칙'이라고 부를 만한 원리에 의한 것도 아니며, 어떤 법칙도 따르지 않는다.

상품은 생산되어 도매상과 소매상에게 배달된다. 개인과 기업과 정부는 소매상에게서 상품을 구매함으로써 그들이 그 상품을 얼마나 원하는지 보여준다. 이런 단순하고 일상적인 의미에서 상품에는 수요와 공급이 있다. 수요와 공급은 단지 '누군가가 사고 누군가가 판다'는 뜻일 뿐이다. 가짜 경제학자들이 악명을 높였고 자유 시장 이념주의자들이 『이코노미스트』와 같은 대중적 언론을 통해 열정적으로 왜곡해서 전파하는 '수요와 공급 법칙'은 현실 세계의 매매 활동을 지배하지 않는다.

판매자와 구매자는 시장 권력을 이용해서 현실 세계의 생산, 유통, 거래를 조작한다. 자명한 예를 들자면, 원유 생산자는 가격을 수동적으로 받아들이지 않는다. 그들은 직접적으로 담합을 통해, 그리고 간접적으로 공급량 조절을 통해 가격을 조정한다. 수요와 공급이 원유 가격을 결정하는 것이 아니다. 반대로 독점적으로 관리되는 원유 가격이 구매량을 결정하고 원유 생산자는 그 수요에 '공급'을 맞춘다.

대학 신입생들이 경제학 개론 수업 시간에 배우듯이 '수요와 공급 법칙'의 '공급'은 양을 의미하지 않는다. '공급'이라는 단어는 생산자가 여러 가격에 판매하려고 내놓을 상품 수량의 목록을 가리킨다. 이것은 실제 판매량이나 소매상에 배송된 상품 수량이 아니다. 생산자가 만든 목록이나 계획표에 적힌 수량은 다양한 예측 가격이 시장에 나타날 경우에 공급하기로 계획했거나 공급할 수 있으리라고 예상한 수량이다. 다시 말해 그것은 판매자가 실제 판매 가격을 모르는 상태에서 예상 가격에 맞춘 수량이다.

예를 들어 재단사는 일주일에 다섯 장의 맞춤 셔츠를 생산해서 각각 50달러에 공급하고 가격이 60달러로 오르면 8장을 생산하는 등의 계획을 세울 수 있다. 생산자는 가격이 오르면 더 많은 수량을 제공할 것이 분명해 보일 수 있다. 하지만 가짜 경제학자들이 이 간단한 관계를 일반 법칙으로 정립하기는 극도로 어렵다. 그 이유는 무엇일까? 이런 식의 공급과 예상 가격은 현실에서 찾아볼 수 없다. 그것은 가짜 경제학 용어로 종종 '개념상의 공급'으로 불리며 상상 속에서만 존재한다. 생산자들이 가상의 수량을 가상의 가격과 결합하면, 이 결합은 매우 중요해진다. 생산자는 생산하기로 계획한 수량이 전부 예상 가격(수량에 결합된 가격)에 팔린다고 믿어야 한다. 공식적으로 '수요와 공급'에서 '공급'은 판매량이 잠재적으로 무한하다고 믿는 기업이 적정 가격으로 시장에 내는 맥주, 옷, 자동차, 컴퓨터 같은 것들이다. 하지만 잠재적 판매량이 무한하다면 가격에 대응하는 수량을 어디서 가져올 것인가? 재단사가 공간이 허락하는 한도에서 되도록 많은 조수를 데리고 양복점을 하루 24시간 가동해서 '공급'한다면 어떻게 될까? 뒤에서 자세히 다루겠지만, 이것은 매우 심각한 문제다.

이런 가상의 수량과 가격의 결합은 실제 재화와 용역의 생산·유통과 어떤 관계가 있을까? 아무 관계도 없다. 공급한 상품은 모두 팔릴 것이라는 믿음에 바탕을 두고 일하는 최고경영자나 영업부장은 회사를 파산에 이르게 해서 곧 새 직장을 구해야 할 것이다. 판매량이 무한하다는 믿음은 옳을 리 없지만, 수요와 공급의 진짜 모습을 보여주기 위해 가짜 경제학의 이 '비논리'를 끝까지 보고 들어보자.

기업이 단 한 가지 상품만을 생산한다면(예를 들어 영화「타이타닉」DVD), 산출량이 증가할수록 각 상품의 생산비용이 같아질 것으로 기대한다. 이는 합리적인 일반화다. 원가가 일정한 상황에서 기업이 판매량이 무한하다고 믿고 공급량을 결정하면 어떻게 되는지 알아보자.

원가가 일정하고 판매량이 무한하면, 이윤을 추구하는 DVD 회사는 하루 24시간, 1년 365일 모든 분야의 모든 생산자가 생산시설을 최대한 가동해서 최대량을 생산할 것이다. 하지만 아무리 찾아봐도 그런 상황은 현실에서 존재하지 않는다. 오히려 가동하지 않고 놀고 있는 생산시설을 자주 볼 수 있다. 다시 말해 이 논리는 불완전하거나 틀린 것이다.

가짜 경제학의 거의 모든 일반화가 그렇듯이 얼핏 보기에 간단한 발상(시장이 상품의 수요와 공급에 따라 가격을 결정한다는 발상)은 논리적으로나 실용적으로나 성립할 수 없는 것으로 드러났다. 수요와 공급의 수수께끼를 풀려면 논의를 시작했을 때 예기치 못했던 사항들을 추가로 고려해야 하는데, 그중 몇몇 사항은 매우 이상하다. 수요가 무한하고 원가가 일정한 상태에서는 생산(공급) 활동이 두 가지 양상으로 나타날 것이다. 판매가격이 원가보다 낮으면, 회사는 손실을 보고 상품을 판매 목록에서 제외한다(공급량 0). 판매가격이 원가보다 높으면, 회사는 생산능력을 최대한 가동한다. 제로와 최대 사이의 생산량으로 가동한다는 것은 기업이 추정 판매량을 기준으로 생산해서 공급할 수량을 결정했다는 뜻이다. 이 추론은 합리적이고 현실적으로 보이지만, '수요와 공급의 기본 법칙'에 파괴적인 영향을 미친다. 예상 가격이 아니라 예상 판매량이 생산 수준을 결정한다면, 예상 수요량이 곧 실제 공급량이 되어 수요와 공급이 서로 같아진다.

이런 동어반복을 보면 알 수 있듯이 '수요와 공급 법칙'은 법칙이 아니라 단지 상투적이고 불필요한 구절일 뿐이다. 기업가들이 판매량에 제한이 없다고 믿는다면, 그들은 점점 더 규모가 큰 생산시설을 증설해서 결국 그중 하나 혹은 몇 개의 시설이 시장 전체를 장악하게 될 것이다. 그렇게 되면 구매자들은 강력한 독점이나 과점 상태의 시장이 고지하는 가격을 수동적으로 받아들이는 상황에 놓일 것이다.

수요와 공급이 가격을 결정하려면, 수요와 공급은 서로 독립적이어야 한다. 수요와 공급 법칙을 나타낸 가위 모양 곡선 그래프는 두 개의 그래프, 즉 수요 곡선을 그린 그래프와 공급 곡선을 그린 그래프로 대체되어야 할 것이다. 구매자가 수요를 결정하고 판매자가 공급을 결정하는데, 기업의 생산 활동에서 원가가 일정한 경우에는 예상 판매량이 공급을 결정한다. 이때 수요와 공급이 일치한다. 수요(예상 판매량)와 공급이 독립적이려면 회사는 상품 수요가 무한하다고 믿어야 한다. 수요가 무한하고 원가가 일정하다면 공급은 수요에 대해 독립적이지만, 결과는 공급량이 제로거나 최대가 된다. 이처럼 단 두 가지 가능성만이 존재한다.

딜레마를 되풀이해서 말하자면, 저 유명한 '수요와 공급 법칙'은 스스로 동어반복의 진퇴양난에 빠진다. 현재 시세에서 판매량이 잠재적으로 무한하다면, 생산시설은 언제나 풀가동될 것이다. 그 결과, 판매가격이 원가 이하로 내려가지만 않는다면, 공급량은 가격의 영향을 받지 않는 유일한 수량이 될 것이다. 판매가격이 원가를 초과하기만 한다면, 가격 상승은 생산량(공급)에 아무 영향도 미치지 않고, 상품 하나당 이익에만 영향을 미칠 뿐이다. 판매량이 무한하지 않다면 판매가 성사되기 전에는 공급량을 알 수 없다. 즉, 수요와 공급이 같아진다.

'균일한 원가'라는 것이 없다면, 시장 편중도 없다. 그렇다면, 원가가 상승하는 경우와 하락하는 경우는 어떻게 될까? 산출량도 증가하고 원가도 계속 상승한다면, 회사는 머지않아 생산을 멈출 것이다. 가격 경쟁 때문에 압박을 받은 경영진은 원가를 낮추기 위해 생산 규모를 줄여야 한다는 사실을 알게 될 것이고, 그로 인해 산출량과 판매량이 점점 감소해서 결국 생산시설은 작동을 멈춘다. 원가 곡선이 하락하는 경우는 상상 속의 '수요와 공급 법칙'에 더욱 어긋난다. 원가가 계속 감소하면 독점 상황이 온다. 모든 회사가 생산 규모를 늘리다가 결국 하나의 기업이 시장 전체의 수요를 맞추게 될 것이다. 19세기와 20세기 전반의 미국 철도 산업은 가동 규모가 점점 커져서 막대한 고정 투자금이 분산되면서 원가가 하락한 사례였다. 그 결과, 세계 각국의 철도는 공공독점 또는 공공규제를 받는 민간독점으로 운영된다.

무엇이 '수요와 공급 법칙'을 동어반복의 함정에서 구해낼 수 있을까? 일정한 원가도, 감소하는 원가도, 증가하는 원가도 의미 있는 공급 곡선을 그리지 못한다. 그럴 때 조금 황당한 답이기는 하지만 '제거 절차'를 통해 답을 얻을 수 있다. 원가가 처음에 하락하다가 수평을 유지하고 그 뒤에 상승해서 'U자형' 곡선을 그릴 때 그 이유에 대한 타당한 설명이 필요하다. 이 있음 직하지 않은 현상을 정당화하고 일반화할 수 있다면 '공급' 개념에 희망이 생긴다. 'U자형' 최저 원가는 하락 구간과 상승 구간의 중간에서 찾을 수 있다.

수요와 공급 이야기를 다음과 같이 전개할 수 있다. 기업은 생산하는 만큼 판매할 수 있다는 믿음을 바탕으로 판매가에 대비해서 이익을 극대화하는 원가로 생산한다. 이렇게 하면 시장가격이 상승할 때 원가 상승의 효과가 상쇄되고, 기업은 공급량을 늘리게 된다. 그러나 시간이 흐르면서 생산자 사이 경쟁이 심해지면 기업은 최저 원가를 지향할 수밖에 없다. 최저 원가로 생산된 각 기업의 산출이 판매로 이어져서 이 분야의 총판매량에 기여한다면, 이 산업에서는 여러 회사가 공존할 수 있다.

한편으로 독점을 피하고 다른 한편으로 생산량이 없는 상태를 피하는 메커니즘이 원가의 'U자형' 곡선에서 발견되었다. 그러나 불행히도 어려움은 남는다. U자형 원가 구조는 현실에서 찾아볼 수 없다. 가짜 경제학자들은 이에 대한 '해결책'을 내놓았다. 그런 원가 구조에 관해 알려진 메커니즘이 없는 상태에서 메커니즘을 하나 만들어내고 그것을 끊임없이 반복한다. 그들이 발명한 메커니즘은 바로 '수확체감의 법칙'이다. 이 새로운 법칙은 고정 투입 요소(공장, 기계, 자본)에 더 많은 변동 투입 요소(예를 들어 근로자)를 더하면 산출이 증가하지만, 산출 증가 폭이 투입 증가 폭을 따라가지 못한다고 말한다. 이 '법칙'은 꼭 필요한 'U자형' 생산 이론을 뒷받침한다.

가짜 경제학자들은 이 법칙에 신뢰성을 부여하려고 데이비드 리카도를 들먹이지만, 이 상상 속의 법칙이 19세기 초 리카도의 수확체감 개념과는 전혀 다르다는 사실을 강조해야겠다. 리카도는 명저 『정치경제학과 과세의 원리에 대하여(On the Principles of Political Economics and Taxation)』(1817)에서 각국의 토지 비옥도는 서로 다르다고 했다. 자본주의 체제에서 농부들은 이익을 가장 많이 창출하는 가장 비옥한 땅에 먼저 작물을 심고, 그다음에 이익을 덜 창출하는 비옥한 땅으로 옮겨간다. 이것을 경제학 용어로 '외연적 한계에서의 수확 체감(decreasing returns at the extensive margin)'의 법칙이라고 한다.

하지만 경제사와 사회사를 연구하는 학자들은 토지 분배에서 사회적, 문화적 제약을 고려했을 때 리카도가 틀렸음을 명백히 입증했다. 그래도 U자형 원가 이론과 달리 적어도 이 발상은 겉으로 보기에 그럴듯하다(이 발상은 종종 '내연적 한계에서의 수확 체감(decreasing returns at the intensive margin)'으로 표현되어 리카도의 권위에 기댄다). 리카도를 제대로 공부한 사람이라면 누구나 심각하게 왜곡된 '수확체감'과 '비교우위' 개념으로 기억하는 그 위대한 사상가에게 연민을 느낄 것이다.

"U자형 원가 곡선이 필요하니까 그것을 '수확체감의 법칙'이라고 부르자."는 논리는 합리적인 사람을 설득하지 못한다. 이것을 좀 더 믿을 만하게 바꿀 방법이 있을까? 「위키백과」는 다음과 같은 설명을 시도한다.

흔한 예로 공장에서 자동차를 조립하는 작업에 노동자를 추가로 투입할 수 있다. 어느 시점이 되면 노동자가 늘어나 서로 거치적거리거나 노동자들이 부품을 가져가려고 기다리는 시간이 길어지는 등 오히려 문제가 생긴다. 이 모든 절차에서 투입 요소가 점점 덜 효율적으로 사용됨에 따라 단위 시간당 생산 단위를 하나 더 생산하는 비용이 결국 점점 더 커질 것이다. 수확체감의 법칙은 경제학을 통틀어 매우 유명한 법칙이다. 이 법

칙은 생산 이론에서 중추적 역할을 한다.[12]

　　마지막 두 문장은 사실이지만, 나머지는 모두 헛소리다. 이 글의 필자
는 극도로 희귀한 자동차 공장을 방문했던 모양이다. 물론 점점 더 많은
노동자가 자동차 공장에 들어올수록 서로 발을 밟고 공장 가동을 방해할
수 있겠지만, 이런 상황을 그대로 내버려 둘 공장 관리자가 있을 리 없다.
회사는 농장이나 사무실에서 기술적으로 정확히 계산한 장비 대 작업자
의 적정 비율을 바탕으로 직원 수를 조절한다.

　　유명한 '수확체감의 법칙'은 잘못 지은 이름 때문에 피해를 본다. '수
확체감'이 가짜 경제학자들에게 필요한 U자형 원가 곡선을 반드시 만들
어주지는 않기 때문이다. 이 마법의 곡선을 얻으려면 '수확'이 먼저 증가
했다가(원가가 감소하는 U자형의 왼쪽 부분), 그다음에 감소하거나 '체감'하기
(원가가 증가하는 U자형의 오른쪽 부분) 시작해야 한다. 단순한 '수확체감'은 원
가가 계속해서 올라가서 치명적인 상황으로 치닫게 한다. 증가했다가 체
감하는 수확의 법칙은 간단히 설명할 수 있는 현상을 복잡하게 위장한 가
상의 법칙일 뿐이다.

　　시장가격을 결정한다는 수요와 공급 법칙은 가짜 경제학자의 열띤
상상 속에서만 존재한다. 이 법칙은 '공급'을 논리적으로 설명하거나 경
험적으로 입증할 수 없다. 기업이 제품을 무한히 판매할 수 있다고 믿는다
면 언제나 최대 생산능력이 가동되고 있을 것이다. 기업이 추정 판매량을

---

12) Wikipedia, "Diminishing Returns." http://en.wikipedia.org/wiki/Diminishing_returns (accessed 16 October 2013).

근거로 생산한다면, 공급량과 판매량이 같아진다. 이 수수께끼의 해결책이 바로 수확체감이라는 사기성 개념이다. 유명한(악명 높은) 수요와 공급 개념은 기업의 산출이 증가하면서 생산 원가가 U자형 곡선을 그리는, 매우 특수하고 비현실적인 사례에서만 유효하다. 이념에 경도되지 않고 약간의 상식만 있어도 수요와 공급에 관한 모든 복잡한 내용은 회사의 의사결정과 시장의 작동 원리를 불필요하게 어려워 보이게 하는 헛소리임을 알 것이다.

실제로 경제학 '법칙'과 흡사한 것들이 존재하지만, 그것들은 사회제도에 깊이 뿌리내리고 있다. 이 내용은 마지막 장에서 다룰 것이다. 재화와 용역의 비용과 가격은 임의로 결정되지 않는다. 거기에는 객관적 제한이 있다. 개인과 기업이 사고파는 재화와 용역의 규모도 임의로 결정되지 않는다. 그런데도 오직 경제적 관점에서 사람들과 집단행동의 영향을 초월한 자연적 힘이 생산과 유통을 결정한다고 보는 단순한 시각은 건전한 사고가 아니라 가짜 경제학의 형이상학에서 나온다. 게다가 나는 이 점을 지적한 최초의 경제학자가 아니다. "체계가 자동으로 작동해서 이루어지는 부의 분배가 (비판 없이) 수용된다면, 상대적인 가격들의 조정에 개입하는 행동은 역기능적이며 (…) 윤리적 차원에서 비판받을 수 있다고 주장해온 주류 경제학자들은 예전부터 이런 윤리를 전파하는 사제와 같은 역할을 해왔다."[13]

카를 마르크스의 이름은 많은 사람에게, 그리고 모든 가짜 경제학자

---

13) Axel Leijonhufvud, *Keynesian Economics and the Economics of Keynes* (Oxford: Oxford University Press, 1968), 102.

에게 사회주의와 공산주의의 어두운 이미지를 떠오르게 한다. 하지만 마르크스는 '수요와 공급' 법칙을 찬양하는 자들의 허위성을 따끔하게 지적했다. 내가 '가짜 경제학'이라고 부르는 것을 가리켜 "천박한 경제"라고 비판한 마르크스는 그것이 "현학적 방식으로 체계화하고, 자아도취적 부르주아지가 모든 세상 중에서 최고인 그들의 세상에 대해 품고 있는 상투적인 관념들을 영원한 진실로 선포했을 뿐이다."[14]라고 썼다.

여기서 "부르주아지"를 '상위 1%'로 대체할 수 있다. 가짜 경제학은 지난 150년간 거의 변하지 않았다.

풍부한 자원, 한정된 필요

> 가동하지 않는 공장과 놀고 있는 근로자는 누구에게도 이익이 되지 않는다.[15]
> — 프랭클린 D. 루스벨트

수요와 공급 법칙이 비논리적이고 모순적인 것도 문제지만, 더 심각한 문제가 있다. 가짜 경제학은 자원이 희소하다는 일반론에 바탕을 두고 있는데, 시장경제에서는 자원이 희소하지 않다. 오히려 풍부하다. 그리고 수요가 무한하다는 전제는 마케팅 부서의 몽상일 뿐이다.

모든 사회에서 국민과 그들의 노동력은 가장 중요한 자원이다. 가짜

---

14) Karl Marx, *Capital: A Critique of Political Economy* (Moscow: Progress Publishers, 1970), vol. 1, ch. 1, footnote 33.

15) Franklin D. Roosevelt, "Message to Congress on Curbing Monopolies," 29 April 1938. Online: http://www.presidency.ucsb.edu/ws/?pid=15637 (accessed 14 November 2013).

경제학은 '자원의 희소성'이라는 표현을 항상 그들이 '투입 노동'이라고 부르는 것을 가리킬 때 사용하지만, 이것은 가짜 경제학이 현실에 바탕을 둔 매우 드문 경우다. 노동은 다른 자원이나 대체재를 생산하고, 또 모든 생산물에는 노동이 요구되므로 인간 노동의 희소성은 재화와 용역의 전반적 희소성을 암시한다.

노동의 희소성을 판단하기 위해 가장 오랜 기간에 걸쳐 일관적으로 축적된 미국의 통계를 먼저 살펴보자. 1930년대 대공황 시대에 미국의 민간실업률은 노동인구의 25%에서 정점을 찍었다(1933년). 근로자 4명 중 1명이 실업 상태였다. 실업률은 1941년 미국이 제2차 세계대전에 참전하기 직전까지 계속 두 자릿수를 유지했다(미국 의회는 12월 초에 참전을 선언했다). 그러다가 전쟁 기간인 1943~1945년에는 실업률이 2% 이하였지만, 이후에 이 수준까지 낮아지는 일은 없었다. 1952~2011년의 62년 사이에 연간 실업률이 4% 이하였던 기간은 8년이었고, 1969년 이후에는 4% 이하인 적이 한 번도 없었다. 이 기록이 '완전 고용'이라는 전제에 모순되어 보인다면, 흑인의 실업률을 살펴보자. 1960~2011년의 52년 사이에 흑인 실업률은 6% 이하로 떨어진 적이 한 번도 없었고, 1970년 이후에는 7% 이하인 적이 없었다.

거의 15년 전부터 경제가 꾸준히 팽창하고 있었던 2007년 대규모 금융 참사 직전에는 16세 이상 남성과 여성의 4.5%가 실업자였다. 가짜 경제학자들은 4.5%의 실업률이 사실상 완전 고용이고, 100명 중 4.5명은 '이직 중'인 상태거나 고용주가 원하는 능력을 갖추지 못했거나, 더 나은 취업조건을 기다리고 있다고 주장할 것이다. 그럴 바에야 실업률 5%를 '완전 고용'의 정의로 삼는 것은 어떨까? 그러면 1950년 이후 완전 고용에 해당한 기간은 18년이었다. 아니, 실업률 5.5%를 기준으로 삼는다면 1952~2011년 사이 62년의 절반인 31년 동안 완전 고용 상태였다.

미국 사회에서는 실업수당을 받으며 호화롭게 생활하는 게으름뱅이가 특별히 많아서 실업률이 6%여도 일하고 싶은 모든 사람이 일하고 있는 것일까? 만약 이것이 사실이라면 6% 이상의 노동인구가 실업을 '선택'한 빈도가 1950~1979년 사이에는 15%(7년 중 1년꼴)였지만, 1980~2011년 사이에는 36%(3년 중 1년 이상)였던 이유는 무엇일까? 이는 나태함의 장기적인 증가세를 보여주는 것일까? '실업률'이라는 용어를 '게으름뱅이 지수'로 대체해야 할까? '나태함'이라는 유행병은 경영진까지 감염시킨 듯하다. 1960년 이래로 생산능력 활용 수준이 하락세를 보였다. 생산능력의 활용도는 호황과 불황이 연달아 올 때마다 매번 감소했고, 생산능력의 최고치와 최저치도 낮아졌다('가동하지 않는 공장과 일하지 않는 근로자' 글 상자 참조).

'나태'라는 질병은 영국에도 영향을 미친 것이 틀림없다. 영국에서는 (아마도 미국과 영국의 실업률 또는 나태의 정의가 다르므로) 오히려 실업률이 최고치와 최저치 사이를 더 큰 폭으로 오갔다. 영국 실업률은 41년간 단 4년 동안(1971~1974) 연속으로 4% 미만이었다. 1974년 이후에는 평균 실업률이 노동인구의 7.5%에 이르렀다.

가짜 경제학자를 제외한 모든 이성적인 관찰자가 볼 때 높은 실업률에 나태보다는 더 자명한 이유가 있는 듯싶다. 1970년대 이후에 여러 가지 중대한 변화가 생기면서 사회가 구직자에게 일자리를 제공하는 역량이 줄어들었다. 그런 변화는 전 세계 정부에서 가짜 경제학 정책을 시행하면서 나타났다. 형편없는 이론에 따라 한심한 정책을 세워서 생긴 일이다. 1990

가동하지 않는 공장과 일하지 않는 근로자

50년간 미국과 영국의 실업자(1963~2013)

이 자료는 경제협력개발기구(www.oecd.org)가 보고하는 조정 실업률 또는 표준화 실업률이다.
2013년 실업률은 1~6월의 수치다.

미국과 영국의 실업률

1963~2011년 미국 민간실업률은 평균 6.1%였고 50년 중 36년간 5%를 넘었다. 실업률이 4% 아래로 떨어진 것은 50년 중 10년뿐이었다.

영국 실업률은 평균 6.2%로 거의 비슷했는데, 1980년 이전에는 미국보다 낮았고 1980년 이후에는 미국보다 높았다. 마거릿 대처가 총리가 된 이래 33년간 실업률은 단 2년간 5% 아래로 내려갔다(토니 블레어 총리의 '신노동당' 시대였던 2004년과 2005년).

추세를 파악하라: 50년간 미국의 비가동 공장(1960~2012, 단위: 백분율)*

출처: 『2010년 대통령 경제보고서』와 『2013년 대통령 경제보고서』.

미국의 산업 활용도

사람들이 실직 상태가 되는 이유는 회사가 그들을 해고하기 때문이다(이 것을 아는 데 대단한 이해력이 필요하지 않다). 1962~2012년 미국의 공장들 과 기타 생산 단위들의 비가동 시설 비율은 27년간 평균 20% 이상이었 다. 다시 말해 민간 산업의 비가동 시설 비율이 15% 이하였던 기간은 7년 뿐이었고, 10% 이하였던 적은 1966년 한 해뿐이었다.

비가동 시설 비율이 늘어나는 추세는 명백하고, 이 추세는 미국의 투자율 감소를 의미한다.

---

* Council of Economic Advisers, Economic Report of the President (Washington, DC, February 2010; 2013), annex tables B 45 and B 54. Online: http://www.gpoaccess.gov/eop/tables11.html (accessed 13 October 2013).

년 이후 평균 실업률이 미국 6%, 영국 7%인 상황에서 오직 가짜 경제학자와 정치가만이 세상의 자원이 희소하다고 생각할 것이다(그래도 기업가들은 현실 세계에서 살기 때문에 말은 다르게 하더라도 그렇게 생각하지 않을 것이다).

노동력의 잉여가 발생했다는 것은 노동력이 희소하지 않다는 뜻이다. 미래의 어느 시점에 노동력이 부족해질 수 있다는 희박한 가능성은 희소성의 경제학을 타당하게 뒷받침해주지 못한다. 뭔가를 전부 사용할 수 없다면, 그것이 고갈될 위험은 없다. 대부분 국가에서 거의 매해 노동력이 부족하지도 않고 그 노동력을 이용할 설비가 부족하지도 않다. 시장경제가 희소한 자원을 어떻게 분배하느냐는 문제에 직면하는 것은 전쟁 때처럼 대단히 드물게 발생하는 상황이다. 사용 가능한 자원을 어떻게 동원해서 생산적으로 사용하느냐는 문제가 시장경제의 당면 과제다. 통계 수치를 살펴볼 용의가 있다면, 시장이 이 문제를 해결하지 못한다는 사실을 금세 알 수 있다.

가짜 경제학자는 현실적으로 노동력이 희소하지 않다는 지적을 반박하려는 의도로 실업률 수치가 아무리 높아도 사실상 0%라고 주장한다. 통계 수치를 보면 그렇지 않지만, 주류 경제학의 눈에 시장경제는 언제나 완전 고용 상태이기 때문이다. 이는 동어반복이고 통계를 임의로 조작하는 황당한 주장이다. 이런 주장이 가능한 것은 자발적 실업과 비자발적 실업 사이의 경계를 모호하게 설정했기 때문이다. 가짜 경제학자들은 실업을 단 두 가지로 분류하는 이분법에서 출발해서 우리 눈에 보이는 모든 실업이 '자발적'이라는 사실을 입증한다. 그들이 말하는 '자발적 실업자'들은 다음 세 가지 범주에 속한다. 첫 번째이자 가장 덜 비난받는 부류는 직장을 옮기는 중으로 '구조적 실업' 상태에 있는 사람들이다. 두 번째는 '게으른' 부류로, 말하자면 '노는' 데 큰 가치를 두고 일하기를 거부하는 사람들이다. 세 번째는 실업수당, 장애 보조금, 복지수당 등 보모국가가 나눠주는 후한 수당으로 연명하며 일하지 않는 사람들이다.

2011년 2월 영국의 유명한 텔레비전 진행자 존 험프리스는 「복지국가의 미래」라는 프로그램에서 BBC 시청자들에게 두 번째와 세 번째 형태의 자발적 실업 사례들을 보여주었다. 그 프로그램의 매력적인 예고편은 예상 시청자에게 다음 사실을 알려주었다. "(존 험프리스는) 일과 복지에 대한 태도가 그동안 어떻게 변했는지 보여주고자 자기 고향 웨일스 수도 카디프의 스플롯으로 돌아갑니다. 그가 어렸을 때는 일하지 않는 사람이 천대를 받았습니다. 오늘날 스플롯의 취업 연령 인구의 4분의 1이 어떤 형태로든 정부 수당을 받고 있습니다."[16]

BBC 방송국은 험프리스가 67세였을 때 이 프로그램을 방영했다. 계산해보면 그가 "어렸을 때"란 1950년대를 말한다. 험프리스는 이 한 시간짜리 프로그램에서 그가 어렸을 때(전후 호황기) 웨일스 노동인구의 약 3%가 실업자였다는 사실을 언급하지 않았다. 그는 이것을 2011년의 10%에 가까운 실업률과 대조할 수도 있었다(2011년 실업률은 BBC의 다른 프로그램에서 보도되었다). 80년 만에 온 최악의 경기침체기에 공영 텔레비전 방송의 유명 진행자가 실업을 개인의 의지 탓으로 돌렸다. 험프리스는 가짜 경제학의 추종자가 될 소질이 있다.

공정성을 기하기 위해 2년 뒤에 BBC 경영진이 이 프로그램과 관련해

---

16) The Future State of Welfare, BBC2, 27 October 2011. Online: http://www.bbc.co.uk/programmes/b016ltsh (accessed 16 October 2013).

서 험프리스를 비판했다는 사실을 덧붙여야겠다. "BBC 트러스트[17]는 존 험프리스가 대본을 쓰고 진행한 「복지국가의 미래」가 BBC의 공정성과 정확성의 규칙을 위반했다고 비판하면서 이 프로그램이 '일자리 공급이 원활했다'는 주장을 통계 수치로 뒷받침하는 데 실패했다고 평가했다."[18]

진행자가 실업자를 비방한 사건을 보면 1931년 말 당시 총리였던 램지 맥도널드의 연설을 인용한 영국 일간지 『가디언』의 기사가 떠오른다. 세계가 대공황의 늪에 빠져 있던 시기에 맥도널드 총리는 휴가철이 시작되어 실업자가 늘고 있다고 설명했다.

> 그러나 (실업률) 수치가 현재 수준을 유지할 가능성은 없다. 현재 실업률이 증가한 가장 큰 원인은 장기휴가 기간의 생산 중단으로 일자리가 일시적으로 줄어들었기 때문이다. (…) 일시적으로 가동을 중단하는 시설이 급격히 증가하는 상황은 매해 마지막 주에 언제나 발생하고, 이 시기에 25만 명의 일시적 실업자가 발생하는 것도 특별한 일이 아니다.[19]

희소성 이념에는 가짜 경제학자의 '자발적' 또는 '일시적' 실업이라는 헛소리가 필요하다. 거기에 걸린 정치적 이해관계가 너무도 크기 때문이다. 사람들이 실업의 현실을 깨닫는다면, 경제학의 지혜로 통하던 것이

---

17) BBC Trust: BBC 내부조직이면서 방송 내용을 심의하고 규제하는 최고의사결정기구. 옮긴이.

18) "BBC Too Right Wing?" Biased BBC, 30 July 2013. Online: http://biasedbbc.org/blog/2013/07/30/bbc-too-right-wing (accessed 16 October 2013).

19) "Huge Increase in Unemployment," Guardian, 7 January 1931. Online: http://century.guardian.co.uk/1930-1939/Story/0,,126796,00.html (accessed 16 October 2013).

사실은 이념적 조작임을 깨닫게 될 것이다.

가짜 경제학의 이론에서 자원이 희소하다는 부분은 틀렸지만, 인간의 소비 욕구가 무한하다는 것은 사실이 아닐까? 전 세계 마케팅 사기꾼들이 이 명제를 사실로 만들려고 고군분투하지만, 우리는 이 명제를 회의적으로 검토해야 한다. 만약 내가 길에 서서 지나가는 사람에게 삶의 질을 개선하고 싶은지를 묻는다면, 거의 모두 '예'라고 대답할 것이다. 이런 개선의 희망을 사고팔 수 있는 상품에 대한 무한한 욕구와 동일시하거나 그것으로 환원한다면, 사소한 문제를 인간 본성의 진실로 과장·확대하는 셈이다.

대부분 선진국 빈곤층 비율은 충격적으로 높다. 그들의 욕구가 무한한지를 따지는 것은 어리석고 반동적인 추측이다. 빈곤하다는 것은 사람들이 품위 있는 생활에 필요한 최소한의 상품을 구매할 소득이 없거나 소득을 얻을 수단이 없다는 뜻이다. 이런 상태를 바꾸려는 욕구는 전혀 놀랍지 않다. 그리고 이런 변화의 욕구가 인간의 소비 행태에 관한 보편적 진실을 보여준다고 해석할 지성인은 없다.

최상위 소득계층의 가계에는 정반대의 문제가 있다. 긴축(austerity) 정책이 빈곤층을 지배하는 반면, 부유층은 과소비를 지침으로 삼는다. 대체 어떻게 1년 동안 130만 달러(미국 상위 1%의 평균지출액)나 100만 달러(영국 상위 1%의 평균지출액)를 쓸 수 있을까? 우리는 12월 31일이 되어도 통장에 잔액이 아직 남았을 때 상위 1%가 느끼는 '불안'을 그저 상상할 수밖에 없다.

소비자 '선택'이라는 헛소리

자유 시장의 좋은 점은 선택권을 준다는 것이다. 사람들은 무엇을 살지 선택할 자유가 있고, 그 선택을 통해 만족을 얻을 자유가 있다. '열심히 일하고, 충분한 돈을 벌고, 개인의 선택에 따라 그것을 소비하라. 구매력이 클수록 자유로워진다.'는 이 진부한 명제는 역겨울 정도로 천박하고, 그 명제의 가식은 천박함을 능가한다.

이 진부함을 숭고함으로 만들려는 시도로 '자유 시장, 자유로운 인간'이라는 유명한 표어가 등장했다. 1974년 10월 17일 가짜 노벨상 수상자이며 가짜 경제학의 아이콘인 밀턴 프리드먼은 순종적인 경영자들 앞에서 별로 숭고하지 않은 설명을 늘어놓았다.

우리는 자유 시장이 자유로운 인간을 만들고, 통제된 시장은 자유로운 인간을 파괴한다고 확신을 품고 말할 수 있습니다. (…) 내 제안은 돈을 어떻게 쓸지, 시간을 어떻게 보낼지, 어디서 일할지, 어느 직장을 선택할지, 어디서 살지를 결정할 자유처럼 자유의 물질적 측면에서 훨씬 더 자명합니다. 자유의 물질적 측면은 모두 자유 시장과 결부되는데, 이는 대부분 사람에게 생각의 자유, 언론의 자유, 정치적 선택의 자유만큼 중요합니다.

---

20) Anatole France, *Le Lys Rouge* (1894) (New York: Barnes & Noble, 1998), ch. 7.

(…) 자유 시장의 부재는 자유로운 인간을 파괴하고, 자유 시장이 존재해야 인간이 자유로워집니다.[21]

시장에서의 선택이 곧 자유라는 이 통찰을 미국의 제2 권리장전에 나타난 프랭클린 D. 루스벨트의 통찰과 비교해보자. "우리는 경제적 보장과 독립 없이는 개인의 진정한 자유가 존재할 수 없다는 사실을 분명히 깨달았습니다. '가난한 사람은 자유로운 사람이 아닙니다.' 배고프고 일자리를 잃은 사람들이 현혹되어 독재 정권을 세웁니다."[22]

"시간을 어떻게 보낼지, 어디서 일할지, 어느 직장을 선택할지, 어디서 살지"를 결정하는 프리드먼의 자유가 성립하려면, 사람들이 직장이 있거나 구직 중이라도 여러 일자리 중 하나를 선택할 수 있다는 조건이 전제되어야 한다. 말할 것도 없이 프리드먼의 말을 경청하던 부유한 경영자들은 직장이 있었고 일하는 대가로 상당한 보수를 받고 있었다. 하지만 1974년 10월 실업자였던 미국 노동인구의 5.6%와 아주 인색하게 설정한 공식적인 빈곤선 아래 12%에 해당하는 사람들은 어땠을까?

2012년 미국에서는 약 5,000만 가구가 빈곤 상태에서 고생했고, 그중 1,700만 가구가 극빈층으로 굶주림에 시달렸다(공식 표현은 '식량 조달 불안정'이다). 근로자 10분의 1이 실업자였고, 전체 가구의 6분의 1이 빈곤층인

---

21) Quoted in Sanjeev Sabhlok, "Free Markets and Free Men," India I Dare You to Be Rich! (blog), 16 December 2010. Online: http://sabhlokcity.com/2010/12/free-marketsand-free-men-by-milton-friedman (accessed 16 October 2013).

22) Franklin D. Roosevelt, State of the Union address, 11 January 1944. Robert Henley, Lord Chancellor of Great Britain, Vernon v. Bethell, 1762.

상황에서 시간을 어떻게 보낼지, 어디서 일할지, 어떤 직장을 선택할지, 어디서 거주할지, 돈을 어떻게 쓸지를 결정하는 '선택'은 복잡하지 않다. 일자리가 없는 사람은 일자리를 구하는 데 시간을 보낸다. 일자리가 있는 사람은 쫓겨나지 않으려고 죽기 살기로 직장에 매달린다. 거주지는 월세나 주택담보대출을 감당할 수 있는 곳으로 고른다. 그리고 의식주와 교통비에 돈을 쓰고, '사치'에 해당하는 의료비와 학비에 쓸 돈이 조금이라도 남기를 기원한다.[23]

영국에서는 궁핍이 더 심각해서 전체 가구의 5분의 1이 공식 빈곤선 이하에 있었고, 2011년 연간 실업률은 9.2%, 청년층(16~24세) 실업률은 25%에 달했다. 미국과 영국의 실업률과 빈곤층 비율은 비슷하게 높았는데, 영국의 경제적 소외계층은 미국의 소외계층과 비교해서 적어도 한 가지 측면에서 안심할 수 있었다. 그것은 '원천적으로 무료'인 국가 보건의료체계 덕분이었다.[24]

프리드먼 교수는 잦은 영국 방문에서 자신이 영국 국민건강보험공단(National Health Service, NHS)을 경멸한다는 사실을 아주 명백하게 밝히곤 했다. 국민건강보험공단 문제는 '시장 선택'의 정반대 주제였기 때문이다(마거릿 대처는 그가 무척 기특하다고 생각했다). 공공부문의 거의 모든 인간적 조처에 대해 노벨상 수상자가 원칙적으로 반대했다는 사실을 확인하고 싶

---

23) "Hunger in America: 2013 United States Hunger and Poverty Facts," Hunger Notes, 22 November 2011. Online: http://www.worldhunger.org/articles/Learn/us_hunger_facts.htm (accessed 16 October 2013).

24) "Key Facts," The Poverty Site. Online: http://www.poverty.org.uk/summary/key%20facts.shtml (accessed 16 October 2013).

다면, '초현실적인' 베커 프리드먼 경제학 연구소(Becker Friedman Institute of Research in Economics)를 방문하면 된다. 이 연구소는 원래 밀턴 프리드먼 연구소였다가 시카고 대학 교수와 학생 일동이 주도해서 연구소를 재편성하면서 역시 반동적인 가짜 경제학자 게리 베커의 이름을 연구소 이름에 넣었다.

프리드먼은 소수 부유층의 '권리들'이 아니라 '특권들'을 나열했다. 사실 모든 '자유 인간'은 이 특권들을 누려야 마땅하다. 자유 시장은 물론이고 시장 자체가 이 특권들을 모든 사람에게 제공하지 못한다. 유럽과 미국에서는 빈곤층 비율이 꽤 높고, 인구의 상당 비율이 빈곤층에 가까운 상태여서 소득이 있어도 질병처럼 흔한 불운이 닥치면 궁핍한 생활을 해야한다. 그 바로 위 계층은 그나마 충분한 소득을 얻지만 언제나 실업의 두려움에 떨며 살아간다.

건실하고 인간적인 사회에서는 모든 시민이 선택의 특권을 누린다. 시민은 개별적으로 권리를 취득하는 것이 아니라 협동을 통해 기본적인 사회적 권리를 스스로 보장할 수 있다. 프랭클린 D. 루스벨트의 말을 빌리자면 다음과 같다.

우리는 (…) 지위, 인종, 신념과 관계없이 모든 사람을 위한 안정과 번영의 새로운 근간을 정립하는 제2 권리장전을 받아들였습니다. 다음 권리들이 여기에 속합니다.
전국의 산업체, 상점, 농장, 광산에서 유용하고 보수가 높은 일자리를 얻을 권리.
충분한 음식과 의복과 여가 활동을 누리기에 충분한 소득을 얻을 권리.

모든 농부가 농산물을 재배하고 각 농가가 품위 있는 생활을 영위할 수 있게 하는 가격에 농산물을 팔 권리.

큰 사업에서든 작은 사업에서든 모든 사업가가 국내외에서 불공정한 경쟁과 독점으로부터 자유로운 분위기에서 거래할 권리.

모든 가정이 일정 수준 이상의 거주지에서 살 권리.

적절한 진료를 받을 권리와 건강해지고 건강을 누릴 기회를 얻을 권리.

노년, 질병, 사고, 실업의 경제적 공포로부터 적절히 보호받을 권리.

질 좋은 교육을 받을 권리.

이 권리들은 모두 '보장'되어야 마땅합니다. (…) 우리는 이 권리들을 행사하면서 인간의 행복과 안녕이라는 새로운 목표를 향해 전진할 준비를 해야 합니다. 전 세계에서 미국이 차지하는 정당한 위치는 모든 시민을 위해 이런 권리들을 실제로 얼마나 온전히 행사했는지에 크게 좌우될 것입니다.[25]

우리는 영국 노동당의 1945년 선거공약문에서 거의 같은 정서를 발견한다. 이 선언문은 클레멘트 애틀리가 선거에서 압도적인 표차로 영국 총리가 되는 데 이바지했다.

노동당은 종교의 자유, 언론의 자유, 출판의 자유를 옹호합니다. 노동당은 반드시 이 자유를 유지하고 확장하며, 전쟁에서 이기기 위해 우리가

---

25) Roosevelt, State of the Union address. Hear it from FDR himself, at http://www.youtube.com/watch?v=UwUL9tJmypI (accessed 16 October 2013).

자유의지로 희생한 시민 개개인의 자유를 다시 누리게 할 것입니다. 노동조합의 자유 (…) 또한 회복해야 합니다. 하지만 노동당이 용인하지 않는 자유도 있습니다. 타인을 이용할 자유, 이기적으로 이윤을 추구하기 위해 낮은 임금을 지급하고 가격을 올릴 자유, 사람들이 충만하고 행복하고 건강한 삶을 영위한 수단을 빼앗을 자유 (…) 이른바 소수의 경제적 자유를 위해 수백만 명이 실업과 빈곤이라는 대가를 치러야 한다면 그것은 너무 비싼 값입니다.[26]

프리드먼의 무신경한 이념에서든 슈퍼마켓의 진부한 맥락("테스코나 세이프웨이가 더 많은 선택지를 제공한다.")에서든 '선택의 자유'는 아이러니하게도 선택하는 사람에게 당연히 소득이 있다고 전제한다. 시장은 모든 사람의 품위 있는 고용과 소득을 창출하지 않으므로, 선택의 자유를 향한 수단이 아니라 오히려 그것을 가로막는 장벽이다.

더 읽을거리

Steve Keen, *Debunking Economics: The Naked Emperor of the Social Sciences* (Sydney: Zed Books, 2001, revised 2011).

Norbert Haring and Niall Douglas, *Economists and the Powerful: Convenient Theories, Distorted Facts, Ample Rewards* (London: Anthem Press, 2012), ch. 4.

---

26) "Let Us Face the Future: A Declaration of Labour Policy for the Consideration of the Nation," Labour Party manifesto (1945). Online: http://www.labourparty.org.uk/manifestos/1945/1945-labour-manifesto.shtml (accessed 16 October 2013).

5장

부(富), '소비자는 왕이다', '자유무역'

당신조차도 부자가 될 수 있다

> 예수께서 제자들에게 말씀하셨다. "내가 진정으로 너희에게 말한다.
> 부자는 하늘나라에 들어가기가 어렵다. 내가 다시 너희에게 말한다.
> 부자가 하나님 나라에 들어가는 것보다 낙타가 바늘귀로 지나가기가 더 쉽다."
> — 마태복음 19장 23~24절

> 두 노부인이 켓츠킬 산악 리조트에 머무르고 있다. 한 부인이 말한다.
> "여기 음식은 정말 형편없어요." 다른 부인이 말한다. "맞아요. 양도 너무 적죠."[1]
> — 우디 앨런

규제 없는 시장을 지지하는 사람들은 시장에 결함이 많지만 한 가지 압도적인 장점이 있다고 믿는다. 그것은 규제 없는 시장경제에서는 추진력, 헌신적 태도, 낙관주의가 있는 사람이면 누구나 부자가 될 수 있다는 사실이다. 그런데 세금과 규제를 통해 정부가 시장 행동에 개입하면 사람들은 근면, 절약, 진취성에 대한 보상을 빼앗긴다고 생각한다.

---

[1] From Annie Hall, directed by Woody Allen (1977).

물론 모든 사람이 부자가 될 수는 없다. 가짜 경제학의 신화는 그렇게 단순하지 않다. 가짜 경제학은 소수 사람만이 부유해질 수 있다는 사실을 인정하지만, 누구나 그 소수에 속할 수 있다고 주장한다. 그리고 누가 몇 안 되는 부자 대열에 합류할 수 있느냐는 문제는 운이 아니라 개인의 노력에 달렸다고 강변한다. 요약하자면 이렇다. '원하는 것이 있다면 그것을 추구하라. 정부가 사회주의적 간섭을 통해 당신의 노력을 저지하지만 않는다면 당신은 그것을 얻을 것이다.'

　　사람들이 이 '신화'를 믿게 하려면, 부유하지 않은 사람은 물론이고 가난한 사람이 노력해서 부자가 되는 과정을 명백히 보여줘야 한다. 먼저 여기서 추구하는 바가 무엇인지를 명확히 설명해보자. 시장은 단지 개선만을 약속하지 않는다. 개선은 최소한의 목표다. 부부가 공장 노동자로 일하고, 자녀가 교사가 되고, 손자가 의사, 변호사, 교수로 출세하는 것은 단지 정부에 의지해서 대학 장학금이나 지원금을 받으면서 신분 상승을 꾀하는 자유주의-사회주의 '혼합 경제'의 케케묵은 방법일 뿐이다. 시장이 하사하는 은총은 '부자가 되는 것'을 뜻한다. 여기서 중요한 것은 '자유 시장'에서 진취적인 소수의 사람이 부자가 될 방법을 찾아내는 것이다.

　　부유한 상태에서 더 부유해지는, 빌 게이츠식으로 부와 명성을 얻는 경로는 (아메리칸 드림으로 알려진) '시장의 신화'가 아니다. 시장의 신화에서는 처음에 가난했던 영웅이 나중에 엄청난 부를 거머쥐고 성공해야 한다. 가난뱅이가 부자가 되는 경로에서 가난한 사람은 처음에 보잘것없었던 재산이 기하급수적으로 불어나야 한다. 그러나 21세기의 성공 사례를 보면 별로 고무적이지 않다. 금융위기 이전 2000년대 호황기에 신생 중소기업의 평균 90%가 '자발적 생산 중단'과 파산 상태에 있었다. 경기가 내림

미국에서는 누구나 부유해질 수 있다(상위 1%에 이미 속한 사람은)

세후 고정가격 가계소득 증가(1979~2007)*

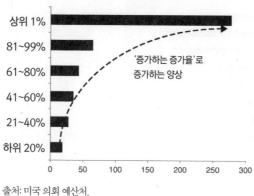

출처: 미국 의회 예산처.

1979~2007년의 28년간 평균(산술평균)적으로 미국 가계의 실질소득은 60% 이상 증가했다. 중앙값에 해당하는 가계는 그보다 덜한 37%의 소득 증가세를 보였다. 상위 1%는 소득이 278% 증가해서 무척 행복했을 것이다(연평균 3.5% 증가율).

하위 20%는 소득이 18% 증가해서(체감되지도 않았을 연평균 0.6% 증가율) 그런 기쁨을 거의 누리지 못했다.

---

* Congressional Budget Office, "Trends in the Distribution of Household Income Between 1979 and 2007" (25 October 2011). Online: http://www.cbo.gov/doc.cfm?index=12485 (accessed 16 October 2013).

점점 더 부유해지는 영국의 상위 1%

세전 개인소득 2010~2011년*

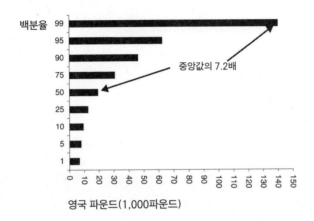

출처: 영국 국세청.

불평등은 영어권 국가만의 특징이 아니지만, 마치 미국과 영국 때문에 그런 것처럼 보인다. 영국은 1954~1980년 불평등이 비교적 덜했지만, 마거릿 대처(보수당)와 토니 블레어('신'노동당)의 신자유주의 정권은 최고 부유층에 안전한 사회를 만들었다. 1993년 상위 1%의 소득 하한선은 소득 중앙값의 5.5배였는데, 불과 15년 만에 무려 8.1배가 늘어난 수치였다. 여기서 엘리트 계층의 엄청난 탐욕을 엿볼 수 있다.

---

* "Personal Income by Tax Year," HMRC. Online: http://www.hmrc.gov.uk/statistics/income-by-year.htm (accessed 16 October 2013).

세로 침체되었던 2000년대 마지막 3년간 그 비율은 125%로 증가했다. 이 수치는 사라진 중소기업이 새로 생겨난 중소기업보다 많았다는 뜻이다.[2] 결국, 최근 중국에서 등장한 신흥 부자들은 지극히 예외적인 사례이고, 상위 1%가 더 부유해지는 상황을 시장에서 일반적인 경우로 볼 수밖에 없다.

파산과 폐업은 대부분 오래된 회사에서 발생하고, 새 회사들은 잘 버텨서 몇 년 뒤에 마이크로소프트, 아마존, 구글에 도전장을 내밀지도 모른다. 그러나 통계를 살펴보면 희망이 사라진다. (홈페이지 설명에 따르면 "기업 정보를 제공하는 세계적 선두주자"인) '던 앤 브래드스트리트(Dun and Bradstreet)'는 "근로자 20명 미만의 회사는 4년 뒤 생존할 확률이 37%밖에 되지 않고, 10년 뒤 생존할 확률은 9%에 불과하다."[3]고 보고했다. 살아남은 회사 중에서도 극히 일부만이 그들의 대담한 경영진에게 막대한 부를 선사했다.

그래도 거의 10분의 1에 해당하는 9%가 성공했다(아니면 적어도 현상 유지 중이다). 대부분 나라에서 자수성가한 사람들은 대학 졸업자인 경향이 있다. 몇몇은 한때 하버드 대학생이었던 페이스북 회장 마크 저커버그처럼 대학을 다니다가 중퇴한다. 그가 성공한 것을 보면 2년제 전문대학을 졸업하는 것보다 하버드 대학을 중퇴하는 편이 더 낫다는 결론을 내릴 수 있다. 성공적인 닷컴 회사의 화려한 경로를 따라가고 싶어 하는 사람들은 성공한 모든 이들이 미국 소득분포 상위 20% 가정에서 태어났다는 사실

2) Brian Head, "Declining Bankruptcies among Promising Indicators," Small Business Quarterly Bulletin, fourth quarter 2012. Online: http://www.sba.gov/sites/default/files/files/SBQB_2012q4pdf.pdf (accessed 14 November 2013).

3) Moya K. Mason, "Research on Small Businesses" (2013). Online: http://www.moyak.com/papers/smallbusiness-statistics.html (accessed 16 October 2013).

존스네 가족에 뒤처지기

12개국 부모 소득이 중고교 학습 성취도에 미치는 영향
(2000년대 중반, 국가별 소득분포 차이에 따라 보정함)*

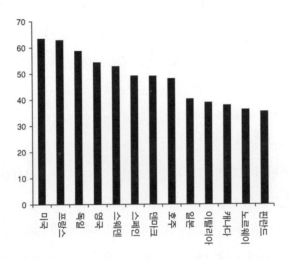

출처: OCED

자녀 교육에 투자하라

더 좋은 방법은 부자로 태어나는 것이다. 미국 중고교 학습 성취도는 60% 이상이 부모 소득의 영향을 받기 때문이다. 어떤 선진국도 이 비율이 미국보다 큰 곳이 없었고, 이웃나라 캐나다는 영어권 세 국가(오스트레일리아, 미국, 영국)보다 훨씬 낮은 40% 미만이었다.

---

* OECD, "Economic Policy Reforms: Going for Growth 2012." Online: http://www.oecd.org/economy/monetary/economicpolicyreformsgoingforgrowth2012.htm (accessed 14 November 2013).

을 떠올리기 바란다(대부분 상위 10%나 5%에 속했다).

미국에서 회사를 차려 큰돈을 벌 확률은 10분의 1보다 훨씬 낮은 듯하다. 교육을 많이 받지 못하고 엘리트 인맥이 없고 창업 자금도 없는, 사회 피라미드 바닥에 가까이 있는 사람에게 시장이 행복한 결말을 선사할 확률은 얼마나 될까? 어쨌든 그 확률에 인생을 걸지는 말라고 충고하고 싶다.

자기 힘으로 가난뱅이에서 벼락부자가 되는 구름 뻐꾹 나라로의 짧은 여행이 끝났다. 이제 현실로 돌아오자. 미국의 소득 이동성은 형편없이 낮다. 학교의 질 차이를 감안하지 않은 통계에 따르면 미국 중·고등학교 학생의 학습 성취도는 60% 이상이 부모 소득의 영향을 받는다. 부유한 가정에서는 자녀를 나쁜 학교에 보내지 않는다.

사회주의 성향이 없는 보스턴의 연방준비은행 연구원들은 소득 이동성을 조사하려는 목적으로 다량의 표본을 바탕으로 1988년과 1998년의 가계소득을 비교했다. 이 10년 사이에 국민소득은 제2차 세계대전 이후의 평균소득 증가율과 거의 같은 연간 3%가 넘는 비율로 증가했고, 경제성장이 '정상' 범주에 속했다고 본다. 소득 하위 20% 가구의 절반이 10년 뒤에도 하위 20%에 머물렀고, 4분의 1이 20~40%로 이동했다. 진전은 있었지만 크게 부유해진 것은 아니다. 100가구 중 3가구가 하위 20%에서 상위 20%로 이동했다. 그러나 1998년에는 가계의 연간소득이 2010년 물가로 환산했을 때 고작 67,000달러면 상위 20%에 진입할 수 있었다('미국의 소득 이동성' 글 상자 참조).

미국 재무부가 주관해서 2007년 발표한 다른 연구에 따르면 1998년 이후 소득분포는 점점 더 불평등해졌고 소득 이동성이 1988~1998년보다 감소했다. 재무부는 계층 간 소득 이동성이 낮다는 결과를 얻었고, 또한 상위 20%를 자세히 연구한 결과 잠결에라도 아메리칸 드림을 꿈꾸는 사람들을 실망하게 할 만한 결론을 얻었다. 1996년 하위 20%에 속했던 성인 1,000명 중 17명이 소득 상위 10%에 진입했고, 9명이 상위 5%, 그리고 1명이 단독으로 상위 1%로 진출했다(연간소득 325,000달러 이상).

1996년에 소득이 딱 중간에 속했던(소득 중앙값) 경우에는 결과가 훨씬 나았다. 1,000명 중 32명이 상위 10%, 12명이 상위 5%, 놀랍게도 3명이 상위 1%로 이동했다. 여러분이 이런 확률에 만족한다면, 억만장자들의 세금을 낮춰주는 시장주의 정치인에게 투표하고, 부유층에 높은 세금을 매기며 공익을 우선하는 자유민주주의자에게는 표를 주지 말아야 한다.

한편, 바다 건너에서는 영국의 몇몇 주요 민간재단의 후원으로 미국, 캐나다와 유럽 8개국을 대상으로 이동성 연구가 진행되었다. 2011년에 발표된 이 연구는 소득과 부의 불평등이 사회적 이동성에 부정적 영향을 미친다는, 별로 충격적이지 않은 결론을 내놓았다.

(연구) 결과는 불평등이 심할수록 기회의 평등과 세대 간 이동성이 줄어드는 것이 사실임을 보여준다. 미국과 영국처럼 빈부 격차가 큰 국가는 앞으로도 이동성이 낮은 상태를 유지할 것으로 보인다. 고소득층은 자녀가 사회에서 유리한 위치를 선점할 수 있게 더 많은 교육 자원을 투자할 능력이 있으므로, 소득 불평등과 교육 불평등은 서로 영향을 미쳐 이동성이 점점 줄어드는 악순환을 가속한다.[4]

---

4) The Sutton Trust, "What Prospects for Mobility in the UK?" (November 2011). Online: http://www.suttontrust.com/public/documents/1sutton-trust-crita-summary-23-11-11.pdf (accessed 16 October 2013).

미국의 소득 이동성

1988~1998년*

소득5분위	하위권	중하위권	중위권	중상위권	상위권
하위권	53	23	13	8	5
중하위권	25	38	23	10	5
중위권	13	20	28	28	13
중상위권	8	15	23	30	25
상위권	3	5	15	25	53
합계	100%	100%	100%	100%	100%

출처: 보스턴 연방준비은행.

가난한 사람들은 계속 가난하고, 부자들은…

1988~1998년 소득 하위 20% 가구와 상위 20% 가구에는 공통점이 있었다. 둘은 1988~1998년 각 소득 구간에 그대로 머문 비율이 똑같았다. 10년이 흘러도 가장 가난한 계층의 절반(53%)이 같은 구간에 그대로 있었고, 80% 가까이 하위권과 중하위권에 머물렀다. 100가구 중 3가구만이 '성공의 사다리를 올라갔다'.

---

* Katharine Bradbury, "Trends in U.S. Family Income Mobility 1969–006" (working paper, Federal Reserve Bank of Boston, no. 11-10, 20 October 2011). Online: http://www.bos.frb.org/economic/wp/wp2011/wp1110.pdf (accessed 16 October 2013).

1996~2005년*

소득5분위	하위권	중하위권	중위권	중상위권	상위권
하위권	33	24	12	7	4
중하위권	25	37	22	11	3
중위권	11	23	34	23	9
중상위권	8	11	24	38	21
상위권	3	5	9	21	61
합계	100%	100%	100%	100%	100%

출처: 보스턴 연방준비은행과 미국 재무부.
설명: 세로축이 각각 1988년 또는 1996년이고 가로축이 1998년 또는 2005년이다.
이를테면 1988년에 소득이 하위 20%였던 가구의 53%가 1998년에도 같은 구간에
속했고, 25%가 중하위권으로, 13%가 중위권으로, 8%가 중상위권으로, 3%가 상위
권으로 진입했다.

1998년 이후…

하위권과 상위권이 각각 같은 구간에 머문 비율이 53%였던 1988~1998
년보다 이동성이 더 줄어들었다. 하위권의 55%가 하위권에 그대로 머
물렀고, 상위권의 61%가 상위권에 머물렀다. 중위권과 중상위권에서 더
높은 소득 구간으로 이동하는 비율은 감소했다. 1988~1998년 중위권의
38%가 소득이 더 높은 구간으로 이동한 반면, 1996~2005년에는 33%만
이 이동했다.

* Ibid.; US Department of the Treasury, "Income Mobility in the U.S. from 1996 to 2005" (13
November 2011). Online: http://www.treasury.gov/resource-center/taxpolicy/Documents/
incomemobilitystudy03-08revise.pdf (accessed 16 October 2013).

앞의 연구를 후원한 민간재단들의 동기를 의심할지 모르겠지만, 영국 기업혁신기술부가 후원한 연구도 같은 결론에 도달했다. "소득 불평등이 심한 국가는 사회 이동성이 낮은 경향을 보인다."[5]

요약하자면 "(시장이 주도한 아메리칸 드림에는) 산타 할아버지가 있다."[6] 하지만 성조기를 휘날리며 시장에서 종을 울리는 산타는 1,000명 중 1명을 상대할 뿐이고, 영국 산타도 마찬가지다. 이 장의 첫머리에 적은 우디 앨런의 농담은 미국과 영국 국민 대다수의 시장 경험을 압축적으로 보여준다. 시장은 영 재미도 볼품도 없고, 국민은 품위 있는 삶을 영위하기에 충분한 소득을 얻지 못한다.

소비자는 왕이다

슈퍼마켓, 상점, 온라인과 기타 판매처에서 살 수 있는 상품은 소비자가 그것이 필요해서 팔린다는 것은 누구나 아는 사실이다. "('소비자는 왕'이라는 말뜻은) 소비자가 구매 행위를 통해 어떤 재화와 용역을 생산할지, 국가 경제의 제한된 자원을 어떻게 사용할지 최종적으로 결정한다는 것이다. 이렇게 소비자는 왕으로서 경제를 다스린다."[7]

---

5) BIS, "Social Mobility: A Literature Review" (March 2011). Online: http://www.bis.gov.uk/assets/biscore/economicsand-statistics/docs/s/11-750-social-mobility-literature-review (accessed 16 October 2013).

6) Response to letter to the editor, the Sun (New York), 21 September 1897. Online: http://www.newseum.org/yesvirginia (accessed 16 October 2013).

7) "Consumer Sovereignty," AmosWEB. Online: http://www.amosweb.com/cgi-bin/awb_nav.

쟁반 위에 빅맥이 놓이고 롤스로이스가 자동차 전시실에서 번쩍거리며 대기하는 이유는 소비자가 그것들을 구매하기 때문이다. 이것은 당연한 사실일까? '소비자는 왕'이라는 가설을 입증하는 첫 번째 단계는 '소비자'가 무엇을 의미하는지 묻는 것이다. 그리고 2000년대 미국에서 상업 광고 규모가 국민 1인당 1,000달러에 이른 시대에 왕이라는 것은 대체 무엇인지 설명하는 것이다.

인간 사회가 형성된 이래 생필품을 얻기 위해 자원을 동원하는 활동은 인류의 핵심 과제였다. 수렵과 채집으로 살아가던 사람들을 소비자로 보기는 어렵다. '소비자'라는 단어는 길어야 지난 250년 사이에 우리 생활의 일부가 되었다. 가계는 점차 생필품들을 직접 생산할 수 없게 되었고, 화폐와 교환해서 구하면서 '구매자'가 되었다.

오늘날 거의 모든 국가에서 대부분 사람은 남을 위해 일하고, 가계에서 필요한 재화나 용역을 직접 생산할 수 없다. 소수의 고용주가 다수의 직원을 고용해서 시장에서 거래할 재화와 용역을 생산한다. 더구나 고소득 국가 국민이 구매하는 재화와 용역의 범주는 급격히 증가했다. 이전에 가계에서 담당했던 육아는 비교적 최근에 상품 목록에 추가되었다.

이런 가계지출의 변화를 통해 비교적 최근에 개인을 '소비자'로 규정한 배경을 알 수 있다. 더 최근에는 과거에 구체적 속성이나 기능에 따라 다르게 불렸던 활동에 '소비자'라는 단어를 사용하곤 한다. 전에는 비행기 타는 사람을 '승객', 책 사는 사람을 '독자', 의사 찾아가는 사람을 '환자'라고 불렀지만, 이제 이들은 모두 '소비자'다. 특히 영국에서는 공공서

pl?s=wpd&c=dsp&k=consumer%20sovereignty (accessed 13 November 2013).

제한된 왕권: 미국의 광고*

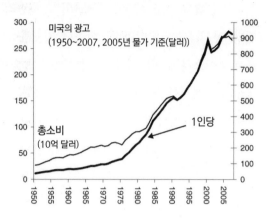

미국의 광고
(1950~2007, 2005년 물가 기준(달러))

총소비
(10억 달러)

1인당

1950년 미국의 기업은 '소비자'에게 돈 쓸 기회를 알려주는 광고에 1인당 40 달러 이하의 금액을 지출했다(2005년 물가 기준으로 인플레이션을 감안함). 2007년이 되자 기업들은 왕에게 줄 정보가 훨씬 더 많아졌는지, 1인당 광고 비용이 900달러를 넘어서 1950년의 24배에 이르렀다. 부정확한 사실이나 사기성 유혹으로 가득한 광고 때문에 재화와 용역의 평균가격이 3% 이상 증가 했다. 놀랍게도 2007년 광고비용은 2,800억 달러에 달했다. 같은 해 민간부문 연구개발 총 경비는 2,670억 달러였다. 이는 상품을 개발하는 데보다 사람들 에게 상품을 사라고 설득하는 데 더 큰 비용이 든다는 뜻이다.

출처: 이익집단 비즈니스 라운드테이블(Business Roundtable)과 미국협회재단(United States Council Foundation) / 더글러스 걸비(Douglas Galbi).

---

* Matthew J. Slaughter, How U.S. Multinational Companies Strengthen the U.S. Economy (Business Roundtable/USCIB, March 2010). Online: http://www.uscib.org/docs/ foundation_multinationals_update.pdf (accessed 16 October 2013); Douglas Galbi, "Coen Structured Advertising Expenditure Dataset," Purple Motes (blog). Online: http:// spreadsheets.google.com/pub?key=p9LENaiKJeoyBX4eR1FZEEw (accessed 16 October 2013).

비스를 제공받는 사람까지도 소비자로 변신시켰다.

2009년 6월 영국 공공보건기관인 국민건강보험공단(NHS)은 혁신적인 계획의 일환으로 런던에서 '국민건강보험공단의 고객 관리'라는 주제로 학회를 개최했다. 이 학회는 "국민건강보험공단 지도층 전원은 현재 공단이 충분히 고객 중심으로 운영되고 있지 않다는 데 동의했다."고 밝힌 설문조사에 대응해서 개최한 것이었다. 여기서 '지도층'은 공단의 경영진이었다. 이 설문은 '공단 백서'에 상업적으로 흥미를 유발하는 '국민건강보험공단의 고객서비스'라는 제목으로 수록되었다. 그 내용은 다음과 같다.

21세기에 걸맞은 고객 중심의 일류 국민건강보험을 제공하기 위해 우리 모두 최고의 사례에서 배워야 한다.
최고란 무엇을 의미하는가?
최고의 회사, 외적·내적으로 최고의 직원, 최고로 만족하는 고객, 그리고 학습을 증진하고 변화의 실천과 유지를 보장하는 최고의 학습 전문가.[8]

이 문서를 작성하고 학회를 훌륭하게 조직하고 개최한 것은 '유: 언리미티드(you: unlimited)'라는 철저히 신자유주의적인 이름(내가 지어낸 이름이 아니다)의 인사관리 회사였다. 그 회사는 '고객서비스'라는 개념이 지나치게 상업적인 뉘앙스를 풍길 수 있음을 알고 있었다.

---

8) you:unlimited, "Customer Service in the NHS" (2009). Online: http://www.you-unltd.co.uk/downloads/WhitePaper-CustomerServiceinNHSTrusts-Feb09.pdf (accessed 16 October 2013).

(많은 공단 부서에서) 이런 변화에 대한 '문화적 저항'이 있었다. '환자를 고객으로 보는' 관점을 비판하는 사람들은 공공자금으로 운영하는 국민건강보험공단에 기업 철학을 적용해도 되느냐는 문제를 거론한다. 유니손(공단의 노동조합)의 캐런 제닝스는 이렇게 지적했다. "공단이 시장이 주도하는 민간기업이라는 인상을 주면, 환자에게 치료비를 요구하는 관행을 초래할 수 있습니다."[9]

하지만 공단 직원 중에서 문화적으로 뒤처진 사람들은 걱정할 필요가 없다. "그런 우려를 인정하고 거기에 대응하는 것은 기존 직원과 새 직원이 새로운 사고방식을 성공적으로 받아들이게 하는 핵심 전략이다."[10] 이는 시대의 요구에 부응한 것이다. (수익성이 매우 높은 사업인) 미국 보건의료 사업에서는 건전한 사업 가치에 반대하는, 시대에 뒤떨어진 목소리가 들리지 않기 때문이다. 문화적 저항을 해결하는 중요한 절차는 의사와 간호사가 병원 재정에 기여하기 위해서가 아니라 국민의 건강을 돌보기 위해서 존재한다는, 골동품에 가까운 편견을 없애는 것이다.

신자유주의자 토니 블레어와 고든 브라운 집권 시기 노동당 정부는 최선을 다해서 '새로운 사고방식'을 권장했다. 신노동당 정부가 집권해서 허비한 13년 동안 국민건강보험공단 전체 고용은 연간 3%에 약간 못 미치는 수준으로 증가했다. 공단 경영진과 행정직원의 수는 매년 전체 고용의 2배인 6%씩 증가했다. 2000년에는 공단의 행정관리자 한 명이 의료계

---

9) Ibid.
10) Ibid.

종사자 40명 이상을 관리했고, 2010년에는 한 명당 30명 이하로 떨어졌다. 공단 행정직원들은 '공개된 비밀', '정당한 전쟁', '영리 대학교'처럼 모순어법에 속하는 '기업 철학'을 벼락공부하느라 바빠서 인력이 더 필요했던 모양이다.[11]

영국 보건의료는 아직 소비자화(consumerization)의 초기 단계에 머물고 있다. 일례로 유: 언리미티드는 미국 보건의료 컨설팅 회사의 강령을 언급한다.

베어드 그룹 주식회사(Baird Group, Inc.)는 고객서비스 향상 연구와 미스터리 쇼핑을 전문으로 하는 결과 지향적 컨설팅 회사다. (…) 베어드는 1991년 이래 보건의료 의뢰인(기업)들에게 고객서비스 관련 문제에 대한 목표 지향적 해법을 제공해왔다.

이 강령에서 '목표 지향적 해법'은 '고객'을 확보하는 방법을 가리키고, 여기에 '미스터리 쇼핑'이 등장한다.

미스터리 쇼핑 또는 비밀 쇼핑은 광범위한 분야의 기업들이 자사의 재화와 용역 품질을 측정하는 데 사용하는 도구다. 미스터리 쇼핑 담당자는 일반 고객인 척하면서 구매 경험에 관한 정보를 수집한다. 의료 산업에서 미스터리 쇼핑 담당자는 환자나 환자의 친구, 가족인 것처럼 연기하면서

---

11) Randeep Ramesh, "NHS Management Increasing Five Times Faster than Number of Nurses," Guardian, 25 March 2010. Online: http://www.guardian.co.uk/society/2010/mar/25/nhsmanagement-numbers-frontline-staff (accessed 16 October 2013).

환자가 경험하는 품질을 평가한다.[12]

이런 문구를 보면, 신분을 숨기고 변장을 하고 경쟁사를 염탐하는 스파이 같은 의료 컨설턴트 집단이 마치 국민 건강을 유지하는 필수 요소인 것처럼 보인다. 어차피 문제 될 것은 없지 않을까? 의료 제공자들은 의료 수혜자의 필요에 맞춰 활동하고, 수혜자의 만족감이나 불만을 기준으로 활동의 성공 여부를 판단하는 것이 옳지 않을까?

이 질문에 간단하게 대답하자면, 그렇지 않다. 의료를 제공하는 목적은 환자를 만족하게 하는 것도 아니고 기쁘게 하는 것도 아니다. 의료의 목적은 환자의 병을 치료하거나, 치료가 불가능하다면 의학과 의술이 허락하는 범위에서 편안하게 생활할 수 있게 해주는 것이다. 일반적으로 '고객 만족'을 달성하려는 시도는 건강 향상에 이바지하지 않는다. 반대로 만족을 유도하는 데 초점을 맞춘 '고객서비스' 대책들은 우수한 보건의료서비스 제공을 방해할 수 있다. 왜냐면 직접 의료를 제공해야 할 직원들에게 행정적인 '모니터링' 업무를 부과하기 때문이다. 미국 민간의료보험(미국에는 이것 외에 별다른 의료보험이 없기도 하다)을 이용해본 사람이면 누구나 이런 생각을 해봤을 것이다. 진료수가, 결제, 보험 청구를 처리하는 시간을 질병을 치료하는 데 사용한다면 미국인의 건강이 한층 나아지지 않을까?

우리가 '고객'이라는 의식으로 의원이나 병원이나 보건소를 찾지 않

---

12) "Medical Mystery Shopping," Baird Group. Online: http://baird-group.com/mystery-shopping (accessed 16 October 2013).

스파이가 국민건강보험공단을 평가하다
(질병 치료는 수익성이 좋을까?)

2012년 1월 영국의 우익 연립정부는 국민건강보험공단의 활동을 평가하는 기존 법률을 수정하겠다고 발표했다.

> 정부의 제안에 따르면 위탁병원이든 민간병원이든 '투자 적격' 등급(신용등급기관 스탠더드 앤 푸어의 BBB 마이너스, 무디의 Baa3, 피치의 BBB 마이너스)을 받는 데 실패한 의료제공자는 국민건강보험체계의 일부로 가동할 면허를 잃을 위험에 처할 것이다. (…) 이와 유사한 체계가 전기 산업에서 작동하고 있다. 이렇게 함으로써 정부 규제자에게 체계에 누적되고 있는 재정적 어려움을 경고할 수 있다.*

그러자 일각에서는 금융권의 시종들에게 의료 품질을 평가할 능력이 과연 있는지 의심했다. "누군가가 자칭 금융기관 평가자들을 끌어들이는 것을 허락했다는 사실이 믿기지 않는다."** 이 정책의 효과는 신용등급기관이 '재정 상태가 안정적이지 않은' 병원을 강제로 폐업시켜 보건의료의 접근성을 더욱 떨어뜨리는 데 있다. 단 하나 좋은 점이 있다면, 예를 들어 심장 수술을 받고 살아난 환자가 그 병원이 좋은 투자처인지를 알 수 있다는 것이다.

---

* Tom Clark, "Ratings Agencies in the NHS? It's a Blame-Game Wheeze," Guardian, 19 January 2012. Online: http://www.theguardian.com/commentisfree/2012/jan/19/ratings-agencies-nhs (accessed 14 November).

** Tom Clark, "Ratings Agencies in the NHS? It's a Blame-Game Wheeze," Guardian, 19 January 2012. Online: http://www.guardian.co.uk/commentisfree/2012/jan/19/ratings-agenciesnhs (accessed 16 October 2013).

는다는 사실은 인간의 사회적 행동에 관한 일반적 진리로 볼 수 있다. 우리는 응급구조사, 간호사, 의사를 의료 슈퍼마켓의 판매사원으로 여기지 않는다. 질병을 앓고 있으면서 가장 저렴한 의료 '제공자'를 찾느라 여기저기 전화하거나 인터넷을 뒤지는 사람은 없다. 주방 세제는 가장 저렴한 것으로 사고 싶을지 몰라도, 치료는 저렴하지 않더라도 최고의 (아니면 적어도 적절한) 치료를 받기를 원한다. 사람들이 보건의료 '소비자'라면, 아예 의료 '제공자'를 모두 영리기업으로 운영하고 주식을 상장하는 것이 나을 것이다('스파이가 국민건강보험공단을 평가하다' 글 상자 참조).

드문 예외를 제외하면, 일반인에게는 건강 관련 조언의 신뢰도를 판단할 근거도 없고, 의사의 능력을 판단할 근거도 거의 없다. 희귀하게도 반동주의자가 아니면서도 노벨 경제학상을 받은 케네스 애로(Kenneth Arrow)는 구매자의 무지 때문에 시장은 의료서비스를 분배하기에 부적절한 제도라는 사실을 설명했다. 그는 "일반적인 사회적 합의에 따르면 (…) 의료에서는 '레세페르'[13] 식의 해결책을 용인할 수 없다."[14]고 썼다. 이것은 (애로우가 이 글을 썼던) 1963년에는 사실이었지만, 영국 신노동당 정부 시대와 21세기 미국 전역에서는 사실이 아니었다. 더 근본적인 문제가 있다. 사람들은 '소비'하지만, 자신이 '소비자'라고 세뇌되기 전에는 소비자가 아니다. 18세기 후반 유럽의 지적·문화적 혁명이었던 계몽주의는 민주주의가 통치받는 사람들의 합의에서 비롯한다는 원칙을 확립했다. 이

---

13) laissez-faire: 프랑스어로 자유방임을 뜻한다. 옮긴이.

14) Kenneth J. Arrow, "Uncertainty and the Welfare Economics of Medical Care," American Economic Review 53, no. 5 (December 1963). Online: http://www.who.int/bulletin/volumes/82/2/PHCBP.pdf (accessed 16 October 2013).

합의는 정치 참여를 통해 성사되는데, 선거가 바로 그런 참여의 한 형태다. 사람들은 참여함으로써 민주주의 시민의 권리를 행사한다. 이 관계를 간단히 표현하자면, 민주주의 정부는 사람들이 스스로 통치하는 데 적극적으로 참여하는 '시민 정신'에서 비롯한다.

나는 여기서 왜 갑자기 정치철학 이야기를 꺼냈을까? 왜냐면 특히 미국에서 기업과 거대 자본이 정치적·사회적 인간의 본질을 새롭게 정의하는 데 성공했기 때문이다. 개인은 '시민'이 아니라 '소비자'와 '납세자'로 정의된다. 이것은 대수롭지 않은 설명처럼 보이지만, 사실은 지극히 이념적이다. 개인과 정부기관의 상호 작용이 민주주의를 지탱한다. 사람들은 시민으로서 홉스의 '자연 상태'에서 그들을 보호해주는 법과 규칙을 제정하는 데 참여한다. 자연 상태에는 반사회적 행동을 정당하게 막을 권위자가 없다(예: 무정부 상태의 소말리아와 라이베리아, 마약 범죄가 횡행하는 멕시코). 참여에서 권리와 의무가 발생하고, 가장 자명한 의무는 참여한 시민이 승인한 법을 지키는 것이다.

계급, 민족, 다양한 형태로 체계화한 미신(종교가 대표적이다)에 근거한 사회집단의 구분은 참여-권리-의무의 삼각 구도를 끊임없이 위협한다. 민주주의 사회는 자본 권력에 대한 법적 제한, 차별금지 법안, 정치와 종교의 분리를 통해 그런 위협을 방지하려 했다. 서양에서 사회민주주의가 우세했던 기간인 제2차 세계대전 이후부터 1970년대 후반까지 민주주의 국가들은 경제 권력의 규제, 다수결 원칙에 어긋나지 않는 소수자 보호, 이성과 신념의 대립 같은 핵심 사안을 두고 정치적 논쟁을 벌였다. 일반적으로 반동 세력은 정치 논쟁에서 자본 권력을 제한하는 법을 철폐하고, 평등주의 조처에 반대하고(특히 그 조처 때문에 사업비용이 늘어나는 경우), 합리성보다 미신을 장려했다.

1980년대에 특히 미국에서 반동주의 세력은 이념 전략을 바꾸었다. 우파는 누진세 등 구체적 정책에 대한 공격과 더불어 민주주의 사회의 근간인 시민 정신의 개념 자체를 훼손하고, 발휘를 방해하려 했다. 이 반민주적 선전에서 중추적 역할을 한 두 용어는 '소비자'와 '납세자'다. '소비자'는 매매 행위에 거의 배타적으로 초점을 맞춘 가짜 경제학에서 직접 유래한다. 1장에서 보았듯이 가짜 경제학은 사람들이 다른 무엇보다도 개인의 쾌락을 최대화하려 한다는 허구를 전파한다. 가짜 경제학에 나온 '사회'라는 단어는 개인들의 집단적 상호 작용이 아니라 개인들을 산술적으로 합해놓은 집합을 의미한다. 상품을 소비함으로써 만족을 얻는 개인은 일차적으로 상품을 구매하는 소비자로서 존재하고 기능한다. 가족 구성원으로서의 개인은 부차적이다. 개인이 상품 구매를 제외한 다른 사회적 활동에 참여하는 데에는 학문적·실용적·정치적 중요성이 거의 없다.

개인을 소비자로 취급하고 소비에 개인의 존재 의미가 있다고 설득하는 태도는 의미심장한 정치적 영향을 미친다. 그렇게 사회 교류의 모든 측면에서 상품의 수사학이 일반화한다. 철도와 항공기 승객은 허구의 상품인 '수송'의 소비자가 된다. 대학생은 수업을 들으며 지식의 소비자가 아니라 학위 소비자가 된다. 의료서비스를 소비할 목적으로 의사를 찾아간다. 이럴 때 '소비'라는 단어는 불쾌하고 부정확한 수준을 넘어서 사악하다.

동료 시민을 '소비자'라고 부를 때 우리는 결국 사물과 맺고 있는 것과 유사한 관계를 그와 맺게 된다. 항공사 근무복을 입은 사람, 교탁 뒤에 서 있는 사람, 흰 가운을 입은 사람은 우리 동료 근로자나 시민사회 참여자가 아니라 주문받은 상업 서비스를 제공하는 수단일 뿐이다. 우리는 '제공자'와 '소비자'의 사회적 상호 작용을 전혀 기대하지 않는다. 반대로 상호 작용이 일어난다면 상업화가 불완전해지고 서비스의 상품성이 떨어질 것이다. 교육 '제공자'는 강의하고 과제를 주고 평가하고, 교육 '소비자'도 그 교육 제공자와 교육 내용을 '소비'하고 평가한다. 같은 맥락에서 원격 수업이 급격히 확산되고 있다. 음반을 들으면 되는데 교향악단 공연에 왜 가겠는가? 온라인으로 수업을 들을 수 있는데 왜 '대학 캠퍼스'라는 구식 시설이 필요한가?

이와 마찬가지로 의료 '제공자'는 치료법을 제시하고, 의료 '소비자'는 이를 구매하거나 거부한다. 이런 식으로 더 깊이 들여다볼 수 있다. 의사는 간호사나 다른 '의료 종사자'보다 연봉이 높다. 상업성을 따지면 의사가 하는 행위를 최소한으로 줄이고, 가능할 때마다 연봉이 더 적은 인력으로 대체해야 한다. 게다가 '더 나은 건강'은 구매하는 상품이므로, 온라인 자동화 시스템으로 질병을 진단해서 비용을 더 줄여야 한다.

인간을 구매자로 취급하는 이 반동적 세계에서 개인은 가장 저렴한 가격에 구매하려 한다. 식량, 교육이나 의료 거래는 구매자가 판매자를 이웃도 아니고 시민사회의 일원은 더더욱 아닌, 상품을 전달하는 기제로 인식하는 교환 행위다. 승무원, 교사, 간호사를 동료 시민으로 간주하는 것은 암묵적으로 근로에 대한 정당한 보수를 받을 권리를 포함하여 기본 인권이 있는 동등한 개인으로 그들을 인정한다는 뜻이다. 그들을 상품 전달 기제로 보는 관점에서 그들은 상품을 되도록 싸게 전달하는 데 관여하는 매개자로 '사물화'된다. 여기서 '소비자'는 상품 전달자에게 적은 금액을 지급할수록 상품을 더 싸게 산 것이고, 그 덕분에 소비를 더 늘릴 수 있으므로 '소비자'가 행복해진다는 결론이 나온다.

이 이념은 소비자에게 납세자의 역할을 추가로 부여함으로써 시민 정신을 완전히 파괴하기에 이른다. 시민의 관점에서 세금은 집합적·사회적 목표를 위해 자금을 제공하는 제도다. 그런데 소비자의 관점에서 세금을 징수하면 소비자가 민간시장에서 소비할 수 있는 소득이 줄어든다. 시민은 정부에 참여하고 정부의 제도를 통해 공동의 복지를 추구하지만, 소비자는 만족을 주는 상품에 소비할 소득의 일부를 빼앗는 권위자인 정부를 혐오한다.

사회가 소비에서 쾌락을 얻고 값싼 상품과 낮은 세금에 압도적으로 관심을 보이는 개인으로 구성된다는 이런 시각은 학문적으로 천박하고 부조리하다. 최고 부유층을 제외한 모든 사람은 재화나 용역을 생산하기 위해 일해야만 기본 생필품을 구할 수 있다. 우리가 상품을 되도록 싸게 사려고 하면 임금이 낮아지고, 결국 소득도 줄어든다는 사실을 깨닫는 데에는 출중한 통찰력이 필요하지 않다. 세금을 최소화하는 조처는 곧 "가난하고 비열하고 야만적인"[15] 홉스적 인간의 집합에서 사회를 창조하는 활동과 기능들을 최소화한다는 사실 역시 자명하다.

소비자와 납세자 개념은 학문적으로나 실제적으로 타당하지 않지만 건재하다. 이런 현상은 현실을 은폐하는 이념의 위력을 보여준다. 이념은 불합리로 합리를 극복하고, 맹신으로 이성을 대체한다. 인간은 집단으로 생활한다. 편중된 부를 무기로 삼은 우익 선전 활동가들은 우리가 무엇보

---

15) Thomas Hobbs, *Leviathan* (1651). Online: http://www.gutenberg.org/ebooks/3207 (accessed 16 October 2013).

다도 이기심을 중시하고, 편협하게 자기 이익을 추구할 운명에 처한 고립된 개인으로서 이 세상에 존재한다고 우리를 설득하려 든다. 하지만 이 주장은 틀렸다. 민주주의 정부는 개인이 할 수 없는 일을 집단으로 성취할 수 있게 한다. 소비 이념은 우리가 쇼핑하면서 얻는 만족을 세금으로 빼앗아가는 정부가 우리에게 부담을 준다는 신념을 주입한다. 80년 전 미국 대법관 올리버 웬들 홈스는 사회에 대한 이 중상모략이 얼마나 치명적으로 진부한지를 꿰뚫어 보았다. 그는 「스페인 담배공사 대 미국 국세청 판결문」에서 "세금은 우리가 문명사회를 위해 지급하는 비용"이라고 썼다.

텔레비전이나 라디오 뉴스 기자가 은행 구제금융을 "납세자가 부담한다."고 알려주거나, 간호사 임금이 상승하면 "우리 세금이 늘어날 것"이라고 말할 때, 그들은 우리에게 별로 미묘하지 않은 정치적 메시지를 주입한다. '우리는 결국 자기 삶을 혼자 살아갈 뿐이다.' '우리는 다른 사회 구성원에게 책임을 느낄 필요가 없다.' '사회 개선을 위한 집단행동이 개인으로서 우리 행복을 앗아간다.' '우리는 시민이 아니라 소비자다.' '어서 쇼핑하러 가자.'

자유무역에서는 모두가 이익을 본다

영국 맨체스터의 자유무역회관은 영국의 국제무역 규제 완화를 향한 중대한 진전인 '곡물 조례 폐지'를 기념하여 1853~1856년에 건설되었다. 건물이 세워진 장소는 우연히도 1819년 경제적·정치적 개혁을 요구하는 평화 시위자들을 병사들이 공격한 피털루 학살사건 현장이다.

왕이 다스리는 방식

미국 가계소득과 부채
(1960~2010, 2000년 데이터를 100으로 보정함)*

가계부채는 가계소득에 대한 비율로 나타냈다.
출처: 2011년 대통령 경제보고서.

20세기 전반 미국 가계는 부채 비율이 비교적 낮았다. 제2차 세계대전이 끝난 뒤부터 1980년대까지 가계소득에 대한 가계부채 비율은 70~80% 사이를 오르내렸다. 1980년대에 미국 국회가 금융부문 규제를 완화하여 주택담보대출을 허용했다. 금융규제 완화의 '혜택'을 누림과 동시에 가계소득이 정체되었고, 가계부채가 급격히 증가했다. 이 조합은 우연한 일이 아니었다. 부채 증가는 대부분 가계가 소득이 늘지 않았는데도 생활 수준을 유지하려고 했다는 사실을 말해준다.

설상가상으로 실질임금은 감소했는데, 이것은 근로소득자 증가(주로 여성 유급 근로자의 증가)를 통해 상쇄되었다.

저임금, 소득 정체, 누적되는 부채는 '소비자는 왕'이라는 원리가 작용한 결과다.

---

* Council of Economic Advisers, Economic Report of the President (Washington, DC, February 2011). Online: http://www.gpoaccess.gov/eop/tables11.html (accessed 13 October 2013).

국제무역 자유화는 드물게 정치 성향과 관계없이 모든 사람이 동의하는 정책 중 하나다. 보수주의 논객들은 그것을 열정적으로 옹호하고, 중도파는 그것을 신조로 삼고, 많은 진보주의자가 국가의 자국 산업 보호를 비판함으로써 적어도 암묵적으로 그것을 수용한다. 만약 어느 가짜 경제학자가 무역 규제를 옹호한다면, 그는 자기 일자리를 잃지 않기 위해 일년 내내 규제 옹호 전력을 사과하며 보내야 할 것이다.

「위키백과」에는 모든 가짜 경제학자가 옹호할 만한 횡설수설이 적혀 있다.

자유무역은 국가 간 분업을 원활하게 하므로, 세계 차원에서 산출이 증가한다. 분업화를 통해 국가는 그것이 비교 우위에 있는 특정 재화와 용역 생산에 희소한 자원을 전부 투입할 수 있다. 분업의 장점과 규모의 경제가 실현되면, 국제 생산 가능 곡선(production possibility frontier)이 바깥쪽으로 이동한다. 국제 생산 가능 곡선이 바깥쪽으로 이동한다는 것은 자유무역 상태에서 생산되는 재화와 용역의 절대량이 최대라는 뜻이다. 재화와 용역의 절대량이 더 많을 뿐 아니라 실제로 생산되는 재화와 용역의 특정 조합은 전 세계 소비자에게 최대로 유용할 것이다.[16] (「위키백과」 원문에는 문법 오류가 있다.)

가짜 경제학 전문용어("비교우위", "국제 생산 가능 곡선")를 사용한 이런

---

16) Wikipedia, "Free Trade Debate." Online: http://en.wikipedia.org/wiki/Free_trade_debate (accessed 16 October 2013).

설명을 통해 가짜 경제학자들은 무역 자유화가 생산과 소비를 더 잘 분배함으로써 '모두'가 더 행복해질 것이라는 대단한 메시지를 전달한다. 그렇게 되면 내수 경쟁이 늘어나고 소비자가 구매할 때 치르는 상품 가격이 내려간다. 수입품은 저렴해지고 수출과 고용이 촉진된다. 자유무역의 이런 혜택은 갤브레이스가 말하는 '일반 통념'이 되었다. 예를 들어보자.

개방 경제에서는 아이디어의 국제적인 교환 덕분에 영구적으로 기술이 발전한다. 이는 결국 장기적 경제성장의 핵심 원천이다. 개방 확대는 또한 경쟁의 심화를 뜻한다. 따라서 정치인들은 계속 제도적 틀을 개선해야 하고 회사들은 계속해서 생산 공정을 최적화하고 새로운 제품을 개발해야 한다.[17]

'이기려면 세계화하라(Go Global to Win)'라는 이름의 회사 홈페이지(이보다 더 세계화를 좋아하는 회사 이름이 어디 있겠는가)에 게시된 글은 더 의욕적이다.

보호주의와 고립은 올바른 선택이 아니다. 우리는 더 자유로운 무역과 개방된 시장의 유행이 혁신과 창의성을 증진하고 회사의 경쟁의식을 연마하고 다국적 사업을 확장하는 데 막대한 영향을 끼친 것을 본다. (…) 1990~2004년 가장 빨리 성장한 5개국은 (…) 무역량이 수십 배 증

---

17) Opening Economies Succeed," Deutsche Bank Research, 11 November 2005. Online: http://www.dbresearch.com/PROD/DBR_INTERNET_EN-PROD/PROD0000000000189232.PDF (accessed 14 November 2013).

가했다.[18]

자유화되거나 '더 자유로운' 세계무역이란 공공규제가 아니라 민간 규제를 받는 국제무역을 뜻한다. 일부 '겁쟁이들'(베트남 전쟁이 미국에 재앙이 되리라고 예측한 사람들을 두고 린든 존슨 대통령이 사용한 표현)은 공공규제를 완화하면 세계화 환경에 해로운 생산 관행이 생길까 봐 걱정한다. 가짜 노벨상 수상자 재그디시 바그와티(Jagdish Bhagwati)는 이런 '어리석은' 걱정을 미국 월간지 『와이어드(Wired)』(이 잡지는 바그와티를 '세계적으로 저명한 세계화 옹호자'이며 '정식 민주당원'이라고 소개한다)에서 일축했다. "자유무역에 반대하는 이들은 (더 자유로운 무역이) 지구를 희생하여 저렴한 재화를 생산하게 한다고 주장한다. 바그와티는 비민주주의 국가들이 종종 환경을 가장 극심하게 파괴한다고 지적한다. 세계화는 민주주의를 장려하므로, 세계화가 되면 환경은 더 개선될 것이다."[19]

우리는 바그와티 교수가 염두에 둔 자유무역 민주주의에 설마 독재자 피노체트(Pinochet) 치하의 '신자유주의 칠레'나 비민주적인 싱가포르 같은 나라는 포함되지 않으리라고 믿는다. 세계화가 민주주의를 촉진한다는 생각은 2008년 미국 경제를 '안정적인 벤처 자본 모형'[20](밑줄은 저자)으로 기술할 수 있다는 견해나 별로 다르지 않다. 이 안정적인 모형은 2008년 후반 미국 경제가 70년 만에 최악의 위기에 몰렸던(1930년대 대공황

18) http://goglobaltowin.com/?p=81 (web page since discontinued).

19) Mark Horowitz, "Jagdish Bhagwati: Keep Free Trade Free," Wired, 22 September 2008. Online: http://www.wired.com/politics/law/magazine/16-10/sl_bhagwati (accessed 16 October 2013).

20) Ibid.

보다는 덜했다) 이유를 설명해줄 것이다.

기업을 홍보해주는 언론이나 세계화를 옹호하는 정치세력만이 무역 자유화를 지지하는 것은 아니다. 환경단체 그린피스는 '일반적으로 부유한 강대국들이 세계화의 혜택을 누린다.'고 세계화의 부정적 영향에 유감을 표시하고는 곧바로 자유무역을 지지하는 편에 선다. "모든 (…) '보호주의'(조치)에는 다른 국가에서 온 재화에 대해 시장 문을 닫는 효과가 있다. 미국과 일본은 물론이고 유럽의 많은 부유한 국가가 이 전략을 사용하여 내수 경제를 지탱하고, 약소국이나 개발도상국이 세계시장에서 기반을 마련하지 못하게 한다."[21]

그린피스는 비록 자유무역이 민주주의를 장려하여 결국 환경을 개선한다는 바그와티의 낙관론을 수용하지는 않지만, 세계화된 세상에서 인간의 일차적 역할에 대해서는 신자유주의 관점을 공유한다. "우리는 '소비자'들이 우리와 같은 편에 서서 국가 간 장벽이 없는 자유로운 세상이 되기를 요구하자고 호소한다."[22]

부유한 국가의 무역 자유화가 개발도상국에 이롭다는 주장은 "하루 2달러 미만으로 연명하는 인구는 1980년 이래로 거의 50% 증가하여 세계인구의 절반에 가까운 28억 명이 되었다. 지금이 바로 인류 역사상 자유화가 가장 깊이 진행된 시기다."[23]라고 결론지은 2000년대 초 세계은행(World Bank) 보고서를 보면 설득력이 모자란 듯하다. 이 결론은 세계화

---

21) "Encourage Sustainable Trade," Greenpeace. Online: http://www.greenpeace.org/international/en/campaigns/trade-and-the-environment (accessed 16 October 2013).

22) Ibid.

23) World Bank, Global Economic Outlook (Washington, DC: World Bank, 2000), executive summary.

에 반대하는 성향이 없는 세계은행에서 진행한 심층적인 연구에서 나온 것이다. 이 연구의 또 다른 결론 또한 충격적이었다. "무역 자유화는 하위 40% 소득계층의 소득 증가와 부정적인 상관관계가 있지만, 고소득층의 소득 증가와 긍정적인 상관관계가 있다. 다시 말해, 무역이 자유화하면 부자는 더 부유해지고 가난뱅이는 더 가난해진다."[24]

하지만 가짜 경제학자들이 설명한 것처럼 모든 국가가 더 자유로운 상업 활동에서 이익을 본다는 사실을 국제무역 이론이 명료하게 '증명'한다면, 그리고 이 과학적 증명이 경험적으로 확인된다면 위 결론은 옳을 리 없다. 반면에 이 이론이 신뢰하기 어렵다면, 그리고 증거가 압도적이지 않다면, 좌파, 중도파, 우파가 모두 자유무역을 옹호하는 일은 일어나지 않을 것이다. 사실과 허구 사이에, 현실과 환상 사이에 간극이 존재한다면, 가짜 경제학(주류 경제학, 신자유주의) 무역 이론은 허섭스레기일 뿐이다. 모든 상업 활동과 마찬가지로 국제상업 활동에서도 모두가 이익을 얻는 것 아니라 이익을 보는 편이 있고 손해를 보는 편이 있다는 사실을 우리는 경험적으로 안다. 국제무역 자유화를 타당한 방식으로 일반화해서 말한다면, 어느 국가에서든 노동자가 손해를 보고 자본가가 이익을 본다. 결국 '계급'의 문제다.

국제무역의 미덕을 부정하는 이 불순한 이단적 해석을 어떻게 반박할 수 있을까? 먼저 국제무역의 ('이론'으로도 알려진) 신화에서 출발해보자.

---

24) World Bank, Inequality and Growth: Lessons for Policy (Washington, DC: World Bank, 1999), ch. 3. Online: http://siteresources.worldbank.org/INTPOVERTY/Resources/WDR/English-Full-Text-Report/ch3.pdf (accessed 15 January 2013).

다른 누구도 아닌 '저명한 세계화 옹호자'[25] 재그디시 바그와티가 40년 전에 입증했듯이, 자유무역이 인간의 행복을 증진한다는 결론에 도달하는 데 사용할 수 있는 논리는 너무나 제한적이어서 지성인이라면 누구나 웃음을 터뜨릴 수밖에 없을 것이다.

이 시점에서 '완전 경쟁'의 환상 세계를 건설하는 데 필수적인 형이상학적 '전제'들을 떠올려보자. '국제무역 이론'에는 그 전제들과 더불어 고유의 훌륭한 전제들이 더 필요하다. 추가되는 전제는 다음과 같다. 1) 모든 자원을 계속 총동원하여 투입한다. 2) 모든 국가가 모든 상품을 생산할 수 있다(노르웨이에서 바나나를 경작하거나, 소말리아에서 순록을 사육할 수 있다). 3) 모든 국가의 소비 패턴은 같다. 4) (내가 가장 좋아하는 조건이다) 모든 국가는 같은 기술을 사용하여 모든 상품을 생산한다.

진정한 자유무역 신봉자는 위 전제들이 사실임을 확인하기 위해 '저명한 세계화 옹호자'를 직접 찾아가고 싶을지도 모른다. 지성을 말살하는 이 모든 부조리를 수용한다고 해도, 기껏해야 '무역활동이 약간 있는 것이 전혀 없는 것보다 낫다'는 사실을 입증할 뿐이다. 어떤 이론적 기준으로도 자유화가 덜 된 상태보다 더 된 상태가 낫다는 사실을 입증할 수 없다.

이 무역 '이론'의 핵심 개념들은 철저하게 정의되지 않았으므로 이론상으로도 검증할 수 없다. 이 이론의 핵심 주장을 살펴보자. 노동력이 저렴한 국가는 노동집약적 상품을 집중적으로 생산하여 그것을 자본이 저렴한 국가에서 생산한 자본 집약적 상품과 교환함으로써 이익을 얻는다('비교우위'). 이를테면 미국은 적은 노동력과 많은 기계장비로 생산한 상

---

25) Bhagwati, "The Pure Theory of International Trade," Economic Journal 74 (1964): 1–8.

품을 수출하고, 중국은 그 반대로 하면 된다는 것이다. 이 주장은 얼핏 보면 합리적이지만, 문제는 이 겉보기에 합리적인 제안이 일관성이 없는 헛소리라는 것이다. '저렴한'이라는 단어에 문제가 있다. '저렴한 노동력'은 저임금을 뜻한다. 저렴한 노동력이 무역의 근간이라면, 그것이 결코우리에게 혜택을 준다고 볼 수 없다. 21세기 유로존의 무역 불균형이 좋은 사례다. 유럽위원회(European Commission, EC), 국제통화기금(International Monetary Fund, IMF), 독일 정부는 무역적자 국가의 임금 인하를 요구하고있다. 임금 인하는 효과가 있든 없든(아마 없을 것이다), '모두에게 이익을'가져다주지는 못한다. 모든 국가에서 임금이 내려가면 대다수 국민의 소득과 지출이 줄어든다. 이는 저렴한 노동력에 대한 상식적인 추론이지만, 자유무역 선전 활동에 도움이 되지 않는다.

가짜 경제학 무역 이론은 '저렴한'을 '상대적으로 풍부한'으로 정의한다. 예를 들어 중국의 총 주식자본에 대한 전체 노동력의 비율이 미국의비율보다 높다면, 중국의 노동력은 미국보다 저렴하다. 간단히 말해 '국가 경제 전체적으로 보면' 중국은 기계 1대당 많은 노동자가 있고, 미국은노동자 1명당 많은 기계가 있다. 이 비율을 대체 어떻게 측정했을지 곰곰이 생각해볼 필요가 있다.

'저렴한'이라는 단어의 간단명료한 정의가 있는데 대체 왜 그토록 뒤얽힌 정의를 만들어낸 것일까? "처음으로 남을 속이는 (이론을) 연습할 때, 우리는 얼마나 얽히고설킨 그물망을 짜는가."[26]라는 시구도 있다. '저렴

---

26) Sir Walter Scott, *Marmion* (1808), canto vi. Online: http://www2.hn.psu.edu/faculty/jmanis/ w-scott/marmion.pdf (accessed 17 December 2013).

한'의 간단한 정의를 사용하면, 절대적 비용이 무역 흐름을 결정한다. 만약 그렇다면, 사업에 종사하는 사람이면 누구나 대번에 알겠지만, 기반 시설이 잘되어 있고 임금이 낮은 거대 국가가 거의 모든 상품을 값싸게 생산하여 전 세계 모든 경쟁자를 제압할 것이다(중국을 생각해보라). 그 결과로 무역 불균형이 계속되고 국가금융과 세계 금융이 만성적으로 불안정해진다. 이는 여러분이 보기에도 완전히 불가능한 일만은 아닐 것이다.

무역에 참여하는 모든 국가의 성공을 허용하고 심지어 보장하는 것이 가짜 경제학의 이념적 과제다. 가짜 경제학자들은 이 행복한 일반화를 입증하려고 100년도 넘게 부지런히 시도해왔지만 결국 실패했다. 국내적 혹은 국제적으로 노동과 자본을 측정할 합리적 방법을 전혀 찾을 수 없다는 간단한 이유로, 노동과 자본의 '상대적 풍부함' 개념은 출발선에서 한 걸음도 나아가지 못했다.

단순히 노동인구의 머릿수를 세는 것은 숙련도의 차이를 고려하지 않으므로 국가의 잠재적 생산능력과 효율을 실용적으로 측정하는 방법이 아니다. 미숙한 노동자와 비교할 때 숙련된 노동자에게는 가중치를 둬야 한다. 그런데 가중치를 얼마나 둬야 할까? 'A형 노동자의 임금이 미숙련 노동자 임금의 2배라면, A형 근로자 1명을 미숙련 근로자 2명으로 친다.'는 식으로 임금 수준을 이용한 계산은 어떨까? 잠깐만 생각해봐도 이 방법은 해결책이 될 수 없다는 것을 누구나 알 것이다. 예를 들어 텍사스 배관공은 시간당 20달러를 벌고 시카고의 배관공은 시간당 50달러를 번다면, 후자가 전자보다 2.5배의 노동을 미국의 전체 노동 공급에 기여한다고 봐야 할까?

생산시설의 연식과 노후 정도에 따라 생산한 제품의 품질이 달라지고, 이런 요소에 따라 주식자본을 조정하는 일은 간단치 않다. 하지만 노동력을 측정하는 문제는 이보다 훨씬 더 복잡하다. 이 주제를 너무 자세히 파고들 필요는 없지만, 시장경제에서 주식자본의 가치는 그것이 창출하는 이익에 따라 달라진다. 소유주에게 이익을 가져다주지 못하는 공장은 아무런 가치도 없다. 그러나 생산 투입 요소인 노동력과 주식자본을 측정하는 일은 그것들의 '상대적 풍부함'을 의미 있게 계산하기 위한 필요조건이다. 그것들을 측정하는 데 이론상으로도 실패한 것을 보면, '무역이 모두에게 이익을 가져다준다'는 가설은 교묘한 속임수에 불과하다.

이 가설이 허위라는 사실을 보여주는 사례로 '미국이 수입을 늘리면 국내 인플레이션이 감소한다.'고 주장하는 연구가 있다. 그 연구를 인용해보자. "노동력이 풍부한 국가가 성장하면 고도로 노동집약적 부문에서 수출이 가장 많이 증가하는 경향이 있다는 간단한 관찰이 우리 주장을 뒷받침한다."[27] 이 글을 이해하는 데 꼭 바보일 필요는 없지만, 바보라면 도움이 된다. 우리에게는 "노동력의 풍부함"을 측정할 방법이 없고, 어느 산업이 "고도로 노동집약적"인지 계산하는 실용적인 방법이 없다. 게다가 가짜 경제학이 말하는 무역 모형은 완전 고용을 전제하므로, 더 자유로운 무역이 국내 생산과 고용을 증진한다는 주장에는 이론적 근거도 전혀 없다. 애덤 스미스는 무역이 국가의 잉여 생산물에 대한 수요를 제공한다고 합리적으로 주장했다("잉여 분출구"[28]). 그러나 가짜 경제학자들은 이 설명을

---

27) Raphael Auer and Andreas Fischer, "The Impact of Low-Income Economies on US Inflation," Vox, 13 June 2008. Online: http://voxeu.org/index.php?q=node/1223 (accessed 16 October 2013).

28) Adam Smith, *An Inquiry into the Nature and Causes of the Wealth of Nations*, bk 5, ch. 1. Online: http://www.econlib.org/library/Smith/smWN.html (accessed 12 November 2013).

단순하다며 거부한다. 그럴 만도 하다. 만약 국내수요가 완전 고용에 도달할 만큼 충분하지 않다면, 공공지출이나 국내 투자를 늘리는 정책도 수출수요 증가만큼이나 문제를 원활히 해결할 것이다. 그런데 국가가 지탱할 수 없는 수입 규모에 시달리고, 동시에 수요 자극이 필요할 때는 예외적인 상황이 된다. 이 경우에 수요 자극은 무역 자유화와 마찬가지로 수입을 촉진함으로써 수입 규모를 늘릴 것이다.

어떤 독자는 무역이 국내 고용을 촉진한다는 주장의 더 근본적인 문제를 알아차릴 수도 있을 것이다. 미국에서 영국으로 수출하는 상품 양의 증가가 미국의 고용을 늘린다면, 대칭적으로 영국의 고용이 줄어들어야 한다. 무역이 모든 국가의 고용을 늘린다고 주장하려면, 국제무역 자체가 각국의 내수 시장에서 수요를 증가시킨다는 사실을 증명해야 한다. 이 증명이 불가능하다는 사실에서 주류 무역 이론이 완전 고용에서 시작하여 완전 고용으로 끝나고 절대로 완전 고용을 포기하지 않는 이유를 부분적으로 알 수 있다.

무역 논쟁의 배경에는 언제나 (특히 농산물의 경우) '가난한' 국가들이 '부유한' 국가의 보호 철폐로 혜택을 본다는 그린피스 식 주장이 깔렸다. 중산층의 호감을 얻으려는 이런 시도는 진정한 자유무역 신봉자가 아니라면 아무도 진지하게 받아들이지 않을 것이다. 지극히 가난한 국가들은 선진국의 농산물에 대한 보호를 철폐함으로써 이익을 볼 정도의 규모로 생산하지 못한다. 만약 미국이 보조금을 폐지하여 농업생산이 줄어든다면, 혜택을 보는 국가는 극빈 국가가 아니라 농업인구(즉, 수혜자)가 적은 중간소득 국가(예를 들어 대두를 재배하는 아르헨티나 또는 브라질)가 될 것이다.

고소득 국가와 저소득 국가 모두 생산하는 몇 안 되는 제품(모리타니의 면화가 항상 인용된다)의 경우, 미국이나 유럽연합의 생산 감소 수혜국은 아프리카 국가가 아니라 중국이 될 가능성이 크다(이집트는 예외일 수 있다). 그리고 '모리타리아인들은 유럽과 미국으로 면화를 수출하는 대신 국내에서 면제품을 생산, 가공, 사용하면서 수출 품목을 다양화하는 편이 그들 입장에서 훨씬 낫지 않을까?'라는 의문을 품을 수 있다. 여기에 모리타니인에게 수출 품목 다양화를 뒷받침할 만한 유효 수요가 없다고 반대하는 것은 이 절차가 '선순환'이 된다는 사실을 무시하는 것이다. 수출 품목 다양화는 국내 고용을 늘림으로써 고용에서 발생하는 상품 수요를 창출할 것이다.

그린피스, 옥스팸[29] 등 단체는 이 문제를 착각하고 있긴 하지만, 무역 규제 완화가 극빈국을 도울 수 있다는 믿음으로 규제 완화를 지지한다. 이런 주장을 옹호하는 사람들은 아무리 노력해도 그 근거를 찾을 수 없을 것이다.[30] 물론 가짜 경제학자들은 보통 시민의 심금을 울리며 노골적으로 빈곤층의 이익에 반하는 강대국의 무역정책을 허용하는 이런 결정에 악어의 눈물을 흘릴 것이다.[31] 케임브리지 대학 경제학자(케임브리지에 넘쳐나는 가짜 경제학자가 아닌) 장하준은 저소득 국가 국민을 위해 정부가 국제무역의 '레세페르' 원칙(더 정확히 말하자면 '내버려 두라'가 아니라 '내버려 두지 말라' 원칙 또는 구매자 위험부담 원칙)에 모든 것을 맡기지 말고 적극적인 산업정

---

29) Oxfam: 개발도상국 사람들의 삶과 공정무역 거래, 의료와 교육을 돕는 단체. 옮긴이.

30) Karl Bietel, "US Farm Subsidies and the Farm Economy: Myths, Realities, Alternatives," Food First, 23 August 2005. Online: http://www.foodfirst.org/backgrounders/subsidies (accessed 16 October 2013).

31) Paul Collier, *The Bottom Billion* (Oxford University Press, 2007).

책을 추구해야 한다고 합리적으로 주장한다.

선진국에서 자국의 농업에 지급하는 보조금이 공정하지 않다는 주장은 오히려 개발도상국은 물론이고 선진국에서도 규제되지 않은 무역이 노동계급에 미치는 파괴적인 영향을 은폐한다. 제조업 고용이 20세기의 마지막 20년 사이에 무너져버린 미국만큼 그 처참한 영향을 극명하게 보여주는 곳도 없다('자유무역과 자본 흐름이 고용을 창출한다[하지만 미국은 예외다]' 글 상자 참조). 21세기 들어 미국 제조업 근로자의 시간당 실질임금은 1980년대보다 더 하락했다. 이는 아메리칸 드림이 절대 허풍이 아니었던 전후 수십 년 동안에는 상상할 수 없었던 현상이다. 가짜 경제학 무역 이론이 올바르게 파악한(그렇게 생각한 이유는 틀렸지만) 몇 안 되는 사항 중 하나는 더 자유로운 국제무역이 고소득 국가의 실질임금을 감소시킨다는 예측이다. 이 결론은 경쟁을 통해 전 세계적으로 임금상승률과 이익증가율이 같아지는 이른바 '생산요소 가격 균등화'에서 나온다. 현실이 형편없는 이론을 모방한 사례가 바로 이것이다.

자유무역 옹호자들은 또한 중간소득 국가와 저소득 국가의 역산업화를 정당화한다. 부유한 국가의 무역업자들은 개발도상국이 상호무역 자유화에 동의하게 하는 데 절대 실패하지 않는다. 그 결과, 장하준이 『사다리 걷어차기』(2002)에서 보여준 것처럼 개발도상국의 국내 제조업이 파괴되고 농산물 수출도 거의 늘어나지 않는다. 아울러 '자유무역의 이점'은 미국 근로자에게도 오히려 실질임금과 더불어 명목임금의 하락을 불러올 것이다. 이에 관한 미국 일간지 『뉴욕타임스』(The New York Times) 기사를 인용해보자.

자유무역과 자본 흐름이 고용을 창출한다(하지만 미국은 예외다)*

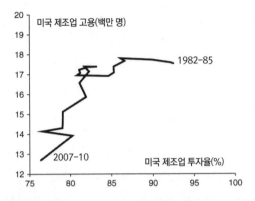

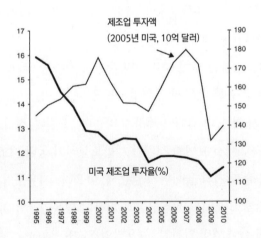

* Economic Report of the President (2013), annex tables B 18, B 19, B 46, B 105.

국외 투자는 영국의 고용을 창출할 수 있다(마이너스만 떼어버린다면)

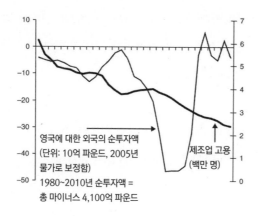

영국에 대한 외국의 순투자액
(단위: 10억 파운드, 2005년
물가로 보정함)
1980~2010년 순투자액 =
총 마이너스 4,100억 파운드

제조업 고용
(백만 명)

1980년대 전반 미국의 제조업 부문은 약 1,800만 명을 고용했다. 미국 회사들의 제조업 투자액의 약 7%가 국외로 빠져나갔다. 2000년대 후반 무렵 고용인구는 1,300만 명 미만으로 줄었고, 매년 투자액의 4분의 1이 국외로 빠져나갔다.

국외에 투자하면, 특히 전체 투자율이 정체된 경우에 일자리가 해외에서 창출된다(두 번째 그래프 참조).

'세계화'가 진행되었던 1990년대와 2000년대에 인플레이션의 영향을 감안하면 제조업 투자액은 거의 변화하지 않았다(1995~1999년 1,550억 달러, 2000~2004년 1,580억 달러, 2005~2010년 1,590억 달러). 미국의 총 투자액 중 국내 제조업 투자 비율은 1995년 16%에서 2010년 생활 수준으로 감소했다. 2008~2010년의 불황기를 제외하더라도 그다지 훌륭한 실적은 아니고, 새 일자리를 창출하는 데에도 충분하지 않다.

미국 제조업 고용이 1,800만 명 이상에서 1,300만 명으로 줄어드는 사이에 영국도 1980년 500만 명에서 2010년 200만 명으로 줄어들었다. 30년 집권한 신자유주의 정부(영국 보수당과 노동당)는 외국 자본의 투자를 유치하여 고용을 창출할 것을 약속했다. 그럴 수도 있었겠지만, 현실에서는 30년 사이에 영국에 대한 외국의 투자액이 4,100억 파운드 적자가 났다.

(제너럴 일렉트릭[General Electric]은) 냉장고 일부와 온수기의 생산 공정을 국내로 이전하기 위해 노동인력을 늘리고 있다. 그러나 신규 직원 임금은 기존 시간제 인력의 시급보다 10~15달러 낮고, 게다가 이 격차가 가까운 미래에 줄어들 가능성이 없다는 조건이 달렸다. 노동조합의 승인까지 받은 이런 식의 계약은 자동차 산업, 제철회사, 타이어 회사, 농기구와 기타 중장비 제조업에서도 나타나고 있다.[32]

그나마 운이 좋아서 일자리를 구한 사람에게는 추락한 임금, 악화한 근로 조건, 축소된 복지 혜택이 기다리고 있다. 걱정할 필요는 없다. "미국 소비자는 오랫동안 값싼 수입 재화를 마음껏 누렸다."[33] 이것이 형편없는 일자리에서 형편없는 봉급을 받는 생활을 상쇄해준다. 값싼 재화로 포식하고, 그 대가로 실업을 보상받는다.

자유무역주의자들의 압제에 맞서는 대안은 존재한다. 그것은 바로 소득 상위 1%가 아니라 다수에게 이익을 주는 경제정책이다. 마지막 장에서 이 대안에 관해 상술하겠다.

32) Louis Uchitelle, "Factory Jobs Gain, but Wages Retreat," New York Times, 29 December 2011. Online: http://www.nytimes.com/2011/12/30/business (accessed 16 October 2013).

33) Jon Hilsenrath, Laurie Burkitt and Elizabeth Holmes, "Change in China Hits U.S. Purse," Wall Street Journal, 21 June 2011.

더 읽을거리

놀라울 정도로 얄팍한 자유무역 옹호론

Shil1978, "Protectionism or Free Trade: Which Benefits Humanity as a Whole?" Shil1978 (blog), 29 November 2011. Online: http://shil1978.hubpages.com/hub/Protectionism-or-Free-Trade--which-benefits-humanity-as-a-whole (accessed 16 October 2013).

세계무역기구(World Trade Organization, WTO)에 관한 균형잡힌 설명

Anup Shah, "The WTO and Free Trade," *Global Issues*, 2 July 2007. Online: http://www.globalissues.org/article/42/the-wto-and-free-trade (accessed 16 October 2013).

무역의 진짜경제학

Ha-Joon Chang, *Bad Samaritans: The Myth of Free Trade and the Secret History of Capitalism* (London: Bloomsbury, 2008). 『나쁜 사마리아인들』, 부키(2007).

Ha-Joon Chang, *Kicking Away the Ladder: Development Strategy in Historical Perspective* (London: Anthem Press, 2002). 『사다리 걷어차기』, 부키(2004).

Robert Blecker, ed., *US Trade Policy and Global Growth: New Directions in the International Economy* (New York: M. E. Sharpe, 1996).

무역과 제조업에 관한 장-바그와티 토론

"The Economist.com Debate: Manufacturing," *Economist*, 28 June– July 2011. Online: http://www.columbia.edu/~jb38/papers/pdf/The_Economist_com_Debate_Manufacturing.pdf (accessed 16 October 2013).

6장

정부에 관한 거짓말

정부는 세금으로 거둬들인 돈을 제대로 관리하지 못하기로 악명 높다. 공평하게 말하자면, 정부의 돈 관리에는 무능력, 부패, 거금 관리의 복잡함, 다양하고 난해한 당면 과제 등 장애물이 많다. 결국 정부는 늘 더 많은 돈이 필요하다. 세금을 아무리 많이 걷어도 충분하지 않을 수밖에 없다.[1]

－로널드 소콜

(소득과 부의) 편중 정도는 오랫동안 비교적 고정된 비율로 조금씩 유동했다. 그러나 지난 20~30년 동안 편중 현상이 현저하게 심해져, 자본주의자들은 밀물이 들어오면 모든 배가 함께 떠오른다고 주장하기가 어려워졌다. (…) 하지만 모든 문제점에도 불구하고, 보모국가가 가장 낫다는 주장은 여전히 옳지 않다.[2]

－새뮤얼 브리턴

정부는 부담만 준다

가짜 경제학 강령의 핵심은 모든 규모의 정부가 본래 비효율적이고 악의적이라는 것이다. 가짜 경제학의 계율은 민간 경제활동 규제가 비효율성을 초래한다는 확신에서 출발한다. 이 비효율성은 자유 시장이 조성하는

---

1) Ronald Sokol, International Herald Tribune, 28 December 2012, 6.

2) Samuel Brittan, Financial Times, 21 December 2012, 11.

만인의 행복에 반하여 행동하는 '특수 이익집단'의 악영향이고, 민주주의 사회에서 집단행동으로 공동 목표를 달성하려는 시민활동은 기껏해야 다수의 독재로 작용하고, 최악의 경우에는 '노예의 길'[3]을 내게 된다는 것이다.

가짜 경제학은 조세가 정직한 시민의 생계 유지에 부담된다는 반동적 메시지를 옹호한다. 형식주의, 관료주의, 규제가 결합하여 그 부담을 견딜 수 없는 개념으로 만들었다. 아니면 로널드 레이건(또는 그의 연설문 대필자)이 너무도 똑똑하고 노골적으로 말했듯이, "정부는 한쪽 끝에서는 식욕이 왕성하지만, 다른 쪽 끝에서는 책임을 전혀 지지 않는 소화관, 즉 아기와 같다."[4] 또는 미국 국회의원들에게 조세 삭감을 유도하고자 「납세자 보호 서약(Taxpayers Protection Pledge)」을 쓴 그로버 노퀴스트가 한 유명한 말처럼 "나는 정부를 폐지하자는 주장에 동의하지 않는다. 단지 정부를 욕조에서 익사시킬 수 있을 정도로 크기를 줄이고 싶다." 노퀴스트는 또한 다른 누구도 아닌 시어도어 루스벨트 대통령 때부터 미국이 사회주의를 향해 추락하기 시작했다는 의견을 밝혔다(시어도어 루스벨트와 프랭클린 델러노 루스벨트를 혼동한 것은 아닐까?).

미국 국회나 영국 하원 의회에 기저귀를 채우고, 몸집을 줄인 국방부가 들어갈 만한 욕조를 찾으려면 현실적으로 문제가 발생한다. 이런 은유적 어려움을 염두에 둔다면, 정부는 어떤 의미에서 부담이며, 누구에게 부담이 되는가? 5장에서 사람들이 시민이 아닌 '소비자'라는 주장을 살펴보

---

3) 공공부문을 비판한 프리드리히 하이에크(Friedrich Hayek)의 논저 제목이다.(1944년작)

4) Ronald Reagan, quoted in New York Times Magazine, 14 November 1965, 174.

았는데, '부담을 주는 정부'라는 개념은 소비자 개념과 일맥상통한다. 이 관점을 간결하게 요약하면 다음과 같다. 억압된 소비자는 시장에서 소비할 자유를 축소하는 세금 부담을 진 '납세자'고, 이는 인간의 자유에 대한 중대한 위협이다. 또는 밀턴 프리드먼이 '자유 시장, 자유로운 인간'이라는 제목의 강연에서 말했듯이, "모든 거래를 자발적으로 하는 자유 시장이 필요하다. 그것이 인간 자유의 정수(精髓)다."[5]

20세기 말에는 정부를 '세금'이라는 형태로 발현된 부담으로 간주하는 것이 시의적이면서도 통쾌한 발상처럼 보였다. 정부가 부담을 준다는 주장은 강박적인 고정관념이다. 언론은 이 개념을 터무니없는 방식으로 이용한다. 예를 들어 런던 일간지 『이브닝 스탠더드(Evening Standard)』는 런던과 버밍엄을 잇는 고속철도 건설비용을 '납세자에게 부담하게 하는'[6] 정책의 타당성에 몇 명의 전문가가 의문을 제기했다고 보고했다.

고속철도 건설에 반대할 이유는 많겠지만, 납세자에게 부담을 준다는 이유는 타당하지 않다. 철도사업에 수익성이 있다면(어느 정도 수익이 있으리라는 데 이견이 없었다), 자금을 충당하기 위해 받은 대출의 이자와 원금을 갚을 수입을 창출할 것이다. 이 경우에 세금은 부담이 되는 것이 아니라 수입을 창출하여 세금이 줄어들거나 배당금이 늘어난다(이념 성향에 따라 둘 중 하나를 택할 것이다) 공공부문이든 민간부문이든 수익성이 없는 사업은 진행

5) Quoted in Sanjeev Sabhlok, "Free Markets and Free Men," India I Dare You to Be Rich! (blog), 16 December 2010. Online: http://sabhlokcity.com/2010/12/free-marketsand-free-men-by-milton-friedman (accessed 16 October 2013).

6) Joe Murphy, "High Speed Train Tunnel in London," Evening Standard, 10 January 2012. Online: http://www.standard.co.uk/news/high-speed-train-tunnel-in-london-7306003.html (accessed 14 November 2013).

하지 말아야 한다.

공공부문 투자에 관한 모든 논란에는 정부가 져야 하는 부담과 정부의 본질적 기능에 관한 주장이 포함된다. '철의 여인' 대처 이전 영국에서는 국가가 공항, 전화, 전기, 도시가스, 물 등 공공시설을 소유했다. 일부 시민, 아니 어쩌면 다수 시민이 공공시설을 민간으로 넘기기를 바라겠지만, 이것은 민영화가 정부의 부담을 덜어주기 때문이 아니다. 이 공공기관들은 소득을 창출해서 오히려 국민의 세금 부담을 줄여주던 수익성 높은 기관들이었다.

정부는 대부분 재원을 '투자'가 아니라 '경상활동'에 지출한다. 임금과 봉급이 '경상지출'의 큰 비중을 차지한다. 가짜 경제학자들은 이런 형태의 지출을 위해 내는 세금은 우리에게 부담이 되므로 최소화해야 한다고 강변한다. 9장에서 다루는 '긴축 도그마'는 미국과 서유럽에서 정부를 최소화하자는 주장을 성공적으로 유포했다. 그래서 금액과 관계없이 모든 종류의 세금이 비난받는다.

미국 연방정부는 선진국 중 오스트레일리아를 제외하고 국민소득의 가장 작은 비율을 지출한다. 이는 다른 22개국 평균보다 11% 낮은 수준이다('정부의 부담' 글 상자 참조). 미국은 국민소득 중 공공부문 사회복지지출 비중이 23개국 중 하위 3분의 1에 속한다. '큰 정부의 부담'을 피해야 한다며 모든 예산을 삭감하려는 공화당 정치인들의 열정이 빚어낸 결과다.

긴축 도그마는 영국 보수당의 중요한 요소이므로 반대 정당인 노동당은 다르리라고 생각할지도 모른다. 더 인간적인 사회를 만들기 위해 헌신하는 정당 지도자라면 긴축 도그마를 옹호할 수 없다. 게다가 근로자 소득 하락과 10%에 가까운 실업률 때문에 영국 국민은 점점 더 공공수당에 의지할 수밖에 없는 상황이다. 하지만 2012년 노동당 지도부는 경제적·정치적 모든 논리를 거부하고 정당을 긴축 쪽으로 몰아갔다. 2010~2011년 보수당과 자유민주당 연립정부의 가혹한 사회복지지출 감축을 언급하면서 노동당 대표 에드 밀리밴드는 빈곤층과 약자를 배려하는 척했지만, 지극히 소극적인 태도를 보였다. "우리는 돈이 어디서 생길지 확실히 알지 못하는 상태에서 (사회복지예산) 삭감을 무효로 하겠다고 약속하지 않겠습니다."[7]

이것은 정부를 욕조에서 익사시키겠다고 위협한 것은 아니었지만, 결국 같은 맥락의 행보였다(경제학을 전혀 모르는 듯한 '돈이 어디서 생길지'와 같은 표현을 봐도 그렇다). 그렇게 노동당 대표는 예전에 데이비드 캐머런 총리와 거의 모든 반동주의 정치인이 미국과 영국에 세운 깃발들 옆에 '재정적 책임'의 깃발을 나란히 세웠다. 전 노동당 부대표 해리엇 하먼은 무책임한 상식을 옹호하며 한몫 거들었다. "우리는 긴축을 완화하자는 주장을 수용하지 않습니다. 우리는 긴축 완화에 전적으로 반대하며, 거기에 맞서 싸우고 있습니다."[8] 하먼이 왜 대표가 되지 못했는지 알 만하다.

하먼 식의 '상식'을 조금만 들여다봐도 '정부의 부담'을 전면에 내세우는 이념이 빤히 드러난다. 매우 드문 예외(석유가 풍부한 노르웨이가 유일하다)를 제외하면 고소득 국가는 재정 지출을 대부분 시민과 기업의 세금으

---

7) "Ed Miliband Hits Back at Len McCluskey's Criticism of Labour," Telegraph, 17 January 2012. Online: http://www.telegraph.co.uk/news/politics/ed-miliband/9020108/Ed-Miliband-hits-back-at-Len-McCluskeys-criticism-of-Labour.html (accessed 14 November 2013).

8) "Ed Miliband Returns Unite Union Leader's Fire," Guardian, 17 January 2012. Online: http://www.theguardian.com/politics/2012/jan/17/labourspending-cuts-harman (accessed 14 November 2013).

정부의 부담: 미국의 부담은 낮다

고소득 23개국의 총 공공수입과 사회복지지출(GDP의 백분율)

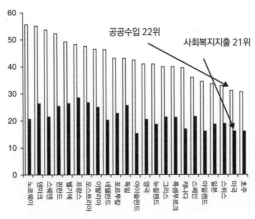

출처: 경제협력개발기구(OECD).

정부의 모든 단위를 통틀어 세금을 가장 적게 내는 나라에서 살고자 한다면, 미국이나 오스트레일리아로 가면 된다(2000년대 말 미국 31%, 오스트레일리아 30.5%로 비슷하지만 오스트레일리아가 약간 더 낮다). 사회복지지출을 혐오한다면 복지지출이 국내총생산(GDP)의 약 15~16%인 미국, 오스트레일리아, 아이슬란드 중에서 고르면 된다.

영국은 공공수입과 사회복지지출 두 분야에서 23개국의 중간에 위치한다 (13위). 유럽에서 소득 수준이 높고 비교적 면적이 넓은 국가로는 유일하게 스페인이 영국보다 공공수입이 더 적고 사회복지지출이 약간 더 많다.

로 충당한다. 세금으로 충당하는 지출은 대개 1) 군사와 치안, 2) 사회복지의 두 분야로 나뉜다. 2010년 미국 연방정부 예산에서 이 두 분야는 각각 총지출의 21%와 40%를 차지했고, 나머지는 공공부채 이자(6%)를 포함한 잡다한 지출이었다.

공공부문이 국방 분야에서 당연히 중요한 역할을 한다는 사실을 부인할 사람은 어쩌면 티 파티 운동가, 별로 존경스럽지 않은 런던 애덤 스미스 연구소의 '자유 지상주의자', 애덤 스미스 연구소와 이념적으로 사촌뻘인 워싱턴 카토 연구소 사람들을 제외하면 거의 없다. 애덤 스미스 연구소는 스코틀랜드 계몽주의 선구자의 이름을, 카토 연구소는 고대 로마의 귀족이며 토지개혁을 열렬히 반대한 마르쿠스 포르키우스 카토 우티켄시스의 이름을 붙였다. 억만장자의 권리를 수호하는 이들은 연방정부, 주 정부, 지방 정부의 모든 기관을 기꺼이 익사시킬 것이다. 두 번째 범주인 사회복지지출은 교육비, 연금, 건강보험이다. 세금을 걷어 연금과 교육비로 지출하는 것이 납세자에게 부담이 되는 일일까? 이제부터 이 질문에 대해 알아보자.

사회복지지출(사회주의적 지출)에 돈 낭비하기

공공지출에 대한 공격의 배경에는 '소비자-납세자' 개념과 관련된 '공공기관의 감당 능력에 대한 오류'가 도사리고 있다. 이 오류는 특히 미국, 영국, 유럽 대륙의 적자 감소에 관한 논쟁에서 큰 역할을 한다. 예를 들어 더 많은 사람에게 대학교육을 제공하면 공공부문이 그 비용을 감당할 수 없다는 주장에 그런 오류가 드러난다. 그런 주장에 따르면 막대한 교육비는 대학교육을 받는 데 장애가 되는 것이 아니라, 더 다양한 계층의 사람들이 대학교육을 받을 수 있게 하는 수단으로 작용한다('영국의 대학 개혁' 글 상자 참조).

자세히 서술하면 다음과 같다. 정부는 많은 사람이 대학교육을 받는 데 드는 비용을 모두 감당할 수 없으므로 부담하는 비율을 필요에 따라(소득이나 '평균'을 기준으로) 분배해야 한다. 우파는 같은 주장을 사회복지지출의 모든 영역에 적용한다. 즉, 인구가 고령화하면서 공공부문은 최소한의 안전망 수준의 연금보다 더 큰 비용을 감당할 수 없고('연금 개혁: 겸허한 제안' 글 상자 참조), 노인 인구에 필요한 모든 의약품과 의료비를 감당할 수 없다는 등의 주장이다.

조금만 진지하게 생각해보면 이 '감당 능력' 주장은 현실적인 대안이 아니라 반동적인 도그마에 불과하다는 사실을 알 수 있다. 대학교육 예산 문제를 살펴보자. 초등교육에 필요한 비용을 각각의 가계가 지급해야 한다고 주장할 사람은 이제 없다. 하지만 그렇게 주장하는 반동주의자가 미국에서 늘어나고 있음을 지적할 필요가 있다. '자유의 미래 재단(Future of Freedom Foundation)' 홈페이지에는 이렇게 적혀 있다.

무료 의무교육이 「공산주의 선언」의 10대 강령에 속하고, 공교육이 소련, 중국, 쿠바의 주된 특징이라는 사실을 말하면 미국인들은 언제나 충격을 받곤 한다. 하지만 전에 몰랐던 이런 사실을 알고 나서도 미국인들은 계속해서 위에 언급한 국가들의 공교육은 사회주의적이지만, 미국의 공교

육은 자유기업 체계에 속한다고 믿는다.[9]

내가 4~6학년을 다닌 텍사스 오스틴 울리지 초등학교의 설립 이념이 비록 레닌의 주장과 같다고 해도 전 세계 많은 사람이 어린이에게 교육받을 권리가 있다는 신념을 버리지 않는다. 이런 책임감은 교육받은 교양 있는 대중이 민주주의 사회에 필수적이라는 계몽주의적인 신념에서 나온다. 공공부문이 소득이나 지위와 상관없이 모든 어린이에게 초등교육을 제공할 것을 결정하게 하는 것은 국가의 재정 상태가 아니라 바로 이런 신념이다. 부유한 사람은 자기 자녀를 위해 값비싼 사교육을 선택해도 좋지만, 다른 어린이들에게 공교육을 제공하는 데 필요한 세금은 내야 한다.

공공부문의 중등교육 제공에 대해서도 광범위한 사회적 합의가 이루어졌지만, 제공하는 햇수는 국가마다 다르다(영국은 의무교육 연한이 다른 선진국들보다 짧다). 우파에 속하는 극소수 사람만이 모든 청소년을 위한 초·중등교육비용을 정부가 감당해서는 안 된다고 주장할 것이다. 게다가 현실적으로 많은 정치인이 교육부문 지출을 최소화하려고 애쓰고, 그에 따라 교육의 질이 하락하는 현상을 확인할 수 있다. 초·중등 공교육을 폐지해야 한다고 공개적으로 표명할 정치인은 미국에도 거의 없다. 텍사스 주지사 릭 페리는 공교육을 (얼마간) 지지하면서 공교육 예산만 줄이는 효과적 방법을 찾아냈다. 그 방법은 공교육을 '필수 긴축정책'의 대상으로 삼는 것이었다. "올해 150억 달러의 재정 적자에 직면한 텍사스 주지사

---

9) Jacob G. Hornberger, "Letting Go of Socialism," Future of Freedom Foundation, 1 September 1990. Online: http://fff.org/explore-freedom/article/lettingsocialism/ (accessed 14 November 2013).

릭 페리는 2012년과 2013년 교육예산의 40억 달러 삭감을 승인했다. 텍사스 주 교사 협의회는 예산 삭감으로 49,000명의 교사가 일자리를 잃고 43,000명의 대학생이 정부 장학금의 일부 또는 전부를 잃을 것으로 추정했다."[10]

그렇다면 대학교육은 어떨까? 공공부문은 대학교육을 지원하는 적정선을 어떻게 결정하고 어느 수준까지 부담해야 할까? 이 문제에 대한 합의는 없다. 사람들에게 고등교육을 받을 권리가 없다고 생각하는 이들은 그런 극단적 입장을 표명하는 대신에 '감당 능력'이라는 가면을 쓴다. "저도 우리가 모든 젊은이에게 대학교육을 제공할 수 있기를 바라지만, 그 비용을 감당할 수가 없습니다. 어쨌든 대학교육을 받고 나면 개인적으로 이익을 보니까, 각자가 비용을 부담해야 합니다. 정부가 할 수 있는 것은 빈곤층을 돕는 정도일 뿐입니다. 만약 당신이 가난해도 똑똑하면 장학금을 받으면 되겠지요."

우리는 이런 주장이 흔히 '기회의 평등'이라는 이름으로 유포되는 현상을 목격한다. 하지만 결과적으로 말과는 정반대되는 현상이 나타날 뿐이다. 부자는 바보라도 학위를 받을 수 있지만, 빈자는 '똑똑해야 한다'는 자격이 필요하다. 이런 식의 접근은 하버드 대학에 바보 부자들이 왜 그렇게 많고, 아칸소의 산간벽지나 뉴욕의 흑인 빈민가에서 온 바보 학생은 왜 상대적으로 적은지를 설명해준다. 이 부조리한 원칙은 초등교육과 중

10) Tanya Somanader, "Rick Perry's Budget Cuts Will Leave 49,000 Teachers without a Job and 43,000 College Students without Financial Aid," Think Progress, 29 September 2011. Online: http://thinkprogress.org/economy/2011/09/29/332152/perry-budget-cuts-teacher-financial-aid/ (accessed 14 November 2013).

등교육에도 똑같이 적용된다('영국의 생활 수준' 글 상자 참조). 대학교육 감당 능력을 거론하는 주장의 핵심은 다음과 같다. "사람들은 대학교육을 받을 권리가 없다. 대학교육을 원하는 사람은 스스로 비용을 내야 한다. 만약 당신이 가난하고 똑똑하다면 대학에 갈 수도 있다. 만약 당신이 부유하고 바보라면 무조건 대학에 갈 수 있다."

원하는 사람은 대학교육을 받을 권리가 있다고 사회적으로 합의한 국가도 있다(프랑스, 독일, 네덜란드, 북유럽 국가 등). 어떤 국가에서든 공공지출을 줄이고 공공요금을 올린다고 해서 사회가 돈을 아낄 수 있는 것은 아니다. 두 가지 효과가 나타난다. 1) 고소득층 입장에서는 공공부문이 맡았던 지출을 가계에서 지출해야 한다. 2) 저소득층은 대학교육을 받을 가능성이 작아진다. 공공자금을 아낀다는 것은 도로에 움푹 팬 곳을 보수하지 않으면 고속도로 건설 예산 자체가 줄어드는 것이나 마찬가지다.

감당 능력의 오류는 연금과 보건 분야에 적용할 때 가장 치명적인 형태로 나타난다. 모든 문명사회에서 어린이는 교육받을 권리가 있고, 노인은 품위 있게 여생을 보낼 권리가 있다. 노인의 품위 있는 삶에 대한 합의에 비춰보면 '감당 능력'을 적용한 주장은 끔찍하다. 그런데 국가의 경제 발전과 생산자원을 고려할 때, 사회는 특정 연령 이상의 모든 국민에게 어떤 수준의 품위 있는 삶을 제공할 수 있고 제공해야 할까? 일단 그 수준을 정하고 나면, 다음 단계는 사회가 그것을 제공할 제도를 마련하는 것이다. 공공부문에서 연금을 제공할 때 자원비용이 가장 적다(즉, 돈을 아낄 수 있다)는 사실을 뒷받침하는 경험적 증거는 많이 있다. 민간보험과 달리 공공부문은 위험보험료를 청구할 필요가 없다. 사회적 합의와 경제성장의 상호 관계가 연금제도를 유지하는 세입을 보장한다.

연금 개혁: 겸허한 제안

1935년 8월 14일 프랭클린 D. 루스벨트 대통령이 사회보장법을 승인했고 미국은 사회주의를 향해 추락한다.

여러분은 인류가 직면한, 세계 경제침체나 기후 변화와는 비교도 되지 않는 대재앙을 이미 알아차렸을 것이다. 인간은 늙는다. 노화 현상은 여러분이 지금 이 글을 읽는 동안에도 진행되고 있다.

진보주의자는 사람들이 나이 드는 현상을 우호적으로 바라보므로, 그들의 복지정책은 노인의 수를 늘린다. 노년층의 문제는 노년층을 부양하는 데 돈이 든다는 것과 전부는 아니더라도 많은 고령 인구가 일하지 않는다는 사실을 누구나 알 수 있다.

미국 기업연구소(American Enterprise Institute)는 다가오는 위험을 인지했다. "(미국) 정부의 세 가지 주요 '권리 제도'인 사회보장제도(Social Security), 국가 의료보험제도(Medicare), 저소득층 의료보호제도(Medicaid)를 통한 지출은 앞으로 수십 년간 현저히 증가할 것으로 추정된다. 이 문제를 짚고 넘어가지 않는다면 증가하는 비용은 정부 예산과 '미국 경제를 위험에 빠뜨릴' 것이다."*

'권리'라는 단어는 특히 연금을 가리키는 데 적절하다. 문명사회의 시민은 나이들 '권리'가 있다고 이기적으로 생각한다. 이런 망상의 출처는 국가 연금('보모국가', '복지국가', '경찰국가'라고 할 때의 '국가' 연금)을 도입한 19세기 프로이센

---

* Andrew G. Biggs, "Entitlements: Not Just a Health Care Problem," American Enterprise Institute, 8 August 2008 (emphasis added). Online: http://www.aei.org/outlook/28443 (accessed 16 October 2013).

미국 가정의 사회보장 확대

"수정된 사회보장법은 이제 은퇴 연령이 가까워진 사람들에게
가치가 더 큰 노령 연금을 제공합니다.
더 많은 정보를 원하시면 가장 가까운 사회보장국 현장사무소에
편지를 보내거나 전화하십시오."
3억 1천만 명에게 제공되는 미국 사회보장연금의 허위 복지수혜
자 중 1명.

의 총리 오토 폰 비스마르크까지 거슬러 올라갈 수 있다(그는 카를 마르크스와 아
돌프 히틀러처럼 독일인이었다). 그 불길한 선례는 미국에까지 영향을 미쳤다.
1935년 미국의 레닌이라 할 수 있는 프랭클린 D. 루스벨트는 65세 이상의 모든
사람이 사회에 기생하여 놀고먹을 수 있게 하는 사회보장법을 강제로 시행했다.
이 은퇴법의 유일하게 온건했던 요소는 남성과 여성의 기대 수명(각각 60세와 64
세)이 은퇴 연령 65세보다 낮다는 사실이었다. 이는 영국에 노령연금이 도입될
당시에도 마찬가지였다.

대부분 사람이 죽는 나이부터 연금을 제공하는 것은 실용적인 정책일지 모르나
공산주의적이었다. 현재의 기대 수명으로 비춰보면, 미국이나 영국 국민은 후하
고 풍성한 국가 연금을 받으며 남성은 10년, 여성은 15년 동안이나 놀고먹으며 살
수 있다! 이 게으른 노인들이 연금을 받는 대가로 과거에 세금을 냈다고 주장하는
사람들은 정부가 게으름을 용인함으로써 자본주의 가치에 미친 악영향을 깨닫지
못했다. 와이오밍 주 전 상원의원 앨런 심프슨은 "사회보장제도는 3억 1천만 개
의 젖꼭지가 달린 암소"*라고 했다.

미국과 영국에서는 국가 연금 덕분에 65세 이상 인구의 40%가 가난하지 않게 살
아간다. 무엇이 문제인지 확연히 보인다. 공공연금은 악순환이다. 늙으면 자동으
로 연금을 받는다. 그래서 사람들은 아무런 생산적 목적 없이 계속해서 나이만
먹어도 된다. 문제는 연금제도가 사람들이 오래 살기를 장려한다는 것이다.

---

* Ezra Ritchin, "An Interview with Sen. Alan Simpson," The Politic, 2 January 2013. Online:
http://thepolitic.org/take-part-or-get-taken-apart-an-interview-with-senalan-simpson
(accessed 14 November 2013).

더욱 자명한 것은 보건의료비용을 '감당할 능력이 없다'는 주장의 오류다. 미국 사회에서는 지독한 자본 권력이 모든 국민에게 건강하게 살아갈 권리가 있다는 합의를 무효로 하려고 한다. 프랭클린 D. 루스벨트는 1944년 1월 연설에서 제2 권리장전에 보건의료를 포함했다. 모든 미국인은 '적절한 진료를 받을 권리와 건강해지고 건강을 누릴 권리'[11]가 있었다. 다른 모든 고소득 국가도 이 원리를 실천한다. 교육, 연금과 마찬가지로 일단 공공보건의료를 수용하고 나면, 재정적 감당 능력이나 적용 범위는 관건이 되지 않는다(모든 사람이 적용받는다). 문제는 사회가 보건의료를 제공할 의무의 범위를 결정하는 것으로, 그 의무는 재정적 '감당 능력'이 아니라 국부(國富)의 영향을 받는다.

재정적인 감당 능력을 들먹이는 주장은 반사회적이고 반민주적인 오류를 불러온다. 그것을 주장하는 사람들은 진정한 의미의 '사회'라는 것도 존재하지 않고, 사람들도 동족인 다른 사람에 대해 사회적 품위를 위해 강제로 지켜야 하는 최소한의 예의 외에는 아무 의무도 없다고 주장한다(마거릿 대처가 그랬다). 감당 능력의 오류를 유포하는 자들은 사람들이 사회적 품위를 뚜렷하게 의식하지 못하게 하려고 애쓴다. 사람들은 시장화된 자연 상태에서 각자 알아서 살아남아야 하는 고립된 개인, 세금을 내는 소비자의 느슨한 집단의 일원으로 존재한다. 여기서 다시 홉스를 인용하자면, 사회 계약이 없는 자연 상태에서 삶은 "고독하고 가난하고 고약하고 야만적이고 짧다". 이는 현재 상위 1%가 나머지 99%를 위해 준비해둔 삶이다.

---

11) Franklin D. Roosevelt, State of the Union address, 11 January 1944.

영국의 대학 개혁: 가격 대 성능 비*

정부의 대학 지원금 삭감과 등록금 3배 인상은 2010년 5월 영국 연립정부가 성립되고 나서 영국 대학교육을 미국처럼 민영화하려는 노력이 빚어낸 여러 결과 중 하나였다. 연립정부에 속한 자유민주당은 2010년 선거전 공약으로 대학 등록금 인상에 반대하는 입장을 밝혔던 전력이 있기에, 반대파는 그들을 '위선자'라고 비판했다.

극단주의자들은 현학적인 허위 논리를 사용해서 그들을 '거짓말쟁이'라고 불렀다. 정당 대표들은 공약을 발표하고 나서 한참 뒤에 정권을 잡았을 때 상황이 나빠졌다는 주장으로 자신의 모순적인 행동을 변호했다. 반대파는 어려운 시기에 공약을 지키는 것이야말로 도덕성에 대한 시험이라고 주장했다.

대학 개혁에 비판적인 사람들은 교육에 들인 돈이 개인의 경제력을 키우는 '투자'라는 사실을 깨닫지 못했다. 그들은 부모가 선견지명이 없어서 학비를 대지 않은 학생들의 학비를 정부가 대신 내주는 것은 그들의 경쟁력과 성공 의지를 약화하는 나태하고 타락한 사회주의라고 주장했다.

회수율이 가장 높은 공교육 투자는 유년기 교육이라는 연구 결과는 이미 상식으로 자리 잡았다. 회수율이 그토록 높은 유년기 교육에 대한 투자를 가정이 아니라 정부가 하고 있다는 사실은 충격적이다. 국민이 대학교육을 통해 경제적 이익을 얻으므로 학비를 스스로 부담해야 한다면, 초등교육은 왜 그렇게 하지 않을까? 분명히 이런 이유로 미국 유치원은 납세자들의 세금으로 운영되는 일이 드물고, 영국도 마찬가지다. 대학교육을 시

---

* Leslie J. Calman and Linda Tarr-Whelan, Early Childhood Education for All: A Wise Investment (New York: Legal Momentum, 2004). Online: http://web.mit.edu/workplacecenter/docs/Full%20Report.pdf (accessed 16 October 2013).

장에 맡겨야 한다고 주장하는 사람들은 그 신념을 밀고 나가, 모든 단계의 교육에 대한 공적 자금 지원을 철폐해서 교육 사회주의를 종식해야 한다고 강변한다. 그렇게 한다면 너무도 극적인 변화가 일어날 것이므로 장기적 혜택을 다 가늠할 수도 없다는 것이다. 가장 자명한 혜택은 초등·중등교육 분야에서 민간부문을 제외한 사회주의 공립학교의 독점을 끝장내는 것이다. 영국에서 사립학교에 다니는 학생 비율은 7%로 충격적으로 낮다(미국에서는 더 낮다).

반경쟁적인 사회주의 부문을 제거하면 민간부문 비율이 즉시 100%로 올라갈 것이다. 좌파는 각 가정이 실질 교육비를 모두 부담하게 된다면 재학생 비율이 낮아지리라고 주장할 것이다. 그것이 나쁜 결과일까? 이는 단지 대부분 소비자가 교육 대신에 다른 상품(흔히 식량이나 월세)을 사는 쪽을 택한다는 사실을 뜻할 뿐이다. 실제로 1945~1951년 노동당 정부 이전에는 사람들이 대학교육 대신 다른 상품을 선택하는 경우가 많았다. 대영제국이 강력하고 위대했던 시대에 어떤 형태로든 학교에 다니는 사람은 소수였다. 교육 문제는 근본적으로 연금 문제와 같다. 국가 연금은 국민이 나이 들 권리가 있다는 '환상'에 빠졌기에 존재한다. 공교육은 국민이 무식하지 않을 권리가 있다는, 역시 반자본주의적인 '환상'에 빠졌기에 존재한다. 첫 번째 환상은 공공예산에 대한 심각한 위협이지만, 두 번째 환상은 영국 연립정부와 미국 공화당이 옹호하는 사회 질서의 근간에 타격을 가한다.

출처: 여성인권단체 리걸 모멘텀(Legal Momentum)과 MIT 근로자 연구소(MIT Workplace Center).

시장과 정부

내 생각에 현명하게 운영된 자본주의 체제는 여태껏 세상에 출현했던 어떤 경제 체제보다도
경제적 목적을 달성하는 데 효율적으로 이용될 수 있지만,
그것 자체로는 다방면에서 맹렬히 반대할 만한 체제다.[12]
—J. M. 케인스

'부담스러운 정부' 이념의 핵심은 인간 존재를 근본적으로, 고의적으로 왜곡한 데서 비롯한다. 그것은 인간이 개인으로서 존재하고 개인이 원하는 대로 가입하거나 탈퇴할 수 있는 제도를 창조한다는, 말 그대로 자기중심적인 세계관의 중요한 요소다. 개인주의 숭배가 이런 환상을 빚어낸다. 하지만 현실에서 정부는 인간 집단을 관리하는 메커니즘을 가리키는 단어에 불과하다. 목적이 분명한 행정 주체가 없는 상태에서 인간 집단은 폭력적인 혼돈 상태에 빠지고 만다('소말리아와 정부의 죽음' 글 상자 참조).

정부의 기능에 대한 이와 비슷한 착각을 시장과 정부가 별개 영역이라는 믿음에서도 찾아볼 수 있다. 이런 착각은 정부가 시장에 '개입한다'는 또 다른 착각으로 이어진다. 현실적으로 정부는 시장 존재의 전제조건이면서 시장의 지속적 기능을 위한 필요조건이다. 간단히 말해 시장은 정부 규제에도 '불구하고'가 아니라 정부 규제 '덕분에' 기능한다.

모든 시장 교환에는 소유권 이전이 일어난다. 따라서 '교환한다'는 것은 반드시 소유의 정의와 소유권에 관한 기존의 구조나 규제가 있음을 뜻한다. 노점에서 사과를 사는 것만큼 단순한 교환에도 판매자가 사과를 소

---

12) J. M. Keynes, "The End of Laissez-Faire" (Sydney Ball Foundation Lecture, Cambridge, 1926).
Online: http://www.maynardkeynes.org/john-maynard-keynes-reparationsprobability-gold.html
(accessed 14 November 2013).

소말리아와 정부의 죽음

1986년 나는 국제노동기구(International Labour Organization)가 위촉한 집단에 소속되어 2주 동안 유목인구 비율이 높은 빈곤 국가 소말리아에 머무르며 빈곤퇴치 프로그램에 참여했다. 그때 소말리아는 1969년 군사 쿠데타로 정권을 잡고 1991년까지 통치한 독재자 모하메드 시아드 바레가 다스리고 있었다. 처음에 그는 소련의 후원을 받고 있었고, 1980년대에 기회주의적으로 소련을 미국으로 대체했다. 1980년대 중반 소말리아는 상대적으로 평화로웠지만, 개인의 자유가 거의 없었다. 나는 신변의 안전을 걱정할 필요 없이 고대 수도 모가디슈 거리를 거닐 수 있었다. 상업 기술이 뛰어나기로 유명한 소말리아는 나라 전역에서 시장들이 활발하게 작동했다.

독재정권은 주요 유목 '씨족'들과의 연대를 통해 나라를 다스렸다. 1980년대에 정권은 점점 더 전제적이고 억압적으로 변했다. 마침내 독재정권이 무너지자, 주요 씨족 간 경쟁으로 독재정권을 대신할 중앙정부를 형성하지 못했다. 그 뒤로 20년 동안 지도에 '소말리아'라고 표시된 땅에는 제대로 기능하는 정부가 없었다.

사람들은 독재자가 다스릴 때보다 정부가 없을 때 더 잘 살까? 소말리아의 사례를 살펴보자. '정부가 없는' 상황은 독재자가 없거나 정치인이 없는 것보다 훨씬 더 많은 것을 의미한다. 정부는 시장을 관리하고 공공재를 제공하는 행정적 구조를 제공한다. 공공재는 국민을 배제할 수 없는 용역들을 가리킨다. 그중에는 기본적으로 도로, 교각을 유지하고 보수하는 일, 재산권을 보호하고 방어하는 법률체계를 제공하는 일, 소방서, 방재 기관을 운영하는 일 등이 있다. 민간은 이런 용역을 제공할 수 없다. 통행료를 징수하는 민간 소유 도로는 세계 어디에나 있지만, 그런 도로는 공공 도로와 연결되어야 한다. 그렇지 않으면 이동 수단이 없어 상업 활동에 문제가 생긴다. 민간 규칙 체계는 부패로 점철될 것이다. 돈으로 정의를 사는 것이 관행으로 자리 잡을 것이다. 불길이 번지는 것을 막으려면 돈을 낸 사람의 건물만이 아니라 모든 건물에 소방 서비스가 제공되어야 한다.

소말리아 정부는 이 모든 일을 형편없이 하거나 아예 하지 않았다. 그렇다면 정부가 기능을 상실하면서 소말리아는 무엇을 잃었을까? 나쁜 정부의 대안은 '정부가 없는 상태'가 아니라 개혁이다. 민간부문은 공공재를 제공하지 않기 때문이다. 교육처럼 민간부문이 실질적으로 제공할 수 있는 서비스가 있다고 해도 소외되는 사람들이 있다는 점이 문제다. 시장을 열렬히 지지하는 세계은행은 소말리아에 대한 보고서에서 이런 결론을 내렸다. "현재 민간부문은 전쟁 전 공공기관이 제공했던 기본 서비스를 대부분 공급하고 있다. 부정적인 측면을 살펴보자면, 그 서비스들은 상업적 측면을 고려해서 대부분 도시 지역에 집중되어 있다. 그런 서비스에 비용을 지급할 능력이 없는 인구의 비율이 높다. (…) 전쟁 전 사회·경제 지표와 비교하면 대부분 민간서비스는 여전히 전쟁 전 수준에 못 미친다."*

정부가 없어진 소말리아는 침략을 자주 받았고, 범죄와 테러 집단의 소굴이 되었다. 2006~2009년 3년 동안 에티오피아 정부는 군대를 보내 중부 소말리아를 점령하고 그곳에서 대중의 지지도 없고, 권위도 없는 괴뢰 정부를 세우고 운영했다. 이 외세 점령은 악명 높은 알카에다 네트워크와 관계있다고 추정되는 강력한 이슬람 집단을 자극하는 데 일조했다. 그 정도로는 충분하지 않다는 듯이 소말리아는 몸값을 노려 납치극을 벌이는 현대 해적의 소굴이 되었다.

철학자 토머스 홉스는 정부가 없는 사회를 "고독하고 가난하고 비열하고 야만적이고 짧다."고 특징지었다. 소말리아는 '소말리아 랜드'라는 인정받지 못한 정부가 관장하는 북부 일부 지역을 제외하면 홉스가 나열한 모든 특징을 갖춘 듯하다.

---

* World Bank, "New World Bank and UNDP Survey on Somalia" (press release, 14 January 2004). Online: http://siteresources.worldbank.org/SOMALIAEXTN/Resources/WBpressreleaserev3.pdf (accessed 16 October 2013).

유한다는 사실을 구매자가 인정한다는 조건이 필요하다. 그리고 판매자는 구매자가 값을 치른 시점부터 사과 소유권이 구매자에게 넘어간다는 사실을 인정한다. 이런 합의는 언뜻 보기에 저절로 형성될 수 있을 것 같지만, 절대로 그렇지 않다.

교환에는 명확한 소유권이 요구되고, 그 소유권에는 명확한 의무가 결부된다. 모든 교환은 판매자에게 구매자를 속이지 말아야 한다는 의무를 부과한다. 식품 판매자는 구매자에게 유독한 식품을 판매하지 말아야 하고, 변명하거나 억지를 부릴 수 없다. 모든 국가에는 판매자가 기본 사항을 지킬 의무를 강제하는 법률 체계가 있다. 그것 없이는 교환이 불가능하거나 극도로 제한된다. 정부는 재산권과 그것에 결부된 의무들을 강제한다. 상업 활동이 전국시장이나 세계시장으로 확대된다면 대부분 지방정부가 규제를 담당할 수 없기에 미국 헌법은 연방정부의 상업 활동 통제권을 보장한다(제1항 8장 3절 '상업 활동' 관련 구절).

시장은 자연스럽게 형성되고, 시장에서 이루어지는 교환 또한 자발적으로 발생한다. 정부가 자기 잇속을 차리려고 교환 활동을 규제한다는 발상은 믿기지도 않고 상식에도 어긋난다. 모든 성공적인 교환에서는 반드시 재산권 보호, 보건과 안전기준 준수, 신용과 부채에 대한 법적 감시, 사기 방지 등을 보장해야 한다. 특정 장소에 있는 시장에 가는 것만 해도 정부가 차량 교통을 관리하고, 안전하지 않은 차가 도로에 나오지 못하게 하고, 운전자가 자격이 있는지를 감시해야 한다. 규제와 관리의 본질과 범위는 장소와 국가에 따라 다르고, 어떤 의미에서도 정부는 시장에 개입하지 않는다. 정부가 시장에 개입한다고 말하는 것은 야구 심판이 게임에 개입한다거나 축구 심판이 경기에 개입한다고 말하는 것이나 다름없다. 그리고 사실상 바로 그것이 정부가 존재하는 이유다.

더 읽을거리

Jeff Faux, *The Servant Economy* (New York: Wiley, 2012).

Ha-Joon Chang, *Kicking Away the Ladder: Development Strategy in Historical Perspective* (London: Anthem Press, 2002). 『사다리 걷어차기』, 부키(2004).

7장

적자 장애와 부채 망상증

헛소리 유포하기

마거릿 대처로 대표되는 우파 정치인들은 국가재정이 가계예산을 모방해야 한다고 설교한다. 이 설교에는 일말의 진실이 들어 있지만, 반동주의자들이 내세우는 이유로 진실한 것은 아니다. 그들은 수입과 지출이 균형을 이루어야 하고 부채는 피해야 할 악이라고 주장한다. 그들에게는 '제2의 악덕은 거짓말하는 것이고, 제1의 악덕은 빚을 지는 것이다.'와 '빚을 진 사람은 자기 자유를 타인의 손에 넘긴다.'[1]는 벤저민 프랭클린의 관점이 절대적 진리인 듯하다. 독일어와 네덜란드어의 '슐트(schuld)'라는 단어에는 '부채'와 '죄책감'이라는 두 가지 뜻이 있다. 가난한 리처드는 이 중의성을 좋아했을 것이다.

　대처가 정부에 가계처럼 수입과 지출을 맞춘 예산을 실현하기를 요

---

1) 벤저민 프랭클린의 『가난한 리처드의 연감(*Poor Richard's Almanack*)』(1732~1758).

구하고, 가난한 리처드가 빚과 종속을 동일시하는 태도는 실제 가계와 전혀 다른, 이념이 만들어낸 상투적인 개념을 반영한 결과다. 가계의 적자는 예를 들어 매달 지출이 수입을 초과한 상태를 가리킨다. 가계부채는 가족의 모든 대출과 기타 채무를 합한 금액이다.

미국과 많은 유럽 가계는 주택담보대출을 받아 주택을 구매한다. 즉, 빚을 진다. '모든 빚은 나쁘니까 주택담보대출을 절대 받지 말라.'고 말하는 사람은 거의 없다. 내 아버지는 실제로 그렇게 생각해서 평생 월세 집에서 살았다. 아버지는 말년에 내게 몇 번이고 "집을 사지 않은 것이 내 평생 가장 큰 실수다."라고 말했다. 사람들은 아버지의 후회에 공감하겠지만, 평생의 실수가 이 정도라면 상황이 그리 심각한 것은 아니다.

비슷한 이유로 사람들은 기업이 체계적으로 돈을 빌려 투자한다는 사실을 안다. 투자 규모가 너무 크면 현재 판매 수입의 몇 년 치를 모아도 투자액을 충당할 수 없기 때문이다. 그런데 더 중요한 사실은 투자에 수익성이 있다면 대출받은 금액을 갚고도 남는 일련의 수익이 발생한다는 것이다. 이것은 주택담보대출을 받는 것과 같은 원리다. 대출 상환 기간에 같은 집에 월세를 내면서 사는 것보다 대출을 받아 집을 사고 이자를 내는 편이 돈이 덜 든다.

실제로 몇 년씩 저축해서 집을 사는 것은 무의미하다. 주택담보대출 시장이 작은 국가에서는 미국, 영국, 서유럽보다 가계가 집을 소유하는 비율이 훨씬 낮다. 내가 직접 일하며 살았던 터키에서도 그랬고, 라틴아메리카 같은 거의 모든 저소득 국가에서도 그렇다. 이와 마찬가지로 신용시장이 있는 국가에서 기업이 투자할 때 '현찰로 선금을 지급하는' 것은 잘못된 관행이다.

대조적으로 공공부문의 적자와 부채에 대해서는 사람들은 무지 때문에 터무니없는 속임수에 넘어가곤 한다. 예를 들어 '정부부채는 좋은 것인가, 나쁜 것인가?'라는 문항이 들어간 설문조사에서 미국과 유럽의 압도적인 다수가 부정적으로 대답했다. 하지만 '정부'라는 말을 '주택담보대출'이나 '기업'이라는 말로 바꿔놓으면 대답은 긍정적이거나 미묘하게 ('경우에 따라서…') 바뀐다. 사람들이 민간부채와 공공부채를 다르게 취급하는 이유에 대해 의문을 품으면 공공부문 긴축 이념의 핵심에 다가가게 된다.

이런 무지는 언론에도 만연하다. 영국 일간지 중에서 가장 진보적이며 '진지하다'는 평을 듣는 『가디언』에 2012년 8월 27일 실린 기사는 당시 다가오는 네덜란드 총선에 관해 이렇게 논평했다. "진보정당 출신 총리 마르크 뤼터가 네덜란드의 국내총생산에 대한 공공부채 비율을 유럽규정에 맞춰 3% 이하로 줄이기 위해 지출 감축을 추진하는 시기에 (사회당 대표) 에밀 뢰머는 빈곤층을 위한 복지혜택을 유지하고 싶어 한다."[2]

기자가 쓴 "유럽 규정에 맞춰"라는 표현은 악명 높은 마스트리흐트 기준(나중에 다른 장에서 더 자세히 다루겠다)을 말한 것이다. 유럽 규정이 정말로 "국내총생산에 대한 공공부채 비율"이 3% 이하여야 한다면, 유럽연합 내 모든 정부가 극심한 곤경에 빠질 것이다. 2011년 말 "유럽 규정"으로 정의한 네덜란드의 공공부채는 국내총생산의 72%였다. 이런 상황에서 대체 어떻게 지출 감축을 통해 이 비율을 3% 이하로 낮출 수 있겠는가?

---

2) "Dutch Socialists Show Major Gains Ahead of Netherlands Elections," Guardian, 26 August 2012. Online: http://www.theguardian.com/world/2012/aug/26/dutch-rookieparty-netherlands-elections (accessed 14 November 2013).

이 질문에 대한 대답은 간단하다. 기자는 '적자'와 '부채'의 차이를 혼동했거나 몰랐던 것이다. 국내총생산의 3% 기준은 공공부문 전반의 '부채'가 아니라 '적자'에 관한 유럽연합의 유명무실한 규정이다. 이런 식의 기사는 기자가 마감 기한의 압박을 받으며 서두르다가 발생한 오자나 오류라고 볼 수 있겠다. 그러나 유감스럽게도 공공부문 지출은 일반적으로 낭비에 해당하고, 공공부문 적자는 과도한 지출을 나타내며, 공공부채는 후손에게 큰 부담이 된다는 이념의 설교에서 유래한 이 오류는 언론에 자주 출몰한다. 권력의 중심에 있는 정치인들이 적자와 부채를 구분하지 못할 정도로 무지하다는 사실은 더더욱 걱정스럽다. 물론 언론의 무지와 정치인의 무지는 서로 관련이 없지 않다. 2012년 5월 영국 부총리 닉 클레그는 정부가 6~7년 이내에 공공부채를 완전히 탕감하기로 계획했다는 깜짝 놀랄 만한 선언을 했다. "우리에게는 후손에게 부채를 말끔히 해결한 깨끗한 국가재정을 물려줄 도덕적 의무가 있습니다. 우리는 국민을 위해 오랫동안 축적된 짐스러운 부채를 해소함으로써 국가재정을 정리할 6~7년의 계획을 세웠습니다."[3]

부총리 클레그의 정부가 이 도덕적 의무를 이행하려면, 6~7년 동안 국내총생산의 약 15%에 해당하는 공공부문 재정 흑자가 필요하다. 그토록 있을 법하지 않은 목표를 달성하려면 원칙적으로 국내총생산 30% 범위의 지출 감축과 세금 인상이 필요할 것이다. 그러려면 우선 영국 국민건강보험공단과 국가 연금부터 폐지해야 한다. 이 일이 있고 나서 총리는 부

3) Polly Curtis, "How Nick Clegg Got It Wrong on Debt," Guardian, 9 May 2012. Online: http://www.guardian.co.uk/politics/reality-check-with-pollycurtis/2012/may/09/nickclegg-davidcameron (accessed 17 October 2013).

총리가 혼동한 점을 직접 나서서 지적할 필요가 있다고 느꼈다.

공공부문과 민간부문의 부채와 적자

덴마크를 제외하면 미국은 공공부채의 상한선과 공공예산의 입법부 승인을 법적으로 분리한 유일한 국가다. 올해 예산안에 따라 빌려야 하는 금액을 기존 부채에 더했을 때 입법부가 적시한 부채 상한선을 초과한다면, 상한선을 높이기 위해 국회에서 투표를 거쳐야 한다. 미국 국회는 1917년 이 제도를 도입했다.

이것은 20세기 말 우익 성향이 점점 강해지던 공화당이 이 제도를 이념적 반정부 수단으로 이용하기 전에는 형식적인 절차였다. 2011년 5월 갤럽 여론조사는 적자와 부채에 대한 미국인의 몰이해가 어느 수준인지를 보여주었다. 정부가 정상적으로 작동하기 위해 의회가 부채 상한선을 높이는 방향으로 투표해야 하는지를 묻자, 설문 참여자의 절반은 반대한다고 답했고, 19%만 찬성했으며, 3분의 1은 잘 모르겠다고 답했다.[4]

정치인들이 어쩌다가 개념을 올바르게 사용할 때도, 공공적자는 정부의 낭비를 뜻하고 공공부채가 부담된다고 자주 주장한다. 이런 주장은 가짜 경제학 이념에서 파생된 것으로, 거짓임을 증명할 수 있다. 언론은 공공부채에 관해 보도할 때 그 빚의 소유자(채권자)가 누구인지를 몇 번이나

---

4) Gallup, "U.S. Economic Confidence Remains Low Post-Fiscal Cliff Deal," 8 January 2013. Online: http://www.gallup.com/poll/159734/economic-confidence-remains-lowpost-fiscal-cliff-deal.aspx (accessed 13 November 2013).

밝혔는가? 거의 밝히지 않았다. 중도좌파 정치인도 우파 정치인만큼이나 이런 초보적인 실수를 흔히 저지른다. 이를테면 2012년 9월 사회당 대통령 프랑수아 올랑드는 경쟁자였던 니콜라 사르코지에게 승리를 거둔 지 단 몇 달 뒤에 "후임 대통령과 내 자식들이 프랑스의 빚을 갚게 하고 싶지 않기"[5] 때문에 예산 삭감을 단행하겠다고 프랑스 국민에게 말했다.

올랑드 대통령은 프랑스의 공공부채 때문에 걱정이 크겠지만, 먼저 채권자의 정체를 확인해야 한다. 정부가 국민 가계에 국채를 발행했을 때 이자를 지급하고 채권을 회수할 부담을 안고 있는 쪽과 이자를 받고 이익을 보는 쪽은 같은 사람이다.

이런 사례는 제2차 세계대전 당시 미국에서 루스벨트 행정부가 전쟁 물자 생산 자금을 마련하기 위해 일반 가계에 전쟁 채권을 팔았던 것과 유사하다. 전 국민이 전쟁 채권을 샀고, 전쟁이 끝나자 가계들은 그 채권으로 주택구매 계약금을 치렀다. 더 작은 규모의 예로 정부는 25센트짜리 전쟁 우표를 『슈퍼맨』이나 『배트맨』 같은 만화책에 광고해서 어린이에게 팔았다. 영국도 전쟁자금을 모으는 데 유사한 채권을 이용했다. 그리고 내가 아는 한 어떤 정치인도 이런 경우에 국민이 지는 부담을 두고 불평하지 않았다.[6]

---

5) Kim Willsher, "Francois Hollande Announces €0bn Cut in Public Spending," Guardian, 10 September 2012. Online: http://www.theguardian.com/world/2012/sep/10/francois-hollande-cut-publicspending (accessed 14 November 2013).

6) "Take a Closer Look at War Bonds," National World War II Museum. Online: http://www.nationalww2museum.org/learn/education/for-students/ww2-history/take-a-closer-look/war-bonds.html; "British World War II Economics: Financing the War," Historical Boy's Clothing. Online: http://histclo.com/essay/war/ww2/eco/cou/w2ec-brit.html (accessed 17 October 2013).

내가 든 사례와 전쟁 채권 관행은 중요한 메시지를 담고 있다. 공공부채의 정의에 따르면 이자 지급자와 이자 수혜자가 같으므로, 공공부채의 잠재적 문제점은 그것이 '부담'이 된다는 것이 아니다. 문제는 다른 곳에 있다. 첫째, 이자 지급자와 이자 수혜자의 분포다. 부유층은 빈곤층보다 더 많이 저축하고, 공채는 그런 저축의 한 가지 형태다. 최근 부정적인 시각이 있지만, 공채는 여전히 가장 안전한 투자처다. 단지 소득과 부의 불평등 때문에 비부유층의 세금이 부유층에게 지급되는 이자를 떠맡고 있다는 점이 문제일 뿐이다.

이런 경향은 선진국에서, 특히 영국과 미국에서 소득분포가 더욱 불평등해진 1980년대부터 강해졌다. 이것은 '부담'의 문제가 아니다. 문제는 부채의 규모가 아니라, 누진세 축소로 악화하고 있는 소득분포다. 현실적으로 이자가 부유층에만 지나치게 축적되는 쏠림 현상을 부유층 세금 인상으로 완화할 수 있다. 제2차 세계대전 후 30년 동안 영국과 미국에서 그렇게 했다. 정치인들이 공공부채의 부담에 관해 한탄할 때 그들은 사실은 소득과 부의 불평등에 관해 불평하는 것이다. 불평하는 정치인들은 대개 부유층의 이익을 대변하므로, 문제는 부채가 아니라 분포라는 사실을 인정할 리 없다.

공공부채의 두 번째 문제점은 금융투기다. 국채를 통한 투기는 엄밀히 말하면 공공부채의 문제는 아니다. 투기는 1970년대 이후 수십 년간 이어진 금융시장 규제 완화에서 비롯했다. 9장 유로존 위기에 관한 논의에서 입증하겠지만, 국민소득에 대한 공공부채의 절대적·상대적 비율이 투기를 부채질하는 것은 아니다. 스페인 정부는 유럽 주요 국가 중에서 국민소득에 대한 부채비율이 가장 낮았지만, 걷잡을 수 없는 투기의 희생양이 되었다. 영국의 부채는 절대적·상대적으로 훨씬 많았지만, 영국은 2008년 금융위기 이후에 투기에 시달리지 않았다. 흔히 거론되는 세 번째 문제점인 공공부채의 국외 소유권은 나중에 논할 것이다.

이처럼 가계부채와 달리 공공부채의 절대적 규모에 너무 집착할 필요가 없음을 확실히 알 수 있다. 가계가 주택담보대출을 원할 때 대출금액을 결정하는 중요한 조건은 대출기관이 청구하는 이자율이다. 구체적 수치를 예로 들자면, 25년 상환 조건, 3% 이율의 10만 달러짜리 주택담보대출의 월평균 이자는 250달러다(월 납입액 총 480달러 중에서). 대출이자가 6%로 늘어나면 월 이자도 2배로 늘어난다(월 납입액은 2배가 아닌 650달러가 된다).

이자율이 낮으면 가계는 대출금액을 늘릴 수 있다. 공공부채에도 똑같은 원리가 적용된다. 2012년 영국 공공부채 이자율은 1개월짜리 채권의 0.5% 미만부터 30년짜리 채권의 3%에 약간 못 미치는 수준까지 다양했다. 미국 공채의 이자율도 역시 만기일이 가장 짧은 채권의 0.1%부터 수 년짜리 채권의 2.69%까지 다양했다.[7] 이는 두 나라에서 전쟁 중이 아닌 기간에 200년 만에 가장 낮은 이율이었다. 간단히 말해 2008년 금융위기가 시작된 이래 영국과 미국에서는 공공부채의 이자를 지급하기가 매우 수월했다.

공공부채에 대한 이런 혼란과 무지는 공공적자에 대해서도 나타난다. 자주 남용되는 가계의 비유를 살펴보고 오해를 바로잡기로 하자. 첫째, 앞서 지적했듯이 가계는 주택과 내구재를 구매하기 위해 빚을 진다.

---

7) Bank of England statistics. Available online: http://www.bankofengland.co.uk/statistics/Pages/default.aspx (accessed 14 November 2013).

자동차가 대표적인 예다. 주택담보대출이나 자동차 등 내구재의 월 납입액 일부는 주택담보대출이나 신용대출의 원금이다. 빌린 원금의 상환은 대출의 이론적 정의로 보나, 실질적으로 보나 주택(주택담보대출의 경우)이나 자동차(소비자 신용대출의 경우)로 구현되는 투자다.

대부분 국가에서는 이 원리를 인정하고 정부 통계를 낼 때 주택담보대출 상환을 가계지출이 아니라 가계저축으로 취급한다. 최고 부유층의 경우를 제외하면, 이 상환금은 가계저축의 큰 부분을 차지하고, 그다음으로 큰 부분은 민간 연금기금이다. 2000~2002년 미국의 총 개인저축액이 마이너스가 된 주된 이유는 수입과 지출의 거의 비슷한 중산층 가계가 대출 상환금을 지급하는 대신에 주택자산을 담보로 돈을 빌렸기 때문이다. 미국과 영국(미국보다는 덜했지만)에서 이런 관행으로 인구의 상당수가 불과 몇 년 뒤에 '역자산' 효과로 곤란을 겪게 되었다.

가계와 주택담보대출의 이런 관계를 공공재정 평가에 적용할 수 있다. 정부가 고속도로나 학교나 병원 건설비용을 마련하기 위해 돈을 빌리는 것은 투자에 해당한다. 정부가 건설한 시설의 이용요금을 청구한다면 수입 흐름(revenue flow)이 창출되어 빌린 돈을 갚을 수 있고 공공부문 소득이 늘어나므로 투자 성격이 분명해진다. 정부가 직접 요금을 청구하지 않고 기반시설을 제공한다고 해도 투자 성격은 달라지지 않는다. 가계와 기업이 낸 세금으로 국민에게 혜택이 돌아간다. 정부의 총지출이 공공투자 때문에 경상수입을 초과하는 경우에 '적자'는 초래되지 않는다. 가계의 주택담보대출이 개인의 '적자재정'이 아닌 것과 마찬가지다.

그런 공공투자와 공공지출(공무원의 급여나 군사장비 구입 등)에는 차이가 있으므로, 정부 예산을 '자본' 요소와 '경상수지' 요소로 나눌 수 있다. 합리적 가계, 기업, 정부는 경상수입으로 투자자금을 충당하지 않는다. 경상지출의 적자는 어떻게 봐야 할까? 가짜 경제학은 물론 가계든 정부든 그런 상황이 되어서는 안 된다고 주장한다.

현실적으로 가계는 때로 경상지출을 충당하기 위해 돈을 빌린다. 근로소득자의 이직 결정으로 현재 직장을 그만두고 새 직장에 나갈 때까지 몇 달 공백이 생긴 가계를 상상해보자. 이 가계는 소득이 없는 몇 달 때문에 지출을 과격하게 줄여야 할까? 강박적으로 검소한 사람이라도 소득이 일시 정지된 기간에 저축해뒀던 돈을 찾거나 대출을 이용해서 지출을 유지해도 된다고 생각할 것이다. 공공재정에도 같은 원리가 적용된다. 2008년 시작된 금융위기가 적절한 사례를 제공한다. 2008년 직전에 대부분 선진국 정부는 경상수지 적자가 매우 적거나 오히려 흑자를 내면서 가동하고 있었다(9장에 자세히 설명할 것이다). 예를 들어 2007년 스페인 정부는 국내총생산의 약 2%에 달하는 흑자를 냈고, 이탈리아 정부는 적자가 국내총생산의 1.5%밖에 되지 않았다. 미국 정부는 조지 W. 부시가 2001년 수상쩍게 대통령이 된 이후로 8년 동안 부유층 세금을 인하했기에 예외적으로 적자가 국내총생산의 3%로 약간 높았다.[8] 2008년 위기 이전 대부분 국가의 공공재정 상태가 좋았던 것은 2000년대의 지속적인 경제성장의 결과였다. 선진국 조세수입은 소득 증가와 함께 늘어났는데, 그 경향이 가장 자명한 것은 소득세였고, 법인세와 판매세도 마찬가지였다.

국민소득이 증가해서 더 많은 조세수입이 발생했고, 조세수입 증가로

---

8) OECD, "Economic Outlook No 93 –June 2013 –OECD Annual Projections." Online: http://stats.oecd.org/Index.aspx?QueryId=48234 (accessed 14 November 2013).

국민소득이 증가하기도 했다. 2008~2009년 국민소득이 미국은 4%, 영국은 5% 감소하자, 국내총생산에 대한 공공부문 적자 비율이 2배로 늘어났다. 우선 국민소득 하락으로 공공수입이 감소했고, 국내총생산도 감소했기에 국내총생산에 대한 공공부문 적자 비율이 높아진 것이다. 공공부문에서 국민소득 하락(이는 경기침체의 정의다)은 가계에서 소득 흐름이 중단되는 것이나 마찬가지다. 시장경제는 팽창과 수축의 순환으로 이루어지므로, 경기침체에서 발생한 적자는 침체기가 끝나고 다시 성장이 시작되면 감소하거나 흑자로 전환한다.

공공부문에서 벌어지는 일을 가계의 소득 흐름과 비교해서 설명한 것은 정확하지 않다. 가계는 지출을 통해 소득을 늘릴 수 없지만, 정부는 그렇게 할 수 있다. 정부는 국가 경제에서 총수요의 비교적 많은 부분을 창출하므로, 지출을 늘림으로써 산출과 고용과 세금의 증가를 촉진할 수 있다. 세금 인상 폭은 언제나 지출 증가 폭보다 작지만, 지출과 세금의 균형을 찾아야 한다는 원칙적 주장은 이 상황을 너무 근시안적으로 평가한다. 정부는 지출을 통해 적자를 늘리지만, 고용을 창출해서 가계의 적자를 줄인다. 하지만 아무리 부유한 가계도 국가 경제의 너무도 작은 부분이어서 이 같은 효과를 낼 수 없다.

우리는 몇 가지 간단한 규칙을 합리적인 공공재정 관리의 지침으로 삼아야 한다('만성 적자 장애' 글 상자 참조). 문제는 공공부채 자체나 그 규모가 아니라 채권 이자 수혜자와 이자 지급자가 다르다는 불공평한 소득분배 효과와 공적 자금을 빌려주는 역할을 하는 공채에 대한 금융투기가 문제다. 덜 반동적이었던 시대에 각국 정부는 누진세를 이용해서 소득 불균형에 대처했다. 공공부채에 대한 금융투기를 막는 방법은 훨씬 간단하다.

만성 적자 장애

2008~2009년에 차도를 보였던 만성 적자 장애(Chronic Deficit Disorder)는 미국과 유럽에서 비슷한 독성을 보이며 폭발적으로 발병했다. 널리 퍼졌지만, 누구도 이해하지 못하는 장애인 만성 적자 장애는 광범위한 반사회적 활동을 통틀어 지칭한다. 엄밀히 말해서 만성 적자 장애는 공공지출에 대한, 특히 공공지출이 경상수입을 초과하는 상태에 대한 병적이고 비이성적인 두려움을 가리킨다. 이 장애는 공공기관의 지출과 수입이 균형을 이루어야 한다는 망상인 급성 적자 장애(Acute Deficit Disorder)와 구분된다(예: 영국 우체국). 유산을 상속한 사람들이 세금에 대해 품는 혐오를 가리키는, 비교적 희귀한 형태의 선천성 만성 적자 장애도 있다.

2008년 금융위기 이후로 만성 적자 장애는 그것에 대한 저항력이 거의 없는 미국 공화당과 영국 보수당을 휩쓸었고, 영국 자유민주당 전체와 미국 민주당 대부분에까지 만연했다. 놀랍게도 노동당마저도 전염되었다. 야당인 노동당 대표 에드 밀리밴드는 우익 정부가 이미 실행한 가혹한 공공 서비스 감축을 되돌리지 않겠다고 약속했다.

미국에서 만성 적자 장애의 만연은 예전에 저항력이 있었던 신보수주의자, 신자유주의자, 최고 부유층에까지 퍼졌으므로 극심하게 우려된다. 레이건 대통령과 부시 대통령 시절에 이 집단들은 공공부문 적자에 대해 무관심하거나 오히려 열정을 보였다. 민주당 출신 대통령이 나오면서 전쟁 외의 다른 활동에 국가 예산을 지출할 가능성이 생기자, 만성 적자 장애는 흑사병 이래 유례없이 활발하게 미국 공화당에 퍼졌다.

이 장애에 걸리지 않은 사람들은 적극적인 치유법을 강구할 책임이 있다. 만성 적자 장애를 치유하는 첫 단계는 장애를 앓는 사람들이 스스로 반사회적 질병에 걸렸음을 인식하게 하는 것이다. 이 단계에서 이성적 치료약 세 가지를 복용하게 한다.

1. 경기침체가 공공부문 적자를 유발한다

침체기에는 공공지출이 늘어나고 공공수입이 줄어드는 경향이 있다. 또한, 실업이 증가하고 근로자의 임금이 하락한다. 실업이 늘어나 실업수당이 발생하고, 임금이 하락하면 미국의 푸드 스탬프*나 영국의 저소득층 수당 같은 가계보조금이 증가한다. 경기침체의 정의에 따라 개인소득과 기업소득이 감소하고, 소득이 감소하면 조세수입도 줄어든다.

2. 공공지출 삭감은 경기침체를 심화한다

가계소득이 줄면 조세수입이 줄고 재정적자가 늘어난다. 공공지출을 줄이면 공공부문 고용과 가계소득이 줄어든다. 따라서 공공지출을 줄이면 공공수입이 줄고, 그 결과 잘해야 적자가 비슷한 규모로 유지되거나 늘어난다. 어떤 경제학자도 이 논리에서 결함이나 예외 상황을 찾아내지 못했다.

3. 경제성장은 적자를 줄인다

경제성장은 고용과 가계소득을 늘려 조세수입이 늘어나고 실업수당과 저소득층 수당에 들어가는 예산이 줄어든다. 그러면 재정적자도 줄어든다.

어떤 구실을 대든 적자를 줄인다고 공공지출을 삭감하는 것이 장애에서 비롯한 결정이라는 결론을 피할 수는 없다. 그래도 이 장애가 선천성이 아니라면 치료할 수 있다.

1930년 J. M. 케인스는 경고했다. "오늘날 우리는 역사상 엄청난 경제적 참사의 그늘에서 살고 있다는 사실을 너무 늦게 깨달았다."** 이 경고는 80년 뒤인 오늘날에도 적용된다. 임박한 재앙을 너무 늦게 깨닫는 것은 만성 적자 장애의 대표 증상이다.

---

* food stamp: 미국에서 저소득층에게 제공되는 식료품 쿠폰.
** J. M. Keynes, "The Great Slump of 1930." Online: http://www.gutenberg.ca/ebooks/keynes-slump/keynes-slump-00-h.html (accessed 14 November 2013).

자본시장을 규제하면 된다. 9장에서 설명하겠지만, 국내총생산에 대해 절대적이든 상대적이든 부채 규모가 작아진다고 해서 투기가 줄어들지는 않는다.

부채와 적자에 대한 상식을 요약하자면, 투자로 늘어난 부채에는 가계의 주택담보대출처럼 부채를 상쇄하는 자산이 있고, 적자는 경기침체로 생긴 수입 하락에서 초래되는 경향이 있다. 경제가 회복되면 적자도 줄어든다. 지출을 줄여 적자를 줄이려는 시도는 오히려 적자를 늘리는 경기침체의 원인이 되므로 이것은 자멸의 지름길이다.

공공적자 계산하기

공공부문 적자가 항상 나쁜 것은 아니지만, 적자가 통제를 벗어나서 강력한 조처가 필요한 상황이 발생할 수도 있다. 언론은 2008년 금융위기 이후 정부 기능을 마비시킬 정도로 늘어난 미국과 영국의 재정적자가 자명한 사례였음을 알려준다. 미국의 중도파 민주당 대통령과 영국 우익 연립정부는 적자 감소를 최우선 목표로 삼았다. 둘 다 틀렸을 리는 없다.

하지만 둘 다 틀렸다. 적자 감소의 필요성을 가늠하려면 먼저 적자 규모를 파악해야 한다. 미국 언론을 읽고 들은 사람들은 연방정부의 2010년 재정 적자가 국내총생산의 10%인 1.6조 달러를 넘었음을 알 것이다.[9] 티

---

9) Council of Economic Advisers, Economic Report of the President (Washington, DC, February 2013), annex tables B 78, B 79. Online: http://www.gpoaccess.gov/eop/tables11.html (accessed 14 November 2013).

파티 운동가인 공화당원이라면 "1.6조 달러라니!"라고 소리칠 것이다.

1.6조 달러는 큰돈이다. 하지만 먼저 이 수치의 의미를 검토하고 확인해야 한다. 수치의 출처를 찾아 미국 상무부 산하 경제분석실이 보고한 재무부 통계를 조사했다. 가계부(이런 20세기 유물을 아직도 가지고 있다면) 결산을 해본 사람이라면 사칙연산을 올바르게 하더라도 예산을 처리하는 일이 간단하지 않다는 사실을 안다. 공공예산도 마찬가지다.

무엇을 측정해야 할까? 말할 것도 없이 첫 단계로 총수입에서 총지출을 빼면 전체 적자(overall deficit) 규모를 확인할 수 있다. 하지만 이 적자에는 공공부채 이자까지 포함되므로 예산정책을 평가할 지침이 될 수는 없다. 가짜 경제학자들은 이자 지출을 계산에서 제외한다는 것은 공공부채를 갚지 않겠다는 뜻이므로, 이렇게 계산한 적자를 분석해서는 안 된다고 말할 것이다. 그런데 미국 정부는 이자의 약 40%를 다른 정부기관에 지급한다.[10] 이 지급금은 공적 자금이 한 곳에서 다른 곳으로 이동하는 것일 뿐이므로, 실질적으로 적자에서 제외할 만한 이유가 있다. 이자 지급금을 배제하면 일차 적자(primary deficit)가 남는다. '재정적 책임'을 열성적으로 강제하는 국제통화기금(IMF)은 악명 높은 '안정화 프로그램'에 일차 적자를 활용한다.

앞서 언급한 내용을 반복하자면, 기업 재정의 일반 원칙은 경상수입으로 경상지출을 충당하고, 투자비용은 자금을 빌려서 마련하는(즉, 기업이 빚을 진다) 것이다. 성공적인 사업가라면 일단 건설하면 20년 가동할 공장 건

---

10) US Government Accountability Office, "Federal Debt Basics." Online: http://www.gao.gov/special.pubs/longterm/debt/debtbasics.html (accessed 14 November 2013).

설비용을 대출 없이 마련하려고 몇 년씩 저축할 리가 없다. 그런 투자비용을 빌려주기 위해 은행이 존재한다. 같은 원칙이 공공투자에도 적용된다.

상무부 산하 경제분석실 홈페이지를 지루할 정도로 면밀히 조사하고 간단한 사칙연산과 백분율 규칙을 이용하면 여러 가지 적자를 계산할 수 있다(표 '미국 국내총생산과 공공재정(2005~2010)' 참조). 우선 2007년 2.5조 달러에서 금융위기 이후 2009년 2.1조 달러로 총수입이 추락했음에 주목하자(제3열). 이 하락 폭의 절반은 개인소득세의 20% 감소에서 비롯한다. 나머지 절반은 2분의 1로 줄어든 법인세 때문이었다.

대조적으로 같은 기간에 총지출은 2.7조 달러에서 3.5조 달러로 늘어나 거의 8,000억 달러가 증가했다. 군사비용을 제외한 나머지 지출 증가액의 5분의 2가 실업수당, 사회복지 지원금, 그리고 새로 제정한 한시적 주택담보대출 구제자금으로 소요되었다. 경제학자들이 가짜 경제학으로 개종하기 전에 우리는 이런 항목들을 '자동 안정화 장치'라고 불렀다.

이 용어는 경제가 위축할 때 발생하는 다양한 자동 반응을 가리킨다. 자동 안정화 장치는 그것을 사용하지 않을 때와 비교해서 경기후퇴를 완화하는 효과를 낸다. 세율이 약간 누진적이어서 개인소득세 하락 폭이 가계소득 하락 폭보다 큰 현상도 안정화 효과에 포함된다. 게다가 개인과 기업의 세금 공제액은 변하지 않으므로 소득이 하락할수록 안정화 효과가 상대적으로 더 중요해진다. 두 번째로(이것이 훨씬 더 중요하다) 경기후퇴 초반에는 기업 이익이 재화와 용역에 대한 수요 하락을 대부분 흡수하므로 법인세가 극적으로 줄어든다. 법인세율이 더 높았던 과거에는 이런 안정화 장치가 더 효과적으로 작용했다.[11] 세 번째이자 자명한 사실은 실업수당과 한시적 사회복지 지원금이 가계소득 하락을 완충한다는 것이다. 2009년 오바마 정부는 '주택담보대출 구제책'이라는 새로운 자동 안정화 장치를 만들었다. 주택담보대출 통계를 보면 이 제도가 필요하다는 것을 알 수 있다. 2005년 (대부분 가난한) 미국인이 받은 악명 높은 '서브프라임' 주택담보대출의 약 11%가 연체되었다. 2008년에는 이 비율이 20%로 높아졌고, 2009~2010년에는 더 높아졌다.[12]

경제학자들이 가짜 경제학자들에게 영향력을 빼앗기기 전에는 자동 안정화 장치를 시장경제에 내재한 불안정성을 상쇄하는 좋은 전략으로 간주했다. 가짜 경제학의 관점에서는 과거 이단 행위의 심각성을 아무리 강조해도 지나치지 않다. 자동 안정화 장치를 좋은 수단으로 여기는 사람은 곧 '경기침체기에 재정적자가 늘어나야 한다.'고 주장하는 것이나 다름없기 때문이다. 게다가 그는 '적자가 늘어나면 경기침체의 심화를 막는다.'고 주장한다. 젊은 세대는 믿지 못하겠지만, 이것은 1970년대까지 용인된 지혜였다.

이 충격적인 이단 행위를 염두에 두고, 이제 적자 규모를 측정하는 문제로 돌아가자. 전체 적자는 2007년 국내총생산의 1%에서 2009년 10%로 늘어났고 2010년 약간 '개선되어' 9.6%가 되었다. 일차 적자는 국내총생산의 8.4%로 선방했다. 과거 50년간 일차 적자는 국내총생산의 4%를

---

11) See the IMF pamphlet "Guidelines for Fiscal Adjustment." Online: http://www.imf.org/external/pubs/ft/pam/pam49/pam49con.htm (accessed 14 November 2013).

12) Council of Economic Advisers, Economic Report of the President (2013), annex tables B 78, B 79.

초과한 적이 없다.[13] 이것이 2008년에 시작된 금융위기의 '성과'였다. 그 것은 공공수입을 고갈시켰다.

진지하게 걱정하는 사람들은 경상수지 적자에 주목해야 한다. 이 지 표는 정부의 소비지출 중에서 경상수입으로 충당하지 못한 부분을 나타 낸다. 경기가 침체하든 팽창하든 기업, 가계, 연방정부가 돈을 빌려 투자 해야 한다는 원칙은 변하지 않는다. 따라서 정부가 (앞서 설명했듯이 이자 지 급금을 제외한) 비투자성 지출을 경상수입으로 충당하는지가 중점 사안이 다. 2010년 경상수지 적자는 언론에 특필되어 정치적 우파의 적자 장애 환자들이 너도나도 인용하는 10%에 훨씬 못 미치는 국내총생산의 5% 미 만에 머물렀다.[14]

경상수지 적자의 1%만큼은 2009년과 2010년의 막대한 실업 증가에 서 비롯되었으므로, 이 통계도 적절히 해석할 필요가 있다. 미국에서는 특 수 근로소득세로 실업수당을 충당한다. 실업률이 낮은 경제성장기에는 세금수입이 실업수당보다 많다. 2005~2007년 실업수당 준비금에서 연평 균 잉여자금은 약 80억 달러였다(표 '미국 국내총생산과 공공재정(2005~2010)' 의 마지막 열(NUP) 참조).

경기가 회복되면 실업수당 준비금에서 잉여자금이 발생하므로, 상식 적으로 적자 지표를 계산할 때 실업수당을 배제하는 것이 옳다. 2007년에 실업수당을 충당한 세금이 지급한 수당보다 60억 달러 더 많았다. 그런데 2010년에는 실업수당 지급액이 세금수입을 1,400억 달러 초과했다. 민간

---

13) Ibid.
14) Ibid.

실업률은 2007년 말에 5%, 2008년 말에 7.3%, 2009년의 불행했던 연말에
는 9.9%였다. 2010년에 실업수당 지급액이 거의 1,500억 달러였다는 사
실이 놀랍지 않다.[15]

이런 식으로 계산해보면 간단한 결론이 나온다. 2010년 미국 공공부
문 적자는 제2차 세계대전 이후 최고치에 이르렀지만, 우익 선전 세력이
주장하는 만큼 높지는 않았다. 적절하게 측정하면 정상 지출로 생긴 적자
는 국내총생산의 4%밖에 되지 않았다. 이것은 역사상 비교적 높은 수치
다. 우리가 처한 경기침체가 역사상 극도로 심각하기 때문이다. 경기침체
가 끝나면 적자로 인한 문제도 사라진다. 공공지출을 늘려 경제를 자극함
으로써 경기침체를 끝내면 된다. 정말 간단하다.

2009년 미국 경제는 단지 긴축을 끝내는 데 그치지 않고 경기 활성화
를 촉진하기 위해 효과적인 재정 자극이 필요했다. 재정 자극이 경기를 회
복시킨다는 논리는 한때 너무나 보편적으로 수용되었기에 그것을 설명할
필요가 있다는 사실이 오히려 놀랍다. 그 절차는 간단하다. 공공지출이 수
요를 늘려 고용이 증가하고 실업수당과 사회복지 지원금이 줄어들고 더
불어 세수가 창출된다. 가계소비지출이 늘어나면 기업 이익이 늘어나고,
동시에 법인세를 더 많이 걷을 수 있고 생산적 투자를 자극할 것이다.

제도나 관행, 법률 정의의 차이 때문에 재정적자 계산법은 국가마다
다르다(영국의 계산법은 글 상자 '영국의 경제성장과 침체와 적자' 참조). 하지만 경
제성장이 적자를 없애고 경기침체가 적자를 늘린다는 일반 원리는 비록
정도의 차이는 있지만, 어느 나라에서나 똑같이 적용된다. 화폐 자극(양적

---

15) Ibid., annex table B 81.

미국 국내총생산과 공공재정(2005~2010, 단위: 10억 달러, 백분율)*

연도	국내총생산	수입	지출	잔액	계산 열외 항목 :		
					이자	투자액	NUP
2005	12,638	2,154	2,472	-318	184	392	+7
2006	13,399	2,407	2,655	-248	219	425	+10
2007	14,078	2,568	2,729	-161	223	462	+6
2008	14,441	2,524	2,983	-459	232	496	-6
2009	14,256	2,105	3,518	-1413	169	514	-85
2010	14,660	2,256	3,661	-1405	168	540	-143

백분율			적자:			계산 열외 항목	
연도	수입	지출	전체	일차	경상수지	실업수당 지급액	
2005	17.0	19.6	-2.5	-1.1	2.0	2.0	
2006	18.0	19.8	-1.9	-0.2	3.0	2.9	
2007	18.2	19.4	-1.1	0.4	3.7	3.7	
2008	17.5	20.7	-2.3	-1.6	1.9	1.9	
2009	14.8	24.7	-3.2	-1.6	1.9	1.9	
2010	14.8	25.4	-9.6	-8.4	-4.8	-3.8	

주: NUP(net unemployment payments)란 특수 근로소득세로 걷은 실업 세금에서 실업수당 지급액을 뺀 순 실업수입(net unemployment revenue)이다.
출처: 미국 관리예산처(US Office of Management and Budget).

* Office of Management and Budget, "Analytical Perspectives." Online: http://www.whitehouse.gov/omb/budget/Analytical_Perspectives (accessed 14 November 2013).

완화)이 아니라 재정 자극이 침체를 성장으로 전환하는 방법이다. 화폐 자극은 수동적이지만(다음 장에서 설명하겠다), 재정 자극은 경기 활성화를 적극적으로 조장한다. 경기침체기에는 국가재정 지출을 늘려 일시적으로 적자를 늘리고, 그렇게 해서 경기가 살아나고 경제가 성장하면 적자가 흑자로 전환된다.

가짜 경제학자들은 "그렇게 쉽게는 안 돼!"라고 외친다. 금융시장이 흔들리면서 많은 미국인이 채무불이행 상태에 놓였고, 공공적자가 국내총생산의 10%에 달한 이 시점에서 지출을 삭감하는 긴축정책 외에는 대안이 없다고 소리친다. 교육예산, 보건의료예산, 사회보장연금, 실업수당도 삭감해야 한다. 도로나 교각이나 학교 건물을 보수하지 말아야 한다고 주장한다.

이런 반동적 이념은 한낱 광기가 아니다. 그것은 목적이 있는 광기다. 그것은 경기침체와 공공적자 왜곡을 무기로 삼아 사회와 정치를 지배하는 자본 권력을 더욱 강화한다. 반동 세력은 오바마 대통령의 초대 수석보좌관이었다가 곧이어 시카고 시장이 된 람 에마뉴엘의 "'심각한 위기'라는 기회를 놓치지 말아야 한다."[16]는 조언을 그대로 따르고 있다.

16) Scott Rohter, "Government Shutdown, Slim Down, or Show-Down?" Less Gov Is the Best Gov. Online: http://lessgovisthebestgov.com/government-shutdown-slim-down-or-showdown.html (accessed 14 November 2013).

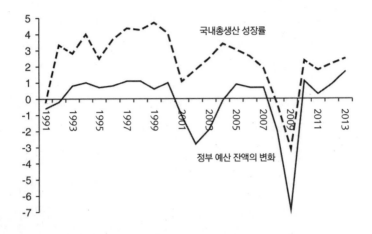

미국의 경제성장과 침체와 적자(1991~2013, 단위: 백분율 변화)*

출처: 『2013년 대통령 경제 보고서』. 2013년의 수치는 추정치다.

만약 경기침체가 2008년 이래 공공부문 적자의 근본 원인이라면, 이 사실을 구체적으로 입증할 수 있어야 한다. 실제로 입증할 수 있다.

왼쪽 그래프는 1991~2013년 미국에서의 적자와 경제성장의 상호 작용을 나타낸다. 점선은 연간 경제성장률(국내총생산 성장률)이다. 실선은 총수입에서 연방정부 총지출을 뺀 예산잔액이 아닌, 전체 재정잔액의 연도별 변화량이다.

예를 들어 2000년 경제는 4% 팽창했고, 국내총생산이 1% 흑자에서 2% 흑자가 되어, 정부 예산잔액이 1% 증가했다(향상되었다). 대조적으로 2009년 경제가 2.6% 수축했고, 예산잔액이 국내총생산의 −3.2%에서 −9.9%로 감소했다. 경제성장은 조세수입을 더 창출하고 실업수당 지급금을 줄여 적자를 줄인다. 경기후퇴는 수입을 줄이고 실업수당 지급금을 늘려서 적자를 늘린다. 경기와 적자의 관계는 이렇게 간단하다.

---

* Council of Economic Advisers, Economic Report of the President (2013).

영국의 경제성장과 침체와 적자

영국 부채 지표(2010, GDP의 백분율)

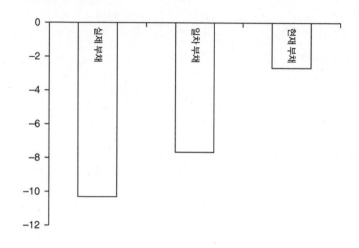

모든 적자가 같지는 않다

예산잔액에는 전체 예산잔액, 일차 예산잔액, 현재 예산잔액의 세 가지가 있다. 일차 예산잔액은 공공부채 이자 지급액을 포함하지 않는다. 국제통화기금은 '책임 있는 예산 관리'가 언제나 일차 예산잔액을 가리킨다고 강조한다.

2010년 보수당과 자유민주당이 연립정부를 세우고 부채 히스테리 선전을 유포하자, 영국의 총재정잔액은 국내총생산의 −10%로 최하점을 찍었고, 미국에서도 상황이 비슷했다. 부채 이자 지급액은 국내총생산의 2.6%였으므로 일차 적자는 국내총생산의 8%보다 적은 7.7%였다.

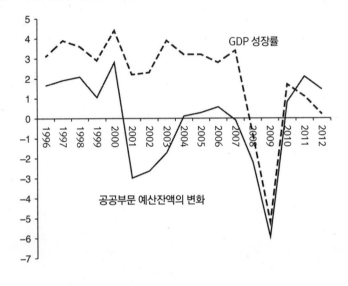

영국의 경제성장과 침체와 부채(1996~2012)

GDP 성장률

공공부문 예산잔액의 변화

그해 영국 정부는 국내총생산의 5%에 달하는 금액을 투자했다. 앞서 말했지만, 기업은 절대로 현재 소득으로 투자 자금을 충당하지 않는다. 만약 이 건전한 사업 원칙을 예산 관리에 똑같이 적용한다면, 문제가 되는 공공부문 적자는 국내총생산의 3%보다 적다. 이것은 바로잡아야 하는 문제였지만, 히스테리나 난감한 선택으로 이어질 일은 아니었다.

이번에는 두 번째 그래프를 보자. 미국(과 모든 시장경제)에서도 그렇듯이, 영국 재정잔액이 성장률과 연동해서 변화한다는 사실이 두 번째 그래프에 명확히 나타나 있다.

공공부채 계산하기

2008년 금융위기 이후, 세계적인 불경기로 수입이 줄어들고 경기후퇴와 관련된 지출(실업수당이 대표적이다)이 발생함으로써 거의 모든 선진국의 공공부채가 큰 폭으로 늘어났다. 정치인들은 이념 성향을 막론하고 공공부채의 증가가 '금융시장을 동요하게' 해서 위험하다고 개탄했다. 이런 불안을 품고 있던 사람들은 선진국 중에 공공부채가 불안한 수준은커녕 약간 염려할 수준으로 증가한 국가도 거의 없었다는 사실을 알면 놀랄 것이다.

이 사실을 입증하는 데에는 '기초 사칙연산'이라는 고급 수학 능력이 필요하다. 설상가상으로 부채의 위험도를 평가하려면 '상식'이 필요하다. 이 '상식'은 다음 세 가지 규칙을 가리킨다.

첫째, 타인에게 빚을 지면 잠재적으로 문제가 생길 수 있다. 그러나 내가 나에게 진 빚은 빚이 아니라고 대담하게 말할 수 있다.

둘째, 가계든 기업이든 정부든 자산을 만들기 위해 진 빚과 소비를 위해 진 빚은 다르다. 이것은 앞서 설명한 기본 원칙이다. 자산을 만들기 위한 빚은 부를 창출한다. 이미 수차례 인용했던 가계의 예를 다시 들자면, 어떤 가족이 집을 사기 위해 대출을 받으면 그 빚(주택담보대출)은 정상적인 상황에서 빚보다 가치가 높은 자산에 해당한다. 개인이나 가계의 순 부채(net debt)는 타인에게 진 빚에서 자산을 뺀 나머지다.

셋째, 부채의 비용과 부담은 개인이나 가계가 갚아야 하는 이자와 원금의 일부에서 생긴다. 이것 역시 앞서 설명했던 법칙이다. 주택담보대출의 유지비용은 대출액 전체가 아니라 정기적 이자와 원금상환액('채무 상환')이다.

미국 공공부채(2010년 말)*

보유자 분류	단위: 10억 달러	총부채의 백분율	GDP의 백분율
정부 총 공공부채	14,206	100.0	95.7
정부에 대한 부채	5,656	40.3	38.6
다른 곳에 대한 부채	8.370	59.7	57.1
다른 곳에 대한 **순** 부채	6,017	42.9	41.1
비금융권 채무자			
주 정부와 지방 정부	706	5.0	4.8
중국	1,160	8.2	7.9
기타 **총**부채°	6,504	46.4	44.4
기타 **순** 부채°	4,677	33.3	31.9

° '금융시장'으로 흘러들어 갔을 수 있는 최대 부채
출처: 『2011년 대통령 경제 보고서』(총부채), 경제협력개발기구(순 부채).

이런 상식을 다음 표에 나타난 미국 부채에 적용해보자(표 '미국 공공부 채(2010년 말)' 참조). 2010년 말 미국 연방정부 공공부채는 14조 달러를 넘었다. 이 금액은 2010년 미국 국민총생산의 96%였다. 이 부채는 자세히 들여다보기 전에는 매우 많아 보인다.

연방정부는 이 부채의 40%를 정부 또는 정부 산하기관에 빚졌다. 다시 말해 14조 달러의 40%가 정부에 진 빚이었다. 따라서 그 부분에 대한 이자 지급액은 약간의 자금 이동에 불과했다. 더구나 이동한 자금이 대부분 사회보장연금으로 갔고, 그 사실을 비판할 미국인은 거의 없다. 사회보장신탁자금이 보유한 미국 정부부채는 은퇴 후 받을 연금을 창출하는 수

* Council of Economic Advisers, Economic Report of the President (Washington, DC, February 2011). Online: http://www.gpoaccess.gov/eop/tables11.html (accessed 17 October 2013); OECD, Economic Outlook 89 database. Online: http://stats.oecd.org/Index.aspx?QueryId=48237 (accessed 13 November 2013).

혜자의 '자산'을 나타낸다.

다음으로 총부채(gross debt)에서 미국 정부의 유동자산, 금 보유량, 외화 보유량, 채권 등을 제외한 것이 순 부채다. 경제협력개발기구(OECD)의 국제 표준 방법으로 계산했을 때 2010년 말 미국의 순 부채는 6조 달러를 웃돌았다. 이 수치는 명목상의 총부채 14조 달러의 절반도 되지 않았다. 정부가 정부에 진 빚과 정부의 유동자산을 제외하면, 부채는 국내총생산의 100%에 가까운 것이 아니라 40%를 조금 넘는 수준이었다.

이것이 전부가 아니다. 언론과 정치인은 가혹한 '금융시장'의 공포 때문에 계속해서 부채를 들먹인다. 금융 투기꾼들은 공공부채(총부채든 순 부채든)의 어느 정도를 보유한 것일까? 이를 정확히 가늠하기는 어렵지만, 중앙정부와 지방 정부부터 시작해서 명백히 부채에서 제외해야 하는 항목들이 있다. 정부부채에서 여기에 해당하는 부분(공무원 연금기금 포함)은 2010년 총부채의 5%였다. 이렇게 정부가 정부에 진 빚을 제외하면 최대 '금융시장 부채'는 총부채 7.5조 달러, 순 부채 6조 달러에 조금 못 미치는 수준으로 내려간다.

2010년 말 중국에 대한 부채 1.1조 달러는 어떤가? 보유한 부채에 대해 중국 정부가 어떤 계획을 세웠는지 모르겠지만, 거기에 금융투기는 포함되지 않았다. 게다가 미국 국채는 중국 정부가 대량의 외화 보유액을 유지하는 가장 안전한 수단이다. 중국 은행감독관리위원회 의장은 이 사실을 이렇게 설명했다. "미국 재무부 채권 말고 무엇을 보유하겠습니까? 금을 살까요? 일본 국채나 영국 국채를 사지는 않죠. 미국 재무부 채권이 가장 안전합니다. 중국도 그렇지만 모든 이에게 유일한 선택지입니다. (…) 우리는 곧 달러 가치가 떨어질 것을 알기에 미국이 원망스럽지만, 그렇다고 달리 어떻게 할 방법이 없습니다."[17]

총부채에서 중국에 대한 부채를 빼면, 민간 투기에 취약해질 잠재력이 있는 최대 총부채는 국내총생산의 절반보다 훨씬 적은 6.5조 달러로 감소한다. 같은 계산으로 최대 순 부채는 국내총생산의 3분의 1보다 적어진다.

정부가 정부에 진 부채를 제외하면 미국 공공부채는 국내총생산의 백분율로 나타냈을 때 모든 주요 선진국 중 가장 적었다. 총부채 대신 순부채를 사용하고, 지방 정부와 주 정부가 보유한 공채를 제외하는 등 자명한 계산들을 하고 나면, '대체 무엇이 문제일까?'라는 생각이 들지 않을 수 없다.

가짜 경제학자들과 그들이 뒷받침하는 긴축정책 강경파들은 "문제는 부채의 규모가 아니다."라고 말한다. 이자를 지급해야 하는 문제에 직면

---

17) Henny Sender, "China to Stick with US Bonds," Financial Times, 11 February 2009. Online: http://www.ft.com/cms/s/0/ba857be6-f88f-11dd-aae8-000077b07658.html (accessed 14 November 2013).

공공부채 이자 지급액(2010, 단위: 국내총생산의 백분율)*

영국	2.6	
프랑스	2.3	
독일	2.0	순(net)
미국	1.6	1.0
일본	1.4	

* OECD, Economic Outlook 89 database. Online: http://stats.oecd.org/Index.aspx?DataSetCode=SNA_TABLE11 (accessed 14 November 2013).

해 있기 때문이라는 것이다. 하지만 이것은 아래 표(공공부채 이자 지급액)가 보여주듯이 미국에서 별로 문제시되지 않는다. 미국은 국내총생산의 백분율로 나타낸 총부채 이자 지급액이 5대 선진국 중에서 일본 다음으로 낮았다. 그와 대조적으로 검소하다고 알려진 독일 정부는 미국 재무부보다 훨씬 더 많은 이자를 냈고, 프랑스와 영국도 국내총생산 대비 이자 지급액 비율이 미국보다 높았다. 2010년 미국 연방정부 순 부채 이자는 국내총생산의 1%도 되지 않았다. 전혀 없는 것은 아니었지만, 거의 없는 것이나 마찬가지였다.

가짜 경제학자들에게 영감을 받은 강경파들은 최후의 보루만 남은 상태에서 "그렇게 단정 짓지 말라."고 말한다. 금융시장은 겁을 먹으면 금리를 올릴 것이고 그렇게 되면 1%나 1.6%였던 이율이 감당할 수 없이 치솟는다는 것이다. 하지만 생각해보자. 금융시장이 보유해서 통제할 수 있는 부채가 총부채의 절반도 안 되는 상황에서 어떻게 금리를 올린다는 것일까? 그리고 미국 정부가 새로 빌린 모든 돈이 정부(예: 사회보장신탁기금)에서 또는 중국 정부에게서 빌린 것이라면 금융시장이 어떻게 금리를 올릴 수 있을까? 정답은 경제학 전문지식 없이도 자명하다. 금융시장은 미국의 금리를 올릴 수 없다.

그러나 현실은 달랐다. 2012년 9월 신용등급기관 무디스가 미국 공공부채 신용 등급을 낮추겠다고 위협한 것은 아예 초현실적이다. 워싱턴 경제 및 정책 연구소(Center for Economic and Policy Research)의 마크 웨이스브롯은 이렇게 말했다. "전 세계에서 채무불이행 위험이 가장 낮은 국채는 미국 재무부 채권입니다. 미국 정부가 발행한 채권을 보유한 모든 사람은 핵전쟁처럼 엄청난 재앙이 오지 않는 한 채권을 만기까지 보유한다면 이자와 원금 상환을 확신할 수 있습니다."[18]

미국 정부는 늘 부채 의무를 완수해왔다. 그와 반대로 국민에게 교육과 보건의료를 제공할 의무, 공공 기반시설을 보수할 의무, 주 정부와 지방 정부가 파산하는 것을 막을 의무는 노골적으로 지키지 않는다. 신용등급기관들의 도움을 받아 연방정부의 채무불이행 위험을 거론하는 허위 주장들은 부유층과 권력층에게만 유리하고, 그로 인해 '미국 국민을 위한 사회적·경제적 정의'라는 채무를 불이행하는 일이 더 많아질 것이다.

더 읽을거리

Paul Krugman, *End This Depression Now!* (London: W. W. Norton, 2012). 『지금 당장 이 불황을 끝내라!』, 엘도라도(2013).

David Graeber, *Debt: The First 5000 years* (Brooklyn: Melville House, 2011). 『부채, 그 첫 5,000년』, 부글북스(2011).

---

18) Mark Weisbrot, "Moody's Threat to Downgrade US Debt Is Political, Not Fiscal," Guardian, 13 September 2012. Online: http://www.theguardian.com/commentisfree/2012/sep/13/moodys-threat-downgrade-us-debt-politicalfiscal (accessed 14 November 2013).

8장

정부가 인플레이션을 유발하는가?

인플레이션에 대한 공포

'정부가 인플레이션을 유발한다.'는 주장은 가짜 경제학자들이 즐겨 제창하는 후렴구 중에서도 으뜸일 것이다. 이 주장은 공공지출에 반대하는 근거로 이용되어 부유층과 권력층에 큰 혜택을 제공한다. 그러나 사실 인플레이션 위험에 대한 두려움은 외계인 침입의 공포처럼 21세기 초와 동떨어져 있다.

2010년 미국 인플레이션은 2% 미만이었고, 그 전해에는 마이너스였다. 그 2년 동안 미국 실업자 수는 노동인구의 10%에 가까운 1,400만 명으로 증가했다. 2010년 5월 미국 갤럽 여론조사는 설문 참여자의 59%가 인플레이션에 대해 '매우 걱정한다.'고 답했고, 29%가 '어느 정도 걱정한다.'고 답했으며, 15%만 '거의 또는 전혀 걱정하지 않는다.'고 답해서, 인플레이션 이념의 위력을 보여주었다.[1]

---

1) Dennis Jacobe, "Inflation Worries Permeate U.S.," Gallup, 3 May 2010. Online: http://www.gallup.

실업률 8%에 3년 연속으로 가계소득이 감소한 2012년 영국에서는 인플레이션 공포가 대중을 사로잡았다는 주장이 제기되었다. "침체기를 맞이한 영국 경제에 자극을 줘야 할지 말아야 할지에 관한 영국 중앙은행 (Bank of England)의 딜레마는 인플레이션이 (3% 미만으로) 하락했는데도 최근 몇 달 사이 인플레이션에 대한 대중의 우려가 고조되었다는 결과가 나온 설문조사들 때문에 더욱 심각해졌다."[2]

걷잡을 수 없는 실업과 소득 감소를 부차적 문제로 취급하게 할 정도로 2%, 3% 수준의 인플레이션이 대중을 불안하게 하는 이유는 무엇일까? 그리고 왜 인플레이션을 정부의 책임으로 돌릴까? 이런 믿기 어려운 신념들은 자유 시장 신화를 조장함으로써 이익을 보는 부유층, 특히 금융 투기를 통해 부유해진 사람들에게 충직하게 봉사하는 가짜 경제학자들의 열성적이고 부지런한 작업의 결과다.

사람들이 인플레이션을 두려워하는 것은 그렇다 치고, 그들은 왜 정부가 인플레이션을 일으킨다고 생각할까? 이 질문은 관련 있는 다른 질문으로 이어진다. 만약 정부가 인플레이션의 원흉이라면, 스위치를 조작하듯이 인플레이션을 키우고 줄일 수 있다는 것일까? 이 질문에 대해 가짜 경제학이 내놓은 가짜 정답은 매우 단순하다. 물건값이 올라가는 것은 너무 많은 돈으로 너무 한정된 재화를 사고자 하기 때문인데, 그렇게 돈을 만들고 유포하는 기관이 바로 정부라는 것이다.

---

com/poll/127616/Inflation-Worries-Permeate-US.aspx (accessed 17 October 2013).

2) Ben Chu, "Dilemma for Bank of England as Public Fears Even Higher Inflation," *Evening Standard*, 8 June 2012. Online: http://www.newsrt.co.uk/news/dilemma-for-bank-of-england-as-public-fears-even-higher-inflation-511864.html (accessed 14 November 2013).

이런 주장은 그럴듯하고 자주 반복되지만, 한마디로 거짓말이다. 이 것은 가짜 경제학의 이념적 사기 중에서도 대표적인 것이다. 가짜 경제학자들이 주장하는 정부-화폐-인플레이션 이론을 자세히 살펴보면 아무 내용도 없다는 사실이 금세 드러난다. 아무리 들여다봐도 내용이 없다. 내용이 없다는 점에서 학문적으로도 경험적으로도 공허하지만, 사람들의 사랑을 받는 '수요와 공급 법칙'에 견줄 만하다. 여기에 왜 아무 내용도 없는지 이해하려면 아주 기본적인 내용부터 점검해야 한다. 돈이란 무엇이고, 인플레이션은 무엇이고, 가격은 왜 변할까?

돈이란 무엇일까?

정부-화폐-인플레이션 가설을 가장 명확하고 간단하게 설명한 학자는 20세기 이념주의자 밀턴 프리드먼이었다. 그는 노벨 경제학상에 빛나는 업적들과 더불어 "인플레이션은 언제 어디서나 화폐와 관계된 현상"[3]이라고 주장했다.

이것은 어떤 상황에서 사실일까? 자주 인용되는 프리드먼의 상투적 발언은 단지 '돈이 가격을 올린다.'는 것보다 훨씬 많은 것을 암시한다. 즉, 그는 가격 인상의 유일한 원인이 통화 팽창이고, 통화 팽창은 언제나 민간부문이 아닌 공공부문의 활동에서 비롯한다고 주장한다. 이 주장을 어떻게든 이해하려면 통화의 본질과 통화와 정부정책의 관계를 이해해야 한다.

---

3) Milton Friedman, *Inflation: Causes and Consequences* (New York: Asia Publishing House, 1963).

일상 대화에서 우리는 '돈'이라는 말을 별로 정확하지 않게 광범위한 의미로 사용한다. 예를 들어 누군가가 "제가 어렸을 때 우리 집에는 돈이 별로 없었습니다."라고 말할 때 여기서 돈은 부모가 서랍이나 깡통에 넣어두던 달러화, 파운드화, 마르크화를 가리키지 않는다. "제가 어렸을 때 부모님은 돈을 많이 벌지 못했습니다."와 같은 맥락에서 일반적으로 '소득'을 의미한다.

대조적으로 경제학자들은 '돈'이라고 말할 때 구체적인 대상을 지칭한다. 그들에게 '돈'이라는 단어는 구매하고 판매하는 수단, '유통의 수단'이나 '교환 매개체'를 뜻한다. 내가 뭔가를 살 때 지급하는 것은, 재화를 직접 물물 교환하는 드문 사례를 제외하면, 바로 돈이다. 인플레이션을 돈의 순환과 연결하는 모든 분석은 바로 이런 정의에 바탕을 두고 있다. 만약 사람들이 돈이 아닌 다른 것을 이용해서 거래한다면, 가격과 돈 사이에 반드시 연결고리가 있어야 할 이유가 없다. 돈이 가격을 결정한다는 주장은 돈이 모든 거래를 매개한다는 요건과 더불어, 거래가 성사되기 전에도 일정량의 화폐가 거래와 상관없이 존재한다는 요건을 전제한다. 게다가 이 인과율에는 사람들이 돈을 붙들고 있지 않는다는 요건, 또는 사람들이 돈을 보유하려는 욕망의 크기가 안정적으로 유지된다는 요건이 필요하다. 그렇지 않다면 정부가 발행한 통화의 전체 공급량은 유통 중인 통화량과 다를 것이다.

이 세 가지 요건을 '보편성 원리'(모든 거래에 돈이 사용된다), '자율성 원리'(돈은 그것이 촉진하는 거래와 독립적으로 존재한다), '비축 불가의 원리'라고 부를 수 있다. 이 원리들이 유효하다면, 돈과 가격을 간단히 설명할 수 있다. 모든 거래는 돈을 매개로 성립하고, 사람들이 희망하는 거래량은 통화량에 전혀 영향을 미치지 않는다. 재화와 용역의 생산량이 어느 시점의 최대 거래량을 결정하고, 통화량은 가격을 결정한다.

통화량의 증감은 분명히 총 거래 가치의 증감에 영향을 미칠 것이다. 통화량이 감소하면, 재화와 용역의 가격이 내려가거나 사람들이 더 적은 양의 재화와 용역을 사고팔 것이다. 통화량이 증가하면, 사람들이 더 많은 재화와 용역을 사고팔거나 가격이 올라간다. 재화와 용역의 생산량이 늘어나지 않거나 늘어날 수 없다면, 통화량 증가는 가격 상승을 일으킨다. 그리고 정부가 통화 발행을 독점하므로, 정부가 통화량을 늘리느냐 줄이느냐에 따라 총 거래 가치가 변동한다. 따라서 인플레이션은 항상 재화와 용역의 공급량을 늘릴 수 없거나 통화량에 비해 느리게 늘어나는 상황에서 정부가 통화량을 늘릴 때 발생한다. 매우 합리적이고 단순한 논리처럼 보인다. 한쪽에는 사회에서 생산된 것들의 무더기가 있고, 다른 쪽에는 돈의 무더기가 있다. 돈 무더기가 점점 커지고 생산품 무더기는 커지지 않으면, 가격이 올라갈 수밖에 없다.

얼핏 보기에 합리적인 이 이야기는 4장에서 살펴본 수요와 공급 법칙처럼 거짓말이다. 가짜 경제학자들이 만들어낸 우화의 주인공인 '자율적 화폐'에 해당하는 것이 현실에는 없다. 가격과 인플레이션에 대한 진정으로 합리적인 관점을 유지하려면 처음부터 다시 시작해야 한다.

첫 번째이자 핵심적인 구성요소는 보편성 원리다. 모든 거래가 돈을 매개로 이루어진다고 했지만, 현실에서 돈은 대부분 정부의 직접 통제에서 벗어나 있다. 선진국에서 한 사람이 하루 동안 경험하는 거래를 생각해보자. 자주 사용되는 전형적 거래 수단으로 지폐, 동전, 수표, 체크카드, 신용카드, 스마트폰 결제, 그리고 백화점 신용카드 등 다양한 형태의 후지급 메커니즘이 있다. 이 모든 것이 돈에 해당하지 않는다면, 돈이 인플레이션을 결정한다는 가설은 문제에 부딪힌다. 보편성 원리는 성립하지 않고, 돈과 돈이 아닌 것을 통해 이루어지는 두 가지 거래를 상정해서 가설을 대폭 수정해야 한다. 거래에 이용되는 모든 것이 돈에 해당한다고 본다면, 같은 문제가 다른 형태로 발생한다. 모든 거래가 돈을 통해 이루어진다는 보편성 원리를 정부정책과 연결하려면, 정부가 통제하는 돈이 다른 형태의 돈과 어떤 관계가 있는지를 설명하는, 신뢰할 만한 메커니즘이 필요하다. 간단히 말해 돈이 가격을 결정하려면, 정부의 통화량이 정부와 민간 통화량의 합을 결정한다는 사실을 철저히 입증해야 한다. 구체적으로 자율성 원리가 성립하려면, 정부의 통화정책이 어떤 방식으로든 페이팔(Paypal) 같은 결제 방식에도 영향을 미친다는 사실을 입증해야 한다는 것이다.

자율성 원리를 입증하는 과정에도 경험적·이론적 난관이 있다. 예를 들어 내가 '정부의 통화'라고 부른 것을 가리키는 경제학 용어는 '본원통화'[4]다. 이것을 다르게 일컫는 여러 완곡어법(high-powered money, money base, narrow money 등) 중에서 그 적절한 이중성 때문에 내가 가장 좋아하는 용어는 '기본통화(base money)'[5]다. 이처럼 간단한 돈의 개념조차도 구체적 사회제도인 중앙은행과 시중은행을 언급하지 않고는 정의할 수 없다. 중앙은행은 국가의 통화체계를 감독할 책임이 있는 기관이고, 시중은행은 가계와 기업의 예금을 보관하고 그 예금을 바탕으로 대출해주는 기관이다.

---

4) monetary base: 중앙은행의 일차적인 화폐 공급. 옮긴이.
5) base money: '위조 화폐'라는 뜻도 있다.

중앙은행의 운영 방식, 기능, 과제는 법률로 결정하고 국가마다 확연히 다르다. 미국에서는 1913년에 설립된 연방준비제도(Federal Reserve System)가 중앙은행의 기능을 수행한다. 각 지역의 시중은행이 형식적으로 연방준비제도의 12개 지점을 차지한다. 대통령은 연방준비제도 이사회 구성원을 임명하고 상원의 승인을 받는다. 연방준비제도의 법적 임무는 완전 고용 장려, 적정한 장기금리 유지, 가격 안정성 유지 등이다. 대조적으로 가짜 노벨상을 수여하는 스웨덴 중앙은행 다음으로 오래된 영국 중앙은행은 1694년부터 민간 소유였다가 1946년에 국영화되었다. 가짜 경제학자들은 최선을 다해 짜깁기해서 일반 이론을 만들어냈지만, 이런 국가별 특징들을 고려하면 사회제도와 무관한 일반적인 화폐 이론을 세우기는 불가능하다.

중앙은행과 시중은행을 정의함으로써 미국의 본원통화가 동전과 지폐와 중앙은행이 보유한 시중은행의 준비금으로 구성된다는 사실을 경험적으로 확인할 수 있다. 이 준비금은 가계 예금을 시중은행에 보관하듯이 시중은행이 연방준비제도 계좌에 맡겨야 하는 금액이다. 통화체계의 따분한 세부사항들을 살펴보면 정부가 통제하는 돈과 거래에 사용되는 돈의 관계를 이해할 수 있다.

중앙정부와 민간금융에 대해 알아야 할 중요한 사실은 정부가 돈을 불리는 은행의 행태를 장려하는 것이 아니라 저지하고 제한한다는 것이다. 은행은 고객의 계좌에 들어 있는 잔액(요구불예금)을 대출해줌으로써 돈을 불린다. 정부가 개입하지 않는다면, 채무자의 채무불이행에 대한 우려를 제외하고는 은행의 신용대출 규모를 제한하는 수단이 전혀 없다. 은행은 대출에서 이익을 얻는다. 대출해주면 돈이 불어난다. 정부는 은행이 대출을 너무 많이 해줘서 돈이 너무 많이 불어나 금융위기가 오는 본질적 위험을 줄이기 위해 미국의 연방준비제도, 영국의 중앙은행 등 모든 공공 통화 당국을 새로 제정하거나 원래 있던 기관을 통제했다.

많은 가짜 경제학자가 시장의 자율적인 규율이 지나친 신용대출을 충분히 방지한다고 주장하며 중앙은행 폐지를 제안했다. 밀턴 프리드먼과 함께 마거릿 대처의 총애를 받은 프리드리히 하이에크는 이 주장을 중앙은행 폐지를 호소하는 도그마로 발전시킨 인물로 유명하다. "과거 시장 경제의 불안정성은 시장 메커니즘을 규제하는 가장 중요한 요소인 돈이 시장 절차의 규제를 받느라 배제된 결과"[6]라는 하이에크의 주장은 너무나 놀라워서 패러디조차 불가능했다. 미국 하원의원 론 폴은 우익 강령에 따라 "중앙은행의 목적은 대중을 기만하고 사취하는 것"[7]이라면서 하이에크의 통화 허무주의를 열정적으로 옹호했다. 마치 21세기 최악의 경제 파탄을 일으킨 민간은행들은 전혀 그러지 않았다는 듯이 말이다.

하이에크는 1974년 스웨덴의 위대한 진보 사회민주주의자 군나르 뮈르달과 가짜 노벨상을 공동 수상했다. 그들의 정치적·경제적 성향은 1944년 출판된 두 권의 책에 가장 잘 요약되었다. 하이에크의 『노예의 길 (The Road to Serfdom)』은 공공부문과 사회보호제도가 전체주의의 근원이라고 격렬히 공격했고, 뮈르달의 『미국의 딜레마: 흑인 문제와 현대 민주주의(The American Dilemma, the Negro Problem and Modern Democracy)』는 미국의 고질

---

6) Friedrich Hayek, *Choice in Currency* (London: The Institute of Economic Affairs 1976), 79–0.

7) Ron Paul, quoted in "The Purpose of a Central Bank Is to Deceive and Defraud the People," RonPaul.com, 11 July 2011. Online: http://www.ronpaul.com/2011-07-11/ron-paul-the-purpose-of-a-central-bank-is-todeceive-and-defraud-the-people/ (accessed 14 November 2013).

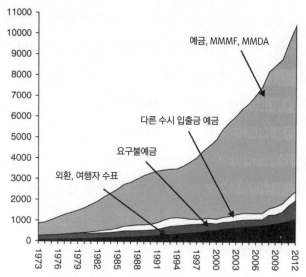

미국의 통화 공급량(2000~2011, 단위: 10억 달러)*

출처: 『2013년 대통령 경제 보고서』.
MMMF는 통화 시장 뮤추얼펀드(money market mutual fund), MMDA는 통화 시장
수시입출금계좌(money market deposit account)다.

국제적 표준 정의에 따르면 국가의 '통화 공급'에는 두 가지 주요 요소가 있다. 첫째, 여기서 'M1'이라고 부르는 '본원통화'는 지폐와 동전과 수시입출금 계좌의 자금으로 구성된다. 1970년대 후반까지 은행 규제는 다른 종류의 계좌(정기예금 계좌)에 접근을 제한했다. M1은 나머지 통화 공급의 '토대' 또는 근거였다.

금융기관 규제 완화 이후에는 가계와 기업이 모든 계좌의 자금에 접근하는 방식이 수시 입출금 계좌와 다름없이 유동적으로 변했다. 기본통화의 의미가 사라졌고, 통화 공급의 정의가 복잡해졌다.

규제 완화로 인해 M1은 시대에 뒤떨어졌고, 새로운 개념인 M2가 만들어졌다. M2는 M1에 예금 계좌, MMMF, MMDA 등 금융기관이 보유한 거의 모든 계좌 잔액을 더한 것이다. 2000년부터 2011년까지 지폐와 동전은 통화 공급량의 10분의 1을, 수시입출금 계좌는 5분의 1을 겨우 차지했다.

* Council of Economic Advisers, Economic Report of the President (Washington, DC, February 2013). Online: http://www.gpoaccess.gov/eop/tables11.html (accessed 17 October 2013).

적인 인종 문제에 관한 선구적 연구서였다.

하이에크와 론 폴이 뭐라고 했든, 정부는 지급준비율 요건(현금 보유)을 통해 민간신용을 제한할 권한이 있다. 이 요건은 은행이 사용하지 않고 보유한 자금(준비금)과 대출 가능한 자금의 법적 관계를 수립한다. 몇몇 영세 은행을 제외하고 2011년 말 미국의 법적 지급준비율 요건은 10%로, 미국 은행들은 준비금 1달러당 10달러를 대출해줄 수 있었다. 어떤 정부는 지급 준비율 요건을 직접 설정하지 않고 다른 규제수단을 통해 민간금융의 신용대출을 억제한다(예: 영국과 과거 영국 식민지였던 캐나다, 호주, 뉴질랜드 등).

화폐를 과잉 발행한다고 정부를 탓하는 것은 건물이 불에 타서 무너질 때 소방서를 탓하는 것과 같다. 소방대원들이 화재에 잘 대응하든 못하든, 그들은 대중을 불지옥으로부터 보호해준다. 이와 마찬가지로 중앙은행은 대중을 민간금융의 무절제한 행태에서 보호하고자 한다. 정부가 '화폐를 발행'하는가? 아니다. 은행이 돈을 불린다.

통화량이 너무 많아서 인플레이션이 발생할까?

누가 그렇게 주장했든 간에, 과다한 통화량 말고는 인플레이션의 다른 원인이 없지 않은가? 1960년대와 1970년대를 살펴보자. 국제 유가가 거의 일정했던 1960~1969년에 미국의 제조비용은 연간 약 1%, 10년간 11% 증가했다.[8] 이 증가액이 임금 변화액에서 노동자당 산출량 변화를 뺀 수

---

8) Council of Economic Advisers, Economic Report of the President (Washington, DC, February

치와 일치한 것은 우연이 아니다(즉, 가격은 단위노동비용에 비례해서 상승했다).

다음 10년간 국제 유가는 배럴당 약 3달러에서 20달러 이상으로 상승했고, 미국에서 115% 증가했다.[9] 거의 모든 국가가 이와 비슷한 연료 가격 인플레이션을 겪었다. 석유는 가계지출과 산업비용의 주요 항목이었으므로 유가 상승의 여파는 국가 경제 전체로 퍼져나갔다.

이것은 화폐 관련 현상이었을까? 구체적으로 말하자면, 미국과 다른 국가의 유가가 오른 이유는 정부가 직간접적으로 화폐를 발행했기 때문일까? 이 질문에 대한 진실한 대답이 명백하게 '아니요'인데도 사람들이 '예'라고 대답하게 한 것은 가짜 경제학의 위대한 이념적 업적이다. 가짜 경제학자들은 그들이 '화폐수량설'이라고 부르는 가설을 이용해서 사기를 친다. 수요와 공급 법칙처럼 화폐수량설은 극도로 제한된 조건에서만 유효하므로 실용성이 없다. 게다가 수요와 공급 법칙처럼 그 가설의 단순한 논리가 분별 있는 사람들의 사고까지 지배한다.

나는 가짜 경제학자들이 절대로 하지 않는, 실제로 관찰한 양상에 대한 분석을 계속하겠다. 시장경제에서 개인과 기업은 수많은 재화와 용역을 사고판다. 그중 일부는 국내에서 생산하고, 어떤 것은 수입하거나 수출하고, 어떤 것은 국내 생산과 수입이 동시에 이루어지고, 수입과 수출이 동시에 이루어지기도 한다. 상품 구매와 판매에서는 앞에서 지적했듯이 다양한 거래 수단을 이용한다. 가계는 대부분 신용카드 같은 비화폐성 수

2010), annex table B 3. Online: http://www.gpoaccess.gov/eop/tables11.html (accessed 14 November 2013).

9) Council of Economic Advisers, Economic Report of the President (2013), annex tables B 3, B 60.

미국의 인플레이션(1992~2010): 통화량이 너무 많아서 문제일까?*

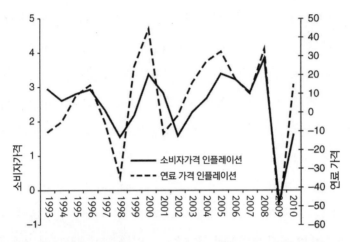

출처: 『2013년 대통령 경제 보고서』.

1992년부터 2010년까지 미국 소비자가격의 연평균 상승률은 2.5%였고, 세계시장의 연료(석유, 가스, 석탄) 가격은 연평균 6.7% 상승했다.

이런 평균값은 연중 가격 변화를 보여주지 못한다. 미국 소비자가격은 최저 −0.4%(2009년), 최고 3.8%(2008년)로 비교적 큰 변화가 없었다. 대조적으로 연료 가격은 최저 −54%(2009년)에서 최고 44%(2000년)로 변동이 심했다.

연료 가격 상승률이 소비자가격 상승률보다 평균 2배 이상이었고, 가격 편차가 확연히 달랐으므로 두 지표가 서로 관계없어 보일 수 있다. 하지만 사실은 첫 번째 그래프를 보면 알 수 있듯이 긴밀한 관계가 있다. 이 사실을 잘 보여주기 위해 두 가격을 각기 적절한 척도로 나타냈다. 왼쪽 세

---

* Ibid.

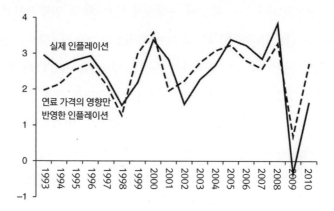

실제 인플레이션(1993~2010)과 연료 가격의 영향*

출처: 『2013년 대통령 경제 보고서』.

로축은 미국 소비자가격을, 오른쪽 세로축은 국제 연료 가격을 나타낸다.
경제학이나 통계학 전문지식이 없어도 국제 연료 가격과 미국의 인플레
이션 사이의 명백한 상관관계를 이해할 수 있다.

두 번째 그래프는 두 가격의 관계가 긴밀했음을 보여준다. 첫 번째 그래프
에서처럼 실선은 실제 소비자가격 인플레이션이고, 점선은 소비자가격이
국제 연료 가격의 변화에만 반응해서 변동했을 경우의 인플레이션이다.

미국 정부는 국제 연료 가격을 통제하지 않는다. 연료 가격은 소비자가격
이라는 지표의 변동을 절반 이상 설명해주고, 둘은 지극히 긴밀한 관계가
있다. 따라서 미국의 인플레이션이 정부나 연방준비제도가 영향을 미치
거나 직접 행동한 결과라는 발상에 큰 의혹을 품게 한다.

---

* Ibid.

단으로 구매한다. 기업은 현금으로 구매하는 일이 극히 드물고, 보통 외상으로 구매해서 대금을 나중에 지급한다.

가짜 경제학자들은 이 복잡한 현실에서 정부-화폐-인플레이션의 간단한 이론을 만들어내야 한다는 문제에 봉착한다. 게다가 정부는 본원통화만 제공한다는 사실도 그들에게는 유리한 조건이 아니다. 화폐수량설이 신빙성을 갖추려면, 이 이론을 이용해서 모든 결제수단을 정부가 통제하는 돈과 직접 연결해서 설명할 수 있어야 한다. 이 연결고리는 비교적 간단한 은행 신용의 경우에도 입증하기가 극히 어려운 것으로 드러났다.

정부는 중앙은행을 통해 어떤 민간기관의 대출도 '통제'할 수 없다. 중앙은행은 기껏해야 민간대출을 활성화하기 위해 구체적인 금융조절 수단을 쓸 뿐이다. 가장 중요한 두 가지 금융조절 수단은 중앙은행이 민간은행에 대출해주는 금리와 '공개시장 조작'이다. 간단한 예를 들자면, 미국 연방준비제도는 민간은행에 대출해주는 금리를 낮춤으로써 은행들이 기업과 가계에 대출하는 금리도 낮출 것으로 기대한다. 중앙은행은 또한 금리 인하가 고객의 대출과 지출을 증가시킬 것으로 기대한다. 다른 방법으로 중앙은행은 법적 대출 상한선과 맞물린 각 은행의 준비금을 늘리거나 줄일 수 있다. 그러기 위해 중앙은행은 은행들에 국채(가짜 경제학자들이 그토록 두려워하는 공공부채에 해당하는)를 사고판다.

2008년 세계 금융위기가 닥치자, 대부분 국가의 중앙은행은 민간은행의 대출을 유도하고 경기회복을 앞당길 투자를 자극하려고 이 두 방법을 동시에 사용했지만, 결국 실패했다. 영국과 미국에서 중앙은행 금리가 물가상승률보다도 낮은 1% 아래로 내려가자, 금리 인하 효과는 한계에 다다랐다. 무상으로 주는 것보다 더 좋은 조건으로 대출해주는데도 투자는 회복되지 않았다. '양적 완화'(공개시장 조작의 다른 이름)를 통해 민간은행의 대출 준비금을 직접 늘린 것 역시 효과가 없었다.

중앙은행의 활동과 민간은행의 신용대출 사이에 직접적이고 효과적인 연결고리를 확보하는 일은 이론적으로나 현실적으로나 어렵다는 것이 사실로 밝혀졌다. 그 연결고리를 규제되지 않는 금융의 점점 더 신비롭고 색다른 상품들로 확장하는 것은 아예 불가능하다. 게다가 은행이 활동하는 통화시장의 영역이 전 세계라는 사실도 간과할 수 없다. 따라서 국가는 규제를 통해 금융기관의 행동을 미미하게 제한할 수 있을 뿐이다. 아무리 긍정적으로 보더라도, 정부가 통화 공급을 통제할 능력이 거의 없다는 결론을 피할 수 없다.

이런 학문적·실용적 문제들 때문에 경제학자들은 자율성 원리를 포기했다(가짜 경제학자들은 포기하지 않았다). 그들은 독립적 화폐와 거래가치의 인과율을 주장하는 화폐수량설 대신에 기업이나 가계의 거래가 화폐를 유통하는 수단이라고 말한다. 예를 들어 은행이 사용하지 않기로 한 준비금을 대출에 이용하거나 준비금 없이 대출해주는 경우에 그런 일이 일어난다. 2010년 초 전 세계 은행은 상당량의 현금을 보유했지만(이는 비축 불가의 원리를 위반한 것이다), 그것 때문에 대출이 활성화되지는 않았다. 그 돈이 사용되지 않고 비축된 이유는 민간생산이 너무 느리게 진행되어 돈을 쓸 필요가 없었기 때문이다.

가짜 경제학자들은 돈에 대한 이런 해석을 어떻게든 반박해야 한다. 돈이 인플레이션을 일으키는 메커니즘에는 모든 거래가 거래 자체와 독립적인 돈을 매개로 이루어진다는 자율성 원리가 필요하다. 다시 말해 돈은 거래가 일어나기 전에 정확한 수량으로 존재하고 있어야 한다. 전지전능한 경매인이 시장을 장악한 경우(1장 참조)처럼, 가짜 경제학은 이 난관을 뜬금없는 임기응변으로 해결한다. 모든 거래는 '화폐 권위자'들이 효과적으로 통제하는 통일된 화폐를 이용해서 성사된다는 것이다. 실제로 그런지 어떻게 알 수 있을까? 신이 선하다는 사실을 안다고 주장할 때처럼 맹목적인 믿음이 필요하다.

돈에 대한 이 명백히 부조리한 접근방식은 단순한 상황에서 복잡한 상황으로 넘어가면서 정당화된다. 매매 활동에서 동일한 유통 수단이 이용된다는 단순화가 사실이 아님을 누구나 알지만, 이 단순화에서 끌어낸 결론은 매우 복잡한 실물경제의 상황에 적용할 때 모순되지 않을 것이다. 비유를 들기 위해 지구에서 낙하하는 물체가 9.8m/s2로 가속해서, 낙하한 지 1초가 지나면 9.8m/s, 2초가 지나면 19.6m/s가 된다는 간단한 법칙을 살펴보자. 이것은 공기 저항이 없는 진공 상태에서는 사실이다. 그러나 실제로 관찰하면 물체의 모양과 공기 밀도에 따라 가속도가 달라질 것이다. 이런 현실적 제약이 있다고 해서 가속도 법칙이 유효하지 않은 것은 아니다. 돈과 현실의 관계도 이렇게 볼 수 있다고 가짜 경제학자들은 말한다.

그러나 낙하하는 물체와 지구는 진공 상태이든 아니든 존재하지만, 경제활동에 독립적이며 완벽하고 통일된 화폐는 현실에 존재하지 않는다. 현실의 '통화 공급'은 다양한 요소로 구성되어 '화폐 권위자'들이 규제할 수 있는 공동의 출처가 없다. 경매인과 마찬가지로 가짜 경제학의 화폐는 순수하게 이론적인 발명품일 뿐이다(즉, 가상의 현실에서 만들어졌고 아무것도 설명하지 못한다).

인플레이션이란 무엇일까?

가짜 경제학의 인플레이션 개념에 제기되는 문제는 '통화 공급'에 대한 주장만이 아니다. 재화와 용역이 다양하다는 사실에서 화폐수량설에도 문제가 발생한다. 국가 경제에서 국가 간 무역으로 거래되는 상품과 국내에서 거래되는 상품은 분명히 구분된다. 북부 유럽과 미국의 올리브유 가격은 올리브유 생산국의 가격 변화와 세계 수요에 따라 달라진다. 수입도 하고 국내에서도 생산하는 상품도 많다. 대표적인 예로 석유가 있다. 21세기에 미국은 세계에서 세 번째로 규모가 큰 원유 생산국이면서 최대 원유 수입국이었다(자국 원유 생산량의 약 2배를 더 수입했다[10]). 어떻게 정의했는지 알 수 없는 '통화 공급'이 파인애플과 석유 가격을 결정한다고 주장하는 사람은 현실 세계에 살아본 적이 없는 것일까?

일부 재화와 용역, 특히 대부분 용역은 국제무역의 대상이 아니다. 예를 들어 뉴욕에서 샌프란시스코로 가는 여행의 절차는 수입할 수 없지만, 여행을 위한 교통수단과 연료는 수입할 수 있다. 그런 용역의 가격은 압도적으로 미국의 내부 요인인 노동자 임금과 고용주의 이익에 달렸다. 그러나 재화와 용역은 점점 더 국제화되어, 고객센터나 온라인 교육이나 의료조차도 컴퓨터와 전화를 이용해서 국제적으로 제공된다. 가격 변화에 대한 어떤 신뢰할 만한 설명도 가격이 국제 가격과 독립적으로 변화하며 학문적·실용적으로 결함이 많은 '통화량'이나 '통화 공급'의 변화만 반영한

---

10) US Energy Information Administration, "Countries." Online: http://www.eia.gov/countries/index.cfm?topL=exp (accessed 14 November 2013).

다고 주장할 수 없다.

논의가 지루해질 위험이 있지만, 여기서 가짜 경제학 인플레이션 개념의 지극히 실용적인 세 번째 문제를 지적해보자. 시장경제에서 가격 상승은 이익이 적은 활동에서 이익이 많은 활동으로 생산자원을 재분배하는 역할을 해야 한다. 이 절차는 자본주의 경제의 역동성을 구현한다. 기술과 가계지출의 변화로 신제품이 개발되고 기존 제품이 쇠퇴한다. 예를 들어 컴퓨터가 개발되면서 타자기를 생산하지 않게 되었다. 경제의 새로운 부문이 정착하고, 쇠퇴하는 부문에서 근로자를 비롯한 생산 투입 요소들을 끌어와야 한다. 이런 재분배는 시장경제에서 팽창하는 부문의 임금과 가격 상승을 통해 일어난다. 역동적인 시장경제에는 미약하게나마 인플레이션 경향이 내재되어 있다.

신제품이 구제품을 대체하거나 기존 제품의 품질이 향상될 때 이와 유사한 인플레이션 압력이 발생한다. 2010년에는 1980년보다 승용차 가격이 훨씬 높았다. 가격 상승 폭에서 인플레이션과 품질 향상(구매자가 그것을 원했든 원하지 않았든)이 차지하는 비율은 각각 얼마일까? 품질 향상, 시장 조건의 변화, 순수한 인플레이션 효과가 각각 가격 상승에 미치는 영향을 분리해서 파악하는 작업을 하느라 통계학자들은 수십 년간 골머리를 앓았다. 인플레이션에 맞서 싸우는 데 전념하는 유럽 중앙은행(European Central Bank, ECB)은 아마도 이것을 염두에 두고 2%의 총 가격 상승률을 '가격 안정성'으로 정의한다. 인플레이션에 대한 공포를 부추기기 위해 경종을 울리는 유럽 중앙은행의 애니메이션 「인플레이션 괴물을 봤니?(Have you seen the inflation monster?)」[11]를 보면 누구나 그 사실을 알 수 있다.

1990년대 중반 미국 의회는 제품의 품질 변화로 인한 인플레이션을 분리해내는 작업을 충분히 중요하게 여겨, 전문가 집단에 조사를 의뢰했다. 보스킨 위원회(Boskin Commission, 소비자가격 지표를 연구하는 자문 위원회 (Advisory Commission to Study the Consumer Price Index)는 인플레이션 표준 지표 중 약 1.2%가 품질 변화를 반영한다는 결론을 내렸다. 즉, 1.2%의 가격 상승은 인플레이션이 아니었다는 것이다. 여기에 생산자원을 재분배하기 위한 시장 압력에서 비롯한 가격 상승까지 더하면, 유럽 중앙은행이 추구하는 2%의 수치를 얻을 수 있다. 유럽 중앙은행의 '물가 상승률' 목표치는 사실상 인플레이션이 없는 상태다.

그래서 어쨌단 말인가? 원인이 무엇이든 가격 상승은 가계의 구매력을 낮추고, 사람들이 그런 상태를 불평하지 않는가? 그렇지 않다. 구매력 저하에 대한 불평을 인플레이션에 대한 공포로 해석하는 것은 이념적이다. 구매력 상실은 가격 상승 외에도 소득 정체나 하락의 결과로도 나타난다. 미국은 가격이 상승했기 때문이 아니라 임금 정체 때문에 1970년대부터 대부분 가계의 구매력이 정체되었다(10장의 '수요와 소득' 글 상자 참조).

이런 학문적·실제적 반박은 정부-화폐-인플레이션 가설이 허구임을 밝혔다. '재화와 용역을 구매하는 독립적인 화폐의 수량'이라는 가설은 학문적·실제적 기본도 갖추지 못했다. 물가수준은 다양한 메커니즘으

---

11) "What Is Inflation?" European Central Bank. Online: http://www.ecb.int/ecb/educational/hicp/html/index.en.html (accessed 17 October 2013).

로 가격과 수량이 결정되는 재화와 용역을 총괄하는 복잡한 개념이다. 시장경제는 역동성을 발휘하기 위해 물가수준의 상승을 요구한다. 그리고 일부 가격 상승은 인플레이션이 아닌 품질 변화를 반영한다. 가짜 경제학자들이 사용하는 두 핵심 용어 '통화 공급'과 '인플레이션'은 무의미하다. 그 때문에 많은 경제학자가 돈을 움직이는 것은 시장 거래라고 믿는다.

하지만 가격은 늘 상승하고, 어떤 경우에는 무서울 정도로 급격히 상승한다. 정부가 급속한 인플레이션에 아무 책임이 없다고 말할 수는 없다. 정부 수입보다 지출이 더 많으면 화폐를 발행함으로써 초과 지출을 충당해야 하고, 늘어난 화폐가 유통되면 인플레이션이 일어난다. 1920년대 초 독일, 1980년대 라틴아메리카, 21세기 짐바브웨의 급격한 인플레이션을 달리 어떻게 설명하겠는가? 이 주제를 지금부터 다룰 것이다.

가격은 왜 상승할까?

인플레이션을 더 잘 이해하려면, 경미한 인플레이션이 초인플레이션 (hyperinflation)으로 발전할 수 있다는, 가짜 경제학이 조장하는 또 하나의 착오를 바로잡아야 한다. 이 논지의 그나마 존중해줄 만한 버전은 모든 수준의 인플레이션은 사람들이 계속되는 인플레이션을 예상하게 하므로 스스로 점점 더 강화한다는 주장이다. 이런 위협 전술은 모든 전쟁이 항상 핵폭발로 끝난다고 주장하는 것과 같다.

일반적으로 월간 물가상승률이 50%를 초과하는 상태로 정의되는 초인플레이션에는 그것이 발생하는 구체적 상황에서 벗어나면 아무런 영향도 미치지 않는, 그것만의 구체적 원인들이 있다. 몇몇 예외를 제외하면 인플레이션율이 높은 국가들은 인플레이션율이 낮은 국가들이 정책을 수립하는 데 아무런 교훈을 주지 못한다.

미국은 초인플레이션을 경험한 적이 없지만, 남북전쟁 중에 남부동맹에서 초인플레이션과 유사한 상황이 벌어졌다. 남부동맹의 세력 약한 중앙정부와 주 정부들이 1861~1865년 화폐를 점점 더 많이 발행하는 상황에서 남부 화폐를 휴지로 만들어버린 북부의 승리가 예상되면서 초인플레이션이 발생했다. 돈이 너무 많아서가 아니라 정치적 사건 때문에 일어난 사건이었다. 20세기에도 정치적 사건이 초인플레이션을 유도한 사례들이 있었다. 이를테면 1945년 5월 미국 육군이 마닐라를 점령하자, 일본이 점령한 동남아시아에서 사용하던 '해협 달러'의 가치가 추락했다.

초인플레이션의 두 번째 주요 원인으로 급속하고 극심한 생산량 저하를 들 수 있다. 이런 사례는 아주 많고, 그중에서도 최악의 인플레이션이 1923년 독일에서 일어났다. 무책임한 정부가 화폐 제조기를 점유한 결과로 자주 인용되는 독일의 초인플레이션에는 명백히 정치적 원인이 있었다. 1922년 케인스는 베르사유 조약이 독일 정부에 강제로 부과한 전쟁 보상금에 대해 예언 같은 경고를 했다.

만약 우리가 고의로 중부 유럽의 궁핍을 초래한다면, 내가 감히 예측하자면, 복수의 화신은 다리를 절지 않을 것이다. 그렇게 되면 반동주의 세력과 절망적으로 경기를 일으키는 혁명파 사이의 최종 내전이 곧 닥쳐올 것이다. 그것 앞에서는 독일이 일으킨 지난 전쟁의 공포가 아무것도 아닐 것이고, 어느 쪽이 승리하든지 우리 세대의 문명과 진보를 파괴할

것이다.[12]

"복수의 화신은 다리를 절지 않을 것이다."라는 인상적인 구절은 1918년 독일이 프랑스에 항복하는 문서에 서명했던 바로 그 객차에서 1940년 5월 프랑스의 항복을 승인한 뒤에 아돌프 히틀러가 즉흥적으로 춤을 췄던 상징적 사진을 떠올리게 한다. 1922년 베르사유 조약이 요구하는 전쟁보상금을 독일 정부가 지급하지 못하자, 프랑스와 벨기에는 독일의 산업 중심지 루르 계곡을 점령했다. 이 점령의 정치적·경제적 여파로 전국 산출량과 재정 수입이 손실되었고, 그 결과로 재화가 심각하게 부족해졌다. 수출에서 얻은 소득도 전쟁보상금으로 충당해야 했으므로, 과잉 수요를 수입만으로 충족할 수 없었다.

화폐 발행 때문이 아니라 (악명 높은 라틴아메리카 부채 위기 중에 민간은행에 지급한) 다른 형태의 보상금 때문에 초인플레이션까지는 아니어도 급격한 인플레이션이 1980년대 라틴아메리카를 휩쓸었다. 라틴아메리카, 특히 남아메리카 국가들에서 인플레이션이 쉽게 일어나는 이유를 두고 논쟁이 맹렬하게 전개되었던 1970년대에 주요 국가의 연간 물가상승률은 약 30%였다. 30%(33개월 만에 가격이 2배가 된다)도 높아 보이지만, 부채 위기가 한창이었던 1980년대에 같은 국가들의 연평균 상승률은 400%(5개월마다 가격이 2배가 된다)였고, 1990년대에 조금 진정되어 200%가 되었다. 하지만 부채 부담이 줄고 있던 21세기에는 이 국가들의 연간 물가상승률이 10%

---

12) J. M. Keynes, *The Economic Consequences of the Peace* (1919). Online: http://www.gutenberg.org/files/15776/15776-h/15776-h.htm (accessed 14 November 2013).

를 넘는 일이 드물었다.[13]

1920년대 독일이나 1980년대와 1990년대 라틴아메리카에서 부채상환이 급격한 인플레이션을 유발한 이유는 무엇일까? 정답은 '돈'이 아니라 재화와 용역의 총공급과 비교한 총수요다. 상황을 단순화해서 100단위를 산출하는 국가를 고려해보자. 100단위의 산출은 제품 생산에 관여한 사람들에게 100단위만큼의 소득을 창출한다(이 단순한 예에서 수입은 임금과 이익의 합이다). 생산에서 창출한 소득은 생산된 재화와 용역에 대한 실질수요를 제공한다.

이 간단한 예는 국외 부채상환에 본질적으로 인플레이션 경향이 있음을 보여준다. 부채를 상환하기 위해 국외로 보내는 이자와 원금은 사실상 균형을 맞춰줄 수입이 불가능한 수출이라고 볼 수 있다. 제1차 세계대전에서 승리한 연합국은 1920년대에 독일 국민소득의 3%를 전쟁보상금으로 요구했다. 이 보상금 때문에 국내의 재화와 용역이 97단위로 줄어들었지만, 그것을 생산함으로써 창출된 소득은 줄어들지 않고 그대로였다. 부채상환은 국민소득의 3% 초과 지출과 같은 효과를 낸 것이다.[14]

1980년대 부채 위기 중에 라틴아메리카 국가들에서는 초과수요 효과가 국내총생산의 5%가 넘었다. 초인플레이션이 강타한 페루와 볼리비아에서는 각각 6%, 8%에 이르렀다. 1990년대 라틴아메리카 전역의 평균부

---

13) World Bank, "World DataBank: World Development Indicators." Online: http://databank.worldbank.org/data/views/variableSelection/selectvariables.aspx?source=world-development-indicators (accessed 14 November 2013).

14) Scott Minerd, "Market Perspectives," Guggenheim Partners article, March 2013. Online: http://guggenheimpartners.com/getattachment/21f2508d-d87e-4c22-8a07-33f235926af0/Winning-The-War-In-Europe;.aspx (accessed 14 November 2013).

채상환율은 4% 아래로 내려갔고, 2000년대에는 더 내려갔다.[15)]

부채상환 사례는 통화량은 많은데 재화가 부족한 상황이 아니다. 만약 부채를 상환하는 정부가 정책 수단을 통해 유통 중인 통화량을 줄일 수 있다면, 부채상환은 가격 변화에 거의 영향을 미치지 않을 것이다. 문제는 돈이나 '명목상' 수요가 아니라 실질수요다. 생산은 소득을 창출하지만, 생산된 재화와 용역이 소득에 기여하지 못하는 이런 형태의 인플레이션 압력을 제거하는 유일한 방법은 정부가 부채상환과 동일한 금액의 세금을 국민과 기업에 부과하는 것이다. 그렇게 하면 재화의 실질수요가 실질공급과 일치하게 된다.

정치적 갈등과 부채상환에 이어 고인플레이션의 세 번째 주요 원인으로 수출과 수입 사이의 극심한 불균형이 있다. 정치적 갈등, 부채상환 둘 다 또는 그중 하나와 종종 결부되는 극심한 무역적자가 발생하면 통화가치가 떨어진다. 한 국가의 통화가치가 수입대상국의 통화와 비교해서 하락하면, 먼저 수입품 가격이 상승하고, 다음에는 수입품과 유사한 국산품 가격이, 그리고 수입품을 생산에 사용하는 모든 국내 산업의 생산비용이 올라간다. 무역적자로 계속 통화가치가 떨어지고 가격이 상승하면, 임금 조정의 압력이 발생해서 경제 전반에 인플레이션 효과가 퍼진다.

하지만 이런 초인플레이션 원인들은 미국이나 다른 고소득 국가와는 전혀 무관하다. 고소득 국가에는 무역적자가 있어도 운송과 보험 등 다양한 형태의 용역을 통한 국제 거래와 자본 흐름이 그것을 보완하기 때문에 인플레이션이 일어나지 않는다. 그렇다면 고소득 국가에서 품질 변화와

---

15) World Bank, "World DataBank: World Development Indicators."

노동과 자본의 재분배로 인한 2~3%의 상승률을 초과하는 인플레이션이 일어나는 원인은 무엇일까?

이 질문에 대답하려면 1970년대 초부터 고소득 국가의 인플레이션이 어떤 양상을 보였는지 자료를 살펴보는 것이 좋다. 제2차 세계대전이 끝난 뒤부터 1971년까지 미국 정부는 금 가격을 온스당 35달러로 보증했다. 브레턴우즈 체제(Bretton Woods system)에서 자본주의 세계의 거의 모든 통화가 달러를 기준으로 고정 환율을 사용했다. 1953년 한국전쟁이 끝나고 미국은 20년간 인플레이션율이 낮았다. 다른 고소득 국가의 인플레이션도 통화가치 하락으로 인플레이션이 촉발될 때를 제외하고 낮게 유지되었다.[16)]

1971년 8월 리처드 닉슨 대통령이 이끄는 미국 행정부는 달러와 금 가격의 연동을 폐지했고, 세계 주요 통화 간 무한 경쟁이 시작되었다. 유가가 두 번이나 급속히 대폭으로 상승한 사건으로 미국이 금본위제를 폐지함으로써 생긴 불안정성이 더욱 심화했다. 하지만 1980년대 말이 되자 국제적 가격 불안정은 이미 지나간 이야기가 되었다. 세계 20대 고소득 국가의 평균 인플레이션율은 1970년대에 10%, 1980년대에 7%, 1990년대에 3% 미만, 2000년대에 2% 미만이었다.[17)]

기술적으로 신빙성 있는 어떤 지표를 봐도, 인플레이션은 1995년 이후 고소득 국가에서 사라졌다. 그 이후의 연간 물가상승률 2~2.5%는 품질 변화, 신제품, 수익성이 낮은 활동에서 높은 활동으로 자원 이동을 촉

---

16) Council of Economic Advisers, Economic Report of the President (2010), annex table B 3.
17) Ibid.

진하려는 산업에서 이루어진 시장 주도적 가격 변화의 결과였다. 거기에 인플레이션은 없었다.

처음에 제기된 질문으로 돌아가자. 정부가 인플레이션을 유발하는가? 아니다. 시장이 인플레이션을 유발하고 정부는 그것을 통제하려고 한다. 시장은 민간은행이 신용을 창출하도록 유도하는데, 정부는 이 절차를 제한적으로밖에 통제하지 못한다. 하지만 이 신용 창출은 인플레이션의 근본 원인이 아니다. 가격 상승에는 두 가지 원동력이 있다. 먼저 국내 또는 국제 시장에서 일차 상품의 일시적 부족으로 인해 그 상품의 가격이 상승할 때 전체적으로 가격이 상승한다. 가장 잘 알려진 예로 탄소연료 가격의 변덕스러운 변화가 제조비용에 미치는 영향이 있다. 연료나 가공된 투입 요소로 석유, 천연가스, 석탄을 사용하지 않는 생산 공정은 거의 없다. 탄소연료 생산자들은 시장 공급을 조작해서 가격을 변동시키고, 이는 즉각 탄소연료 수입국들에 인플레이션 압력을 가한다. 2000년대에 부족 현상과 가격 폭등이 일어났던 구리도 영향력은 덜했어도 또 하나의 사례다.

가짜 경제학이 상식과 진정한 학문을 몰아내기 이전에 경제학자들은 이 인플레이션 압력을 '비용 상승(cost push)'이라고 불렀다. 이 용어는 인플레이션 절차를 정확히 반영하지만, 인플레이션이 오로지 공급 측면에서 발생했다는 뉘앙스를 풍겨 공격받았다. 현실에서 가격 상승 압력은 임계 투입량에 대한 일시적인 초과수요에서 발생하고, 이 초과수요는 투입 비용 증가의 형태로 생산 공정(공급자 측)에 전가된다.

20세기의 가장 위대한 경제학책『고용, 이자 및 화폐의 일반 이론』 (1936)에서 케인스는 이 구체적 투입 요소 부족 현상을 '병목(bottleneck) 현상'으로 불렀다. 이 현상은 실업률 수치에 무관하게 일어날 수 있지만, 실

인플레이션의 공포

고소득 국가 18개국의 인플레이션(1972~2012)*

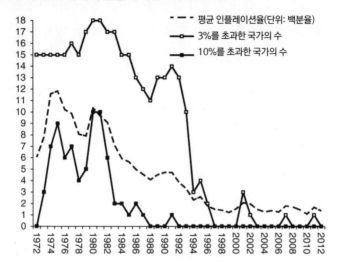

18개국에는 미국, 캐나다, 서유럽 14개국, 뉴질랜드, 일본이 포함되었다.

1972~2012년의 41년간 정치권은 인플레이션이 문명사회에 가장 심각한 경제적 위험이라고 선전하는 데 치중했으므로, 보통 사람들이 그 말을 믿었다고 해서 비난할 수는 없다. 수치를 보면 실제로는 그렇지 않았다는 것을 알 수 있다. 위 그래프가 보여주듯이 먼저 41년간 고소득 국가 18개국에서 인플레이션율은 77회(총 18 x 41 = 738회의 약 10%)나 10%를 넘었다. 인플레이션율이 10%를 넘은 마지막 사례는 1991년 스웨덴의 10.7%였다. 둘 이상의 국가에서 인플레이션율이 10%를 넘은 마지막 해는 1982년(6개국)이었다.

인플레이션율이 3%를 초과한 사례도 비슷하게 줄어드는 경향을 보여, 1996년 이후 6회에 그쳤다. 그중 3회가 국제 유가 45% 상승의 여파로 그 이듬해인 2001년에 일어났다. 연료 가격은 인플레이션을 유발하는 상습범이다('미국의 인플레이션(1992~2010): 통화량이 너무 많아서 문제일까?' 글 상자 참조).

인플레이션을 걱정하는 고소득 국가 국민은 탄소연료의 소비와 수입을 줄이는 데 집중하는 편이 더 적절할 것이다.

---

* J. M. Keynes, *The General Theory of Employment, Interest and Money* (London: Macmillan, 1936), 300.

업이 줄어들면서 더 자주 나타난다. 비숙련 노동력조차 부족해지고 임금이 상승하면 병목 현상으로 경제 전반에서 가격이 상승한다. 이것 자체를 문제로 여길 이유는 없다. 기능적 관점에서 임금 상승은 수익성이 낮은 부문에서 수익성이 높은 부문으로 근로자를 재분배하는 역할을 하는데, 이는 자본주의적 역동성이 제대로 작용한 것이다.

인플레이션의 공포: 계급 행동

고소득 국가, 특히 미국의 경험으로 볼 때 인플레이션을 두려워할 근거는 없다. 언론이 인플레이션이라고 부르는 것은 대부분 품질 변화 효과와 재분배 효과다. 그런데도 정치 성향이나 계급과 관계없이 인플레이션에 대한 불안과 걱정이 만연한 이유는 무엇일까? 이 질문에 대한 답은 실업, 불평등, 인플레이션 등 시장의 병폐에서 발생하는 이득과 손실이 계급에 미치는 영향을 알아볼 수 없게 위장한 전략에 있다. 가짜 경제학은 여기에 헌신한다. 위장술의 일환으로 고용이 유지되는 대다수 사람은 무관하고 오로지 일자리를 잃은 사람들만이 실업의 부담을 감당하게 된다는 주장을 펼치기 때문이다. 그리고 인플레이션 상태가 되면 모든 사람에게 영향을 미치는 시장가격이 올라가므로 부유층이나 빈곤층, 중산층 모두 피해를 본다고 말한다. 흑사병이 사람을 가리지 않고 모든 이를 전염시키듯이 인플레이션은 유일하게 모든 이에게 영향을 미치는 경제 병폐라고, 가짜 경제학자들은 주장한다. 하지만 이것은 거짓말이다. 불평등과 실업처럼 인플레이션은 승자와 패자를 양산하고, 그로 인한 이득과 손실의 분배에 계급적 성격이 있다.

불평등이 계급에 영향을 미친다는 사실은 자명하다. 불평등이 심화하면 번영의 혜택이 불균형하게 부유층으로 집중되어 빈곤층이 받는 혜택이 줄어든다. 심화하는 불평등을 옹호하는 논리에는 자본주의 사회에서 부유층이 돈을 너무 적게 받고 빈곤층이 돈을 너무 많이 받는다는 믿음(존 케네스 갤브레이스의 말[18]을 다르게 표현했다)이 필요하다.

실업도 절대적으로 계급과 관련이 있다. 낮은 실업률과 임금 상승은 가계가 일자리를 구했고 소득이 늘어났음을 뜻한다. 이것이 바로 기업, 특히 '사악한 갑부들'(시어도어 루스벨트의 표현), 그리고 금융투기를 통해 부자가 된 사람들이 실업률이 낮다고 기분이 상하는 이유다. 제조업 부문의 계몽된 자본주의자는 완전 고용이 그가 생산한 것을 구입할 구매력을 가계에 주므로 자기에게도 이득이 된다는 사실을 인식할 것이다. 그러나 생산하는 것이라곤 불안정성밖에 없는 금융업자들에게 이 같은 논리를 적용할 수는 없다.

인플레이션이 은행과 대출기관이 보유한 부채의 가치를 떨어뜨리기 때문에 금융업자들이 그것을 혐오한다는 주장은 사실이지만, 사태를 지나치게 단순화한 것이다. 1970년대 후반에 시작된 미국과 유럽 일부 국가의 치명적인 금융규제 완화로 금융이익의 주요 출처가 대출에서 투기로 이동했다. 인플레이션은 투기를 촉진할 수 있다. 금융업자들이 인플레이션에 반대하는 데에는 부채의 실질가치에 대한 우려보다 더 미묘하고 덜 분명한 동기가 있다. 반(反) 인플레이션 이념은 공공부문 자체를 통째로

---

18) Guardian, 20 November 1991.

반대한다. 그것은 정부가 인플레이션을 유발하고 인플레이션이 모두에게 해를 끼치는 극악한 상황이라는 전제에서 출발해서, 작고 소극적인 정부가 모두에게 번영의 길을 열어준다는 결론에 도달한다.

인플레이션에 대한 공포는 또한 임금 인상에 악영향을 미쳐 계급투쟁에 타격을 가한다. 그들은 정부의 무책임한 화폐 발행과 더불어 노조나 노동자들의 '무책임한' 봉급 인상 요구가 인플레이션의 원인이라고 믿는다. 실제로 임금 상승은 생활 수준을 향상하는 유일한 방법이다. 그러나 생활 수준이 향상되면 인플레이션을 일으킨다는 이유를 들어 임금 상승이 보편적 빈곤의 원천이라고 주장한다. 그리고 그들은 다수의 궁핍을 추구하는 수단인 '임금 동결'이 가격에 좋은 영향을 미치므로 사회적 미덕이라고 강변한다. 하지만 현실적으로 임금 동결은 소득 감소와 가계부채의 증가로 이어진다.

저인플레이션은 부유층의 이념이고, 완전 고용은 다수의 이념이다(또는 그래야만 한다). 제대로 정의하고 관찰한 인플레이션은 고소득 국가에서 특별한 상황에서만 발생한다. 시장경제는 실업, 불평등, 환경 파괴 등 훨씬 더 심각한 문제를 일으킨다. 그러나 부유층과 권력층은 이런 문제에 관심이 없다. 100년 전 시어도어 루스벨트는 이 근본적인 계급 차이를 알아차리고 그것에 이름을 붙였다. "이 (부유한) 사람들은 자신이 억압하는 노동자와 위험에 빠뜨리는 국가에 대해 똑같이 무신경하다. 그런 사람은 아주 많지 않지만, 그와 거의 비슷한 사람이 아주 많고, 그들은 국가의 골칫거리다."[19]

---

19) Forum, February 1895.

9장

제도화된 빈곤: 긴축정책의 발효

균형예산의 이념

2012년 대통령 선거가 끝나자, 소위 '예산 절벽(fiscal cliff)'이 미국을 위협했다. 미국뿐 아니라 유럽에서도 이미 오래전에 '예산 절벽' 선전 활동의 뼈대인 예산 삭감이 중점 주제로 떠올랐다. 이런 이념은 가짜 경제학의 헛소리가 공공정책을 결정하는 데 성공한 이후로 대폭적인 지지를 얻었다.

오늘날처럼 정치가 지극히 보수화하고 반동적인 행태를 보이는 시대에 대다수 정치인과 언론은 정부가 균형 있는 예산을 유지하고, 부채를 축적하지 말아야 한다는 주장을 너무도 당연한 진실로 믿는다. 균형예산이 바람직하거나 꼭 필요하다는 정당한 경제적·회계적 근거조차 없지만, 그들은 '긴축'이라는 명목으로 지독하게 반사회적인 정책들을 정당화하는 어리석음을 저지른다. 이 부패한 이념의 힘은 정치적으로 제멋대로 주무를 수 없는 것으로 여겼던 국가 의료보험이나 사회보장연금도 얼마든지 삭감할 수 있다고 국민을 설득하는 데 성공했다.

'긴축' 이념은 정부의 경상수입으로 정부의 모든 지출을 충당해야 한다고 주장한다. 그럴 수 없다면 세금을 인상하거나 지출을 줄여 적자를 해소해야 할 텐데, 이 이념에는 공공부문 축소를 민간부문의 확대가 자동으로 보완하므로 예산 삭감이 총 산출량이나 성장에 영향을 전혀 또는 거의 미치지 않는다는 환상이 포함되어 있다.

균형예산 이념은 뻔뻔할 정도로 단순하지만, 묘하게도 대중의 마음을 사로잡는다. 하지만 이 이념에 대한 신빙성이 사라지고 나면, 그것이 필수로 추진하던 반사회적 조처들은 공공정책에 반동적인 이념을 잘못 적용한, 전혀 불필요한 것이었다는 사실이 적나라하게 드러난다. 반(反) 적자 논의는 마법사의 모자에서 나온 토끼처럼 전모를 드러내지 않은 상태로 서로 독립적이지만 상호 보완적인 두 가지 주장을 통해 허위의 신빙성을 획득한다. '시장에 초인간적인 힘이 있다'고 주장하는 사람들은 금융 '투자자'들이 정부의 부채상환 능력을 지속적으로 평가하고, 만약 상환 능력이 없다고 판단하면 곧바로 '처벌'한다고 믿는다('처벌한다'는 표현이 이 맥락에 자주 등장한다). 노골적으로 말하자면, 부채가 늘었다는 사실만으로 아무 근거 없이 정부의 부채 상환 능력이 약해졌다는 착각에 빠지는 것이다.

정부 재정이 적자 상태일 때 공공부채가 증가하므로, 정부가 부채를 상환하지 못할지도 모른다는 시장의 두려움이 증폭된다. 이런 두려움을 이용해서 '투자자'들은 더 높은 이율로 정부에 돈을 빌려주고, 그렇게 되면 부채상환비용이 증가하므로 미래의 채무불이행에 대한 두려움은 더욱 커진다. 이 불행한 (악) 순환을 방지하기 위해 정부는 재정적자 상태가 되어서는 안 된다. 적자 상태가 되면 정부는 세금을 인상하거나 지출을 줄여 그 적자를 해소해야 한다. 누구나 알다시피 대중은 세금 인상을 싫어하므로 예산 삭감 이외의 '대안은 없다(There is no alternative, TINA)'. 누구도 어찌할 수 없는 객관적 이유로 적자를 해소하는 것이 불가피하다.

'시장의 힘' 이론은 적자에 대한 '몰아내기(crowding out) 효과' 비판과 평행선을 달린다. 정부는 돈을 빌리고 금융시장에서 채권을 팔아 적자를 메운다. 지적·합리적 '투자자'들이 채권을 더 많이 사지 않는 것을 보면 현재 금리로 그들이 보유한 국채의 양에 만족하는 것이 틀림없다. 따라서 채권을 더 많이 팔려면 정부는 채권구매자에게 돌아가는 이익을 늘려줘야 한다. 이는 곧 금리 인상을 뜻한다. 민간기업도 정부처럼 금융시장에서 돈을 빌리므로 공채 금리가 올라가면 민간부문의 대출금리도 높아진다. 대출금리가 높으면 민간부문에서는 자연히 대출이 줄어들어 투자도 줄어든다. 정부는 대출을 통해 민간투자를 '몰아낸다'. 이것은 마치 어떤 사람이 만원 상태 엘리베이터에 들어가면서 다른 사람을 밖으로 몰아내는 상황과 마찬가지다.

시장의 초인간적인 힘에 관한 주장과 몰아내기 효과를 결합하면 적자재정에 반대하는 이론이 조립된다. 그리고 거기서 공공지출에 반대하는 사람들이 좋아할 만한 명제가 나온다. 즉, 공공대출이 민간대출을 몰아낸다는 주장을 일반화할 수 있다. 정부 재정이 흑자이고 지출을 늘린다면 어떻게 될까? 대출은 필요하지 않지만, 이 경우에도 민간부문은 정부에 '몰아내기'를 당할 것이다. 왜 그럴까? 그 이유는 신용대출이 정부와 기업에 필요한 유일한 자원이 아니기 때문이다. 정부와 기업은 둘 다 인력을 고용하고 전기, 용수, 석유 등 투입 요소를 소모하고, 어쩌면 토지 사용을 두고도 경쟁한다. 따라서 모든 공공지출은 임금을 포함한 투입비용을 늘림으로써 가계와 기업의 민간지출을 줄여준다.

게다가 민간부문과 달리 정부는 화폐를 발행한다는 강점이 있으므로 상황은 더욱 악화한다(8장 참조). 다시 말해 민간부문은 자원을 선점하는 정부에 맞설 수 없다. '최소한으로 통치하는 정부가 최고'라는 표현의 온전한 우익 버전은 '가장 적게 소비하는 정부가 최고'[1]라는 것이다. 하지만 공공지출에 대한 이런 비판에는 근본적인 결함이 있다. 그 결함은 바로 틀렸다는 것이다. 이것을 '논리'라고 부를 수 있다면, 이 논리는 경제가 언제나 최대 생산능력으로 가동한다는 전제(4장 참조)에 의존한다. 문이 열렸을 때 엘리베이터가 절반만 차 있다면 새로운 사람이 들어가기 위해 누군가를 내쫓을 필요가 없다.

자원을 하나도 남김없이 활용하는 상태라면 정부는 기업이나 가계의 소비가 줄어들 때만 소비를 늘릴 수 있다. 하지만 유휴자원이 있다면 정부, 기업, 가계가 모두 소비를 늘릴 수 있다. 지난 수십 년간 선진국의 상황을 보면, 유휴자원이 없을 때보다 있을 때가 훨씬 많았다. 2007년 이후 거의 모든 선진국에서 유휴자원이 늘어났다. 따라서 공공지출이 민간투자와 민간지출을 몰아낸다는 주장은 대부분 근거가 없었고, 2008년 전 세계적인 금융 붕괴 이후에는 전혀 근거가 없다. 공공대출이 금리 인상의 원인이 되느냐는 문제는 앞으로 살펴보겠지만, 각국의 구체적 상황에 따라 완전히 달라진다.

---

1) John Louis O'Sullivan, United States Magazine and Democratic Review (1837)

자유국가의 적자 장애

제2차 세계대전이 끝났을 때부터 로널드 레이건이 미국 대통령으로 취임하기까지 공공지출의 정치학은 연방정부 차원에서 일관된 양상을 보였다. 전국구 민주당 의원들은 대부분 더 많은 사람에게 더 많은 서비스를 제공할 수 있게 사회복지 프로그램을 확대하자고 주장했다. 공화당 의원은 대부분 반대했지만, 그런 프로그램을 과격하게 수정하려 들지는 않았다. 지나친 단순화일 수도 있지만, 1945~1980년 미국 국내 정치는 공공부문과 민간부문이 각기 적절한 역할을 하면서 상호 보완한다는 합의를 반영했다고 볼 수 있다.

1964년 대통령 선거는 이 합의에 진정으로 중도주의적 성격이 있었음을 잘 보여주는 사례다. 공화당은 전당대회에서 넬슨 록펠러(억만장자이며 뉴욕 주지사)를 비롯한, 성향이 온건한 몇 명의 후보를 거부하고, 애리조나 출신의 우익 상원의원 배리 골드워터를 선출했다. 1960년 골드워터는 자기 신념을 담아 대필 된 연설문에서 다음과 같이 말했다. "저는 정부를 간소화하거나 더 효율적으로 개선하는 데 관심이 없고, 정부의 크기를 줄이고자 합니다. 저는 복지를 증진할 생각이 없고, 자유를 확장하려 합니다. 법을 통과시키는 것이 아니라 폐지하는 것이 제 목적입니다."[2]

유권자들은 공공부문을 해체하기로 약속한 골드워터와 최후의 뉴딜 성향 민주당 후보 린든 존슨 중에서 대통령을 선택해야 하는 상황이 되자, 61%가 존슨을 지지해서 그는 미국 대통령 선거 역사상 최다득표율을 기

---

2) Barry Goldwater, *Conscience of a Conservative* (Shepardsville: Publishers Printing Company, 1960), 15.

록했다(1936년 프랭클린 D. 루스벨트가 60.8%, 1972년 리처드 닉슨이 60.7%를 기록했다[3]). 골드워터는 고향 애리조나 외에 미국 남부의 '딥 사우스'[4]에서 승리했는데, 이는 존슨이 선거 몇 달 전에 통과된 시민권법[5]을 지지했기 때문이었다.

1980년 선거에서 초기에 신자유주의자였던 지미 카터가 우익 성향의 로널드 레이건에게 패배한 사건은 전후의 정치적 합의에 대한 공식적이고 결정적인 종말을 의미했다. 골드워터의 전통을 충실히 계승한 레이건은 1981년 1월 취임 연설에서 이렇게 말했다. "이 위기 상황에서 정부는 해결책이 아니라 문젯거리입니다." 이 반사회적 원칙은 10년 뒤에 공공지출의 규모뿐 아니라 정당성을 두고 벌어진 일련의 쓰라린 갈등이 가시화했을 때 수면 위로 떠올랐다. 영국은 물론이고 유로존 국가에서도 주류 우파 정치인들은 공공부문을 직접 공격하겠다는 반동적인 꿈을 은밀하게 꾸고 있었는지도 모른다. 그러나 최근까지 유럽의 정치 상황에서 정치인들은 공공부문을 파괴할 필요성에 대해 겉으로는 유감을 표명하는 모습을 보였다.

하지만 '정부'의 적법성에 관한 논쟁에서 재정긴축정책이 파생된 미국에서는 상황이 다르다. 21세기 공화당 극우파들이 공공부문에 접근하는 태도를 보면 논리 따위는 필요 없다는 것을 알 수 있다. 마치 열혈 기독

---

3) "United States Presidential Election Results," Dave Leip's Atlas of US Presidential Elections. Online: http://uselectionatlas.org/RESULTS/ (accessed 14 November 2013).

4) Deep South: 남북전쟁 이전 대규모 면화 농업과 노예제도에 의존했고 인종차별 의식이 강한 조지아, 사우스캐롤라이나, 미시시피, 앨라배마, 루이지애나 5개 주. 옮긴이.

5) Civil Rights Act: 1964년 인종, 성별, 종교, 출신 국가에 따른 차별을 불법으로 규정한 법이다. 특히 학교, 직장, 공공시설에서의 인종 차별을 철폐해서 남부 인종차별주의자들의 반발을 샀다. 옮긴이.

교인이 성경 말씀에 집착하면서 스스로 정당화할 필요를 느끼지 못하듯이, 극우파들은 모든 공공부문을 혐오하는 자신의 태도를 정당화할 필요가 없다고 생각한다. 그런데도 우익 성향의 경제학자들(사실상 거의 모든 경제학자)은 이 반사회적 초개인주의를 부추기고 조장하며 그 무모한 주장들을 열렬히 지지한다.

나는 극우파를 비판한 유일한 경제학자도 아니고, 가장 열렬히 비판하지도 않았다. 아마도 그들을 비판한 가장 유명한 경제학자인 폴 크루그먼은 경제학의 '암흑시대'에 대해 "이 위기(2008년 금융 붕괴)에서 우리가 배운 여러 불쾌한 사실 중 하나는 애초에 경제학자들에게 막대한 지적 부패가 횡행했다는 것이다."[6]라고 말했다.

미트 롬니 미국 대통령 후보의 진부한 경제 선언문은 '지적 부패'의 우수하면서 끔찍한 사례였다. 「경기회복, 경제성장, 일자리 창출을 위한 롬니 계획 선언문」에서 존경받는 4명의 경제학자(그중 3명은 널리 사용되는 대학교재들을 집필했다)는 "정부의 자의적인 지출과 부채를 막기 위해" 대부호 롬니를 뽑으라고 미국인들에게 호소했다. 선언문은 그런 목적으로 부자 감세, 공공퇴직연금과 의료혜택 축소, "에너지 생산과 혁신에 방해가 되는 규제들의 철폐"[7]를 주장했다.

이 문서에 드러난 반동주의 정치학은 적어도 한 세대 대학생들이 대

---

6) Paul Krugman, "Is Our Economists Learning?" New York Times, 14 July 2012. Online: http://krugman.blogs.nytimes.com/2012/07/14/is-oureconomists-learning (accessed 18 October 2013).

7) R. Glenn Hubbard, N. Gregory Mankiw, John B. Taylor and Kevin A. Hassett, "The Romney Program for Economic Recovery, Growth, and Jobs." Online: http://bloximages.newyork1.vip.townnews.com/theshorthorn.com/content/tncms/assets/v3/editorial/1/e7/1e7c3e70-0d20-11e2-b8ef-001a4bcf6878/506bd5693d551.pdf.pdf (accessed 14 November 2013).

학교재에 담긴 반동적 잡소리 때문에 겪었을 고초를 생각하면 아무것도 아니다. 이렇게 자기 명성을 깎아먹은 경제학자 중 한 명은 2013년 '1%를 옹호하며'라는 제목으로 학술지에 논문을 발표했다(그는 바로 하버드 대학 경제학과 과장이었던 N. 그레고리 맨큐(N. Gregory Mankiw)다.) 지성에 대한 모욕이나 다름없는 이 논문에서 그는 "시민 대다수가 허용한다고 해도 정부의 힘으로 타인이 노동한 결과물의 큰 부분을 빼앗는 행위는 부당하다."[8]라고 결론지었다. 그의 주장에 따르면 금융투기를 통해 '타인이 노동한 결과물의 큰 부분을' 빼앗을 수만 있다면 얼마든지 그래도 된다는 것이다.

미국 정부 예산의 실태를 보면, 공공지출과 세금이 거의 모든 고소득 국가보다 훨씬 적고 대부분 중진국보다도 적다. 언론과 우익 경제학자들은 공공재정에 관한 통계 수치를 일관적으로 왜곡해서 전달한다. 그들은 '공공적자와 공공부채가 얼마나 위험하고 얼마나 무책임한 태도의 결과인지'를 보여주려고 그렇게 한다. 그러나 진실은 이와 정반대다. 국제 금융 사기와 같은 드문 상황을 제외하고 대부분 적자와 부채는 안전하고, 정부가 책임질 수 있다. 적자와 부채는 사회복지에 기여하는 좋은 결정의 결과다. 공공부문 흑자와 부채가 없는 상황은 일반적으로 공공부문이 제대로 기능하지 못하고 있음을 뜻하므로, 오히려 가계와 기업의 안녕과 행복에 해롭다.

물론 많은 사람이 적자와 부채에 관한 이런 '이단적' 설명을 터무니없는 헛소리로 여길 것이다. 그런 회의주의를 염두에 두고, 먼저 미국의

---

8) N. Gregory Mankiw, "Defending the One Percent," Journal of Economic Perspectives 27, no.3 (2013). Online: http://scholar.harvard.edu/files/mankiw/files/defending_the_one_percent.pdf (accessed 14 November 2013).

적자 실태를 분석해보자. 이 논의는 7장의 내용을 되풀이하는 수밖에 없다. 대부분 공공적자는 과도한 지출의 결과가 아니라 경기 후퇴의 결과다. 그리고 이런 상황이 벌어지는 과정은 간단하다.

국가가 성장하면서 가계·기업의 지출과 소득에 부과하는 세금은 관세와 공공요금 등 정부의 다른 모든 수입원을 압도하는 수준으로 증가한다. 소득세와 판매세에는 매우 유용한 두 가지 특징이 있다. 첫째, 정부가 쉽게 징수할 수 있고 둘째, 경제가 성장하면서 금액이 증가한다는 것이다. 소득세와 판매세는 이윤, 임금, 공급자 지급액의 형태로 기업에 집중되어 있으므로 징수하기 쉽다. 실제로 기업은 정부에 판매세를 내고 고용자의 세금을 원천징수함으로써 두 가지 세금을 걷고, 정부는 기업의 세법 준수 여부를 감시한다. 판매세와 소득세는 자동으로 징수된다.

경제성장은 곧 상업화한 산출의 가치인 기업의 수익을 의미한다. 그리고 경제가 성장함에 따라 기업의 소득에 부과한 세금 덕분에 공공수입이 늘어난다. 이는 너무도 당연해서 설명할 필요조차 없지만, 단순하고 자명한 이 사실은 공공부문 적자를 평가하는 데 중요한 사항들을 시사한다.

공공수입과는 대조적으로 단지 경제가 성장한다는 이유로 공공지출이 자동으로 증가하지는 않는다. 공공지출은 일반적으로 두 가지로 분류된다. 구체적인 입법 사항으로 결정되는 지출이 있고, 실업과 빈곤에 연계된 지출이 있다. 보건의료비, 교육비, 군사비, 공공연금을 아우르는 전자의 규모가 훨씬 더 크다. 각 부문에 자금을 할당하는 입법 활동은 현재 경제 상황과 독립적으로 이루어진다(실제로 그렇지 않다고 해도 그래야 한다).

실업과 빈곤에 연계된 지출은 경제 상황과 반대로 변한다. 경제가 성장하면 실업자도 실업수당도 줄어든다. 미국을 필두로 몇몇 국가는 근로자에게서 목적세를 징수해서 실업수당에 충당한다. 경제가 성장하면 실업수당 자금이 흑자로 전환되고, 위축되면 적자가 발생한다. 빈곤층 가계에 대한 지원금은 실업수당만큼 경제 상황과 긴밀하게 연계되지는 않지만, 경제가 성장하면 빈곤 가계 지원금이 줄어드는 경향이 있다. 이런 지출은 두 가지 의미에서 경기의 순환과 반대로 변화한다. 첫째, 경제가 후퇴하면 지출이 늘어나고 경제가 성장하면 지출이 줄어들어 경기 순환에 역행한다. 둘째, 이런 지출은 경기 순환의 극단적 상태를 완화하는 데 기여한다. 경기가 침체하면 사람들은 일자리를 잃고 현재 소득의 전부 또는 일부를 잃는다. 그 결과 가계소비가 줄어들어 경제가 더욱 위축된다. 실업수당은 소득 저하를 완화하고, 따라서 실업 증가로 인한 소비 저하를 보완한다.

이런 식으로 경기 순환에 역행하는 지출은 경기침체가 심화하는 악순환을 완화하지만, 적자를 늘린다. 이는 시민에게 이로운 일이다. 그런 지출은 경기가 호황일 때 적자를 줄이고 흑자로 전환하는 데 도움을 주기도 한다.

경기 순환에 역행하는 지출에 관해 조금 더 이야기해보자. 누진소득세 제도는 가계소득이 증가하면 세율이 더 높은 구간으로 이동해서 세금으로 내는 소득의 백분율이 증가하는 것이 특징이다. 따라서 경기가 침체하면 가계가 부담하는 세금 비율이 줄어든다. 그 결과 가계의 세후 소득(가처분 소득)은 세전 소득보다 작은 폭으로 줄어든다. 따라서 경기가 위축되었을 때 가계소득이 줄어든 것보다 가계소비는 덜 줄어든다.

레이건 대통령과 부시 대통령이 부유층 세금 우대정책을 폈던 미국에서도 공공조세제도에 누진적 요소가 조금은 남아 있었다. 대표적인 누진 요소는 부양가족 공제다. 소득이 하락하면 가계소득 중에서 과세되는 부분도 줄어든다. 조세제도가 일반적으로 경기침체를 완화한다는 사실에서 반동주의자들이 좋아하는 엄격하게 비례적인(즉, 누진적 세율을 적용하지 않은) 세율이 터무니없이 불공정하고 경제학적으로 형편없는 이유를 알 수 있다.

경제 상황과 정부 재정의 관계를 가늠하는 세 가지 대표적 사실이 있다. 첫째, 정부 수입은 국가 경제적 산출에 대해 징수하는 세금에서 비롯한다. 둘째, 전체적으로 세금은 누진적이므로 소득이 줄어들면 세금은 더 큰 폭으로 줄어들고 소득이 늘어나면 세금은 더 큰 폭으로 늘어난다. 셋째, 공공지출 일부는 경기 순환에 역행해서, 경기가 침체하면 늘어나고 경기가 활성화하면 줄어든다.

이 세 가지 사실을 통해 매우 중요한 결론에 도달하게 된다. 공공부문은 꼭 필요할 때 적자로 전환한다. 좋은 목적으로 발생하는 적자 상황이므로 환영해야 한다. 정부가 항상 예산의 수지균형을 유지하려고 한다면, 이런 시도는 오히려 경기를 위축해서 침체가 심해지고 오래 지속할 것이다. 따라서 균형예산을 항상 유지해야 한다는 법적 요건을 부과하는 태도는 자멸을 초래하는 광기나 다름없다.

공공부문 적자는 경제 침체를 완화하려는 목적으로 시행하는 경기 순환에 역행하는 절차들의 자연스러운 부산물이다. 그렇다면 정부가 균형예산을 달성하기 위해 공공지출을 삭감하는 것을 거의 모든 보수 정치인이 열렬히 지지하고, 진보 정치인 대부분이 묵인하는 상황을 어떻게 받아들여야 할까? 이것은 상위 1%가 후원한 선전 활동으로 이룩한 성과, 현실에 환상을 씌우고 합리적인 정책들을 배제한 이념의 승리로 봐야 할 것이다.

미국의 적자와 관련된 논리적 오류

논리적 오류 1: 공공부문이 희소한 자원을 두고 경쟁한다.

재정잔액(GDP의 백분율)과 실업률(1955~2011)*

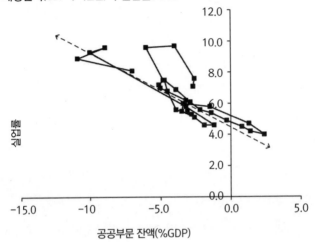

출처: 『2012년 대통령 경제 보고서』.

우익 세력은 공공부문 적자가 민간부문 성장을 방해한다고 비난한다. 공공부문이 받는 대출 때문에 신용대출 경쟁이 심해지고 금리가 높아져 민간부문 성장에 방해가 된다는 것이다.

하지만 이런 주장에는 논리적 오류가 있다. 유휴자원이 있는 상태에서 적자가 발생하면, 금리가 높아지는 일 없이 민간대출과 공공대출이 함께 늘어날 수 있다. 기업과 정부가 신용대출을 이용해서 구매하는 대상이 희소하지 않으므로, 신용대출도 희소하지 않다.

위 그래프는 1955년부터 2011년까지 60년에 걸쳐 유휴자원을 측정하는 가장 분명한 지표인 실업률을 세로축에, 미국 연방정부의 재정잔액을 가로축에 나타내 보여준다.

양 끝에 화살표가 그려진 점선으로 나타낸 재정잔액과 실업률의 관계는 명백하다. 유휴자원이 있을 때 적자는 거의 항상 증가한다. 유휴자원은 경기침체기에 늘어난다. 경기침체기에는 조세수입이 줄어들고 사회복지지출이 늘어나, 공공부문 흑자가 줄어들거나 적자가 늘어난다.

---

* Council of Economic Advisers, Economic Report of the President (Washington, DC, February 2012). Online: http://www.gpoaccess.gov/eop/tables11.html (accessed 18 October 2013).

논리적 오류 2: 이 도표를 보고 무엇이 떠오르는가?

인플레이션율과 공공부문 잔액(1960~2012)*

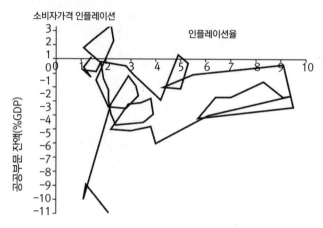

출처:『2013년 대통령 경제 보고서』.

'적자가 인플레이션을 일으킨다.'는 주장은 가짜 경제학자들이 조장하고 지지하는 정치적 우파의 영원한 레퍼토리다. 이 주장에는 학문적 오류가 너무 많다(8장, 9장 참조).

이미 살펴봤듯이 적자가 인플레이션을 일으킨다는 주장을 뒷받침하는 경험적 근거를 전혀 찾아볼 수 없다. 그래프를 보면, 적자와 인플레이션의 관계를 나타낸 점들은 아무 의미 없이 뒤섞여 있다. 논리적 오류 1을 생각하면 당연한 결과다. 적자는 실업과 기타 유휴자원 때문에 경제가 악화할 때 늘어난다.

인플레이션은 사용 가능한 자원에 대한 수요가 너무 많을 때 일어난다. 그러나 가짜 경제학자들과 우익 정치인들은 거꾸로 경기가 활성화하고 적자가 흑자로 전환되는 시기에 인플레이션이 일어날 가능성이 더 크다고 주장한다.

---

* Council of Economic Advisers, Economic Report of the President (Washington, DC, February 2013). Online: http://www.gpoaccess.gov/eop/tables11.html (accessed 17 October 2013).

논리적 오류 3: 적자 때문에 금리가 높아진다.

미국 국채 금리와 공공부문 잔액(1980~2012, 단위: GDP의 백분율)*

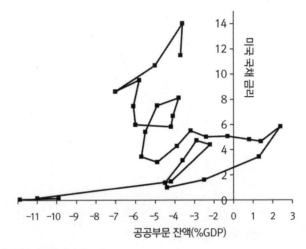

출처: 『2013년 대통령 경제 보고서』.

정부에 반대하는 집단은 공공지출이 민간기업에 끼친 폐해를 줄기차게 나열한다. 대표적으로 '공공적자 때문에 금리가 상승한다.'는 불평이 있다.

그들의 주장에 따르면 큰 정부는 소비가 늘어나 대출을 받고, 정부 규모도 더 커진다. 그럴 때 민간 자본가가 받을 수 있는 대출이 줄어든다. 자본가가 대출을 받으려고 하면 금리(신용대출의 비용)가 높아져서 투자가 줄어든다는 것이다.

하지만 이런 시나리오는 현실적인 증거들에 어긋난다. 금리와 적자의 관계를 나타낸 그래프가 제시하는 체계적 사실은 적자가 커지면 공채 금리가 오히려 낮아진다는 것이다.

정부에 반대하는 자들과 가짜 경제학자들이 틀린 이유는 그들이 실업과 유휴자원이 존재하는 현실 세계가 아니라 자원이 희소한 환상의 세계에 살기 때문이다. 실업이 늘어나면 적자가 커진다(오류 1 참조). 총수요가 줄어들면 유휴자원이 늘어난다. 수요 하락에 직면한 기업은 대출을 받을 동기가 없어지므로, 시중은행 금리가 하락하고 공공부문의 대출비용도 줄어든다. 경제를 악화하는 이런 상황 때문에 미국 연방정부는 2012년에 1%보다 낮은 이율로 대출을 받을 수 있었다.

---

* Ibid.

영국의 금융시장 공포와 혐오

경제정책에 관한 논쟁에 점철된 오류들은 영국에서도 만연한다. 적자가 민간투자와 인플레이션에 미치는 영향에 대한 가짜 경제학자들의 주장에 대한 반박은 영국에서도 똑같이 유효하다('영국의 적자와 관련된 논리적 오류' 글 상자 참조).

미국 공공재정과 관련해서 무책임한 지출, 인플레이션, 몰아내기 효과를 적자의 직접적이고 구체적인 결과로 보는 논리적 오류가 있다면, 영국과 유럽 대륙에서 우세한 논리적 오류는 '예측'에 초점을 맞춘다는 데있다. 폴 크루그먼이 "신뢰의 요정"[9]이라고 부른[10] 이런 예측은 공공적자가 미래의 어느 시점에서 정부가 부채를 상환할 능력이 없게 되리라는 금융시장의 공포를 조장한다. 일반적으로 이 예측된 채무불이행이 실제로 발생하는 날짜는 명시되지 않으므로, '언제든지 일어날 수 있다'는 암시를 주면서 가짜 경제학의 논리를 더욱 강화한다.

하지만 금융시장이 문제를 일으킬 현실적 위험을 가늠하려면 적자와 채무불이행의 연결고리를 명시해야 한다. 그 연결고리는 다음과 같다. 정부는 수입을 초과한 지출을 충당하기 위해 단기금융시장에서 돈을 빌려야 하는 상황에 놓인다. 잠재적 채권 구매자는 채권을 발행한 정부가 부

---

9) '가짜 경제학'은 정부가 지출을 삭감하면 신뢰의 요정이 신뢰를 재생하고 민간소비를 촉진해서 경기를 회복시켜준다고 주장한다. 옮긴이.

10) Paul Krugman, "The Confidence Fairy, The Expectations Imp, and the Rate-Hike Obsession," New York Times, 9 June 2013. Online: http://krugman.blogs.nytimes.com/2013/06/09/the-confidence-fairy-the-expectations-imp-and-the-rate-hike-obsession/(accessed 14 November 2013).

채를 상환하지 못할 확률을 추정한다. 부채상환 실패는 몇 가지 형태로 나타날 수 있다. 1) 채권 만기 시점에 채권 환매를 거부한다. 2) 채권 만기 이전에 이자 지급을 거부한다. 3) 지금이든 미래의 어느 시점에든 원금과 이자 지급을 거부한다(완전 채무불이행). 이 중에서 세 번째 경우는 일어날 확률이 가장 낮지만, 전혀 없었던 일은 아니다. 1930년대와 1940년대에 몇몇 라틴아메리카 정부가 해외 부채 지급을 거부했다. 누가 봐도 채무불이행이었던 이 사례들은 대공황 시대 수출가격 붕괴나 제2차 세계대전 중 국제무역 중단에서 비롯되었거나, 채권국들이 채무불이행을 막을 수단이 없는 틈을 타서 채무국이 부채를 폐기할 기회를 노렸기에 발생했다. 더 가깝게는 2000년대 초 아르헨티나 정부는 대규모 부채 상환을 거부했다. 이는 가짜 경제학적 환율정책을 충실히 고수하다가 2000~2002년 발생한 처참한 경제 붕괴 이후에 경제를 되살리는 수단으로 국가의 막대한 부채 부담에서 벗어나려는 전략의 일부였다. 이런 채무불이행 전략은 모든 라틴아메리카 국가가 전 세계적 수요 축소로 고초를 겪었던 세계 금융위기 전에는 매우 성공적이었다.

북미나 유럽의 어떤 선진국 정부도 극심한 경제적 압박이 없다면 그런 전략을 택하지는 않을 것이다. 그렇게 하는 데 가장 큰 걸림돌은 국가가 국제 금융시장과 금융업자의 정치적 권력에 흡수될 위험이 있다는 것이다. 선진국에서 공채의 '위험성'은 정부가 부채를 상환할 능력이 사라질 지경으로 돈을 빌릴 것이라는 금융시장의 공포에서 비롯한다. 구체적으로 위험성, 그러니까 '금융시장의 공포'는 정부가 부채상환 의무를 저버릴 수밖에 없게 되리라는 예측에서 비롯한다.

어떤 상황에서 우려했던 채무불이행이 현실이 될까? 우선 그럴 가능성이 희박한 상황을 나열해보자. 첫째, 가장 명백한 상황은 해당 국가의 자국 통화가 존재하는 경우다. 유로존 외부의 거의 모든 국가가 그렇듯이 자국 통화가 있으면, 정부는 자국 통화를 빌려서 지출을 충당할 수 있다. 이 절차가 시사하는 바를 명확히 하려면 약간의 설명이 필요하다. 정부는 수입을 초과하는 지출을 충당하기 위해 기업처럼 채권을 팔아서 돈을 빌린다. 그렇게 지출을 충당할 때 민간경제의 통화량은 변하지 않는다. 판매로 인한 통화 감소량(공공부문의 채권과 민간부문의 통화를 교환했으므로)은 지출로 인한 증가량(정부의 지출이 민간부문으로 흘러들어 가므로)과 정확하게 일치한다.

민간부문의 통화량 변화 없이 정부가 돈을 빌리고 쓰는 데에는 장단점이 있다. 경제가 생산능력을 거의 최대로 가동하고 있다면, 정부는 민간의 통화량 증가가 인플레이션 압력을 만들어낼 여지가 있다고 생각할 수 있다. 그런 경우에는 통화량 변화 없이 돈을 빌리는 것이 유리하다. 그러나 2010년 이후 유로존에서 그런 것처럼, 민간 구매자에게 채권을 판매하면 투기꾼들이 금리를 인상할 수 있다.

대안은 정부가 국채를 중앙은행에 파는 것이다. 이는 지출도 늘리면서 같은 양의 화폐를 직접 유통하는 방법으로, '화폐화(monetization)'라고 부른다. 채권을 금융시장에 팔면 지출은 늘어나지만, 화폐 유통은 그만큼 늘어나지 않는다. 비판론자들은 적자 지출의 전부 또는 일부를 화폐화하는 것이 '돈을 찍어내는 것'이나 다름없다고 비판한다. 이런 단순한 선전 활동에도 불구하고 화폐화에는 여러 잠재적 이점이 있다. 첫째, 채권이 금융시장으로 흘러들어 가지 않기 때문에 민간 구매자들이 경쟁적으로 금리를 올리는 문제를 피할 수 있다. 둘째, 2008년 이후 영국에서 그랬듯이 경기가 침체되었을 때 민간경제에 더 많이 지출하고 돈을 투입하는 것이

영국의 적자에 관련된 논리적 오류

오류 1: 지출이 지나쳐서 적자가 생긴다.

영국 국내총생산 성장률에 따른 적자의 변화(1992~2010)*

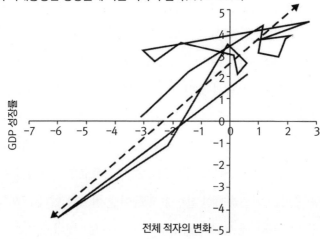

화살표로 표시된 점선이 전반적인 상관관계를 한눈에 보여준다.
출처: 영국 정부산하 통계청.

미국에서 그렇듯이 영국의 공공부문 적자가 변화하는 양상은 경제성장
률과 밀접한 관계가 있다. 이 상관관계는 미국보다 사회보장제도가 더 광
범위하고 포괄적인 영국에서 훨씬 더 밀접하다. 이 간단한 쌍방 관계는
일대일 대응에 가깝다. 성장률이 1% 증가하면 적자가 1% 감소하고, 적자
가 1% 감소하면 성장률이 1% 증가하는 식이다.

경제가 더디게 성장하면 실업률과 복지 지원금이 증가하고 조세수입이
감소한다.

2007년 이후 영국의 적자 증가는 경기침체로 조세수입이 감소하고 실업
증가로 복지지출이 늘어난 결과다. 이상 증명 끝.

---

* Office for National Statistics, "Public Sector Finance." Online: http://www.statistics.gov.uk/hub/
economy/government-receipts-and-expenditure/public-sector-finance (accessed 14 November 2013).

오류 2: 적자로 금리가 상승하고 통화가치가 하락한다.

영국 정부가 빌린 금액과 채권이율과 달러/파운드 환율*

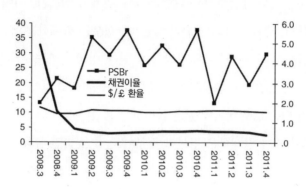

PSBr: 분기별 공공부문이 빌린 금액(좌측 세로축, 단위: 10억 파운드)
채권이율: 빌린 금액에 대한 이율(우측 세로축, 단위: %)
$/£ 환율: 달러/파운드 환율(우측 세로축)

적자가 발생하면 금융시장에 정부의 채무불이행에 대한 공포가 조장되고 결국 공공대출비용이 증가할까? 2010년대 초 영국 연립정부는 그렇다고 주장했다. 영국 총리는 정부가 지출을 삭감하지 않는다면, 영국의 미래는 경제위기로 쑥대밭이 된 그리스 같은 처지가 되리라고 확신했다.

연립정부에는 안 된 일이지만, 이 예측이 틀렸다는 사실을 알려주는 증거들이 있다. 두 번째 그래프에 경제위기 초반부터 2011년 말까지 영국 정부의 분기별 대출액을 10억 파운드 단위로 나타냈다.

이 수치를 살펴본 결과는 간단명료하다. 적자와 공공대출비용 사이에는 아무런 상관관계가 없다. 2009년부터 3년간 공공부문 분기별 대출액이 200억 파운드 이하로 줄어든 것은 변화폭이 컸던 2011년 1/4분기 한 번뿐이었다. 이 기간에 공공부문 대출이율은 약 0.5%로 일정했고, 파운드/달러 환율도 거의 변화하지 않았다.

---

* Ibid.

옳다. 사실 화폐화는 수요를 자극한다는 측면에서 중앙은행이 공공지출 없이 민간부문으로 자금을 전환하는 그 유명한 '양적 완화'보다 더 효과 적이다.

이 모든 것이 공공부채의 위험과 무슨 관계가 있는가? 이에 대한 답은 자명하다. 국가 고유의 통화가 있을 때, 정부는 화폐화를 통해 부채상 환을 포함해서 어떤 지출이든 감당할 수 있다. 영국 정부는 영국 정부에서 돈을 빌릴 수 있으므로 파운드화 부채를 채무불이행할 일이 전혀 없다. 자국 통화가 있는 모든 국가에 같은 원리가 적용된다.

하지만 가짜 경제학은 정부가 정부에 돈을 빌리면 금융시장이 반응 해서 민간부채 이자율이 치솟는다고 주장한다. 어쩌면 그럴 수도 있지만, 그럴 확률은 국가의 경제 규모에 따라 다르다. 예를 들어 2011년 말 영국 의 공공부채는 국민총생산(GNP)의 77%인 1조 2,500억 파운드에 이르렀 다. 대조적으로 아일랜드의 공공부채는 국내총생산(GDP)의 96%였지만, 고작 1,210억 파운드였다.[11]

여기서 영국 국채보다 아일랜드 채권에 투기하는 것이 더 효과적이 라는 사실을 유추하는 데는 하버드 대학이나 런던 경영대학 학위가 필요 하지 않다. 2012년 8월 3일 『뉴욕타임스』 기사에 따르면 스코틀랜드 왕립 은행(Royal Bank of Scotland)의 어느 '투기꾼'은 30억 파운드 규모의 유로 채 권을 날마다 거래했다. 아일랜드를 대상으로 이런 투기를 한다면 일일 거 래량이 아일랜드 총부채의 2.5%에 달해서 2012년 신규 대출의 20% 이상

---

11) OECD, "General Government Gross Financial Liabilities, % of Nominal GDP" and "General Government Net Financial Liabilities, % of Nominal GDP." Online: http://www.oecd.org/statistics/ (accessed 14 November 2013).

에 해당할 것이다.

이 모든 것을 염두에 두면 채권 투기가 유로존 국가들을 유린하던 2010~2012년에 미국, 영국, 일본 공채 금리는 자국 통화와 경제 규모 덕분에 증가하지 않았다는 사실이 놀랍지 않다. 이 세 나라의 공채를 투기꾼들이 별로 공격하지 않은 데에는 그럴 만한 이유가 있었다. 투기꾼들은 투기하는 데 필요한 현금을 비교적 안전한 형태로 보유해야 한다. 2010년대 투기성 현금 외화로 가장 유력한 후보가 바로 미국 달러화, 영국 파운드화, 일본 엔화였다. 투기꾼들은 자신이 보유한 통화에 투기하지 않는다.

약간의 상식과 진짜 경제학 지식을 이용하면 당시 영국의 공공재정을 간단하게 평가할 수 있다. 첫째, 2008년 이후의 부채는 무모하거나 무책임한 지출이 아니라 경기침체에서 비롯했다. 둘째, 공공적자는 공채나 영국 파운드화에 대한 투기성 공격을 자극하지 않았고 자극할 이유도 없었다. 셋째, '건실한 공공재정'을 위한 지출 삭감은 필요 없었다. 그와 반대로 합리적 정책은 지출을 늘려 경기가 살아나도록 자극해야 한다.

사태를 객관적 판단할 수 있는 교양 있는 사람이라면 영국 공공재정의 가짜 위기를 제시하는 영국 정치인과 언론의 무지 또는 표리부동함(아니면 둘 다)에 충격받지 않을 수 없다. 이 무지가 최악으로 발현된 모습이 2008년 이후 유로존 국가 정치인들을 물들이며 더욱 극렬해진 광기에서 드러났다.

유럽 국가부채 위기(유로존 위기)

유로존 경제위기는 노골적인 왜곡이 일반 상식으로 자리 잡게 한 대표적인 사례다. 경제위기에 대한 주류 언론의 일반화는 거의 모두 거짓이다. 그런 허위 사실을 성공적으로 주입한 결과, 유럽 사람들은 긴축정책의 필요성을 진지하게 인정했고, 전쟁 중이 아닌데도 99%의 국민이 유례없는 빈곤에 시달리게 되었다.

주류 경제학의 해설은 단순했다. 재정이 탄탄한 독일 정부와 달리 대부분 유럽연합 남쪽 경계에 있는 몇몇 국가는 재정을 잘못 운영해왔다는 것이다. 그리고 잘못된 운영의 전형적인 형태로 해당 국가들이 감당할 수 없는 규모의 사회복지부문 지출을 지목했다. 이 국가들은 복지국가를 추구하다가 노동비용이 경제 상황과 무관하게 높아지자 세계시장에서 경쟁력을 잃었다는 것이다. 노동조합과 최저임금제도 때문에 노동자의 봉급이 인위적으로 상승한 데다, 노동시간 감소, 실업수당 증가, 명예퇴직 때문에 노동비용이 급격히 증가했고, 이런 과도함은 '노동시장 경직'이라는 표현으로 요약할 수 있다고 했다.

우익의 관점에서 볼 때 유로존 위기를 불러온 주범은 복지국가 이념이었다. 따라서 위기를 극복하려면 유럽연합 전역, 특히 주변부 국가들의 공공복지를 대폭 줄여야 했다. 회의주의자라면 국채에 대한 투기 공격에 시달리는 국가들(포르투갈, 아일랜드, 이탈리아, 그리스, 스페인의 첫 글자를 따서 'PIIGS' 국가)의 지나친 부채와 적자 상태에서 지출을 삭감해야 할 필요의 증거를 찾을 수 있을지도 모른다. 그리고 행실이 나쁜 PIIGS 국가들이 지향해야 할 건전한 모델을 재정을 투기 공격을 잘 방어한 자유로운 몇몇 국가(특히 독일, 오스트리아, 핀란드)의 모범적인 재정에서 찾을 수 있다고 생각할 수도 있다. 주류 경제학의 서사에 따르면 남부 유럽 사람들은 임금을 너무 많이 받고, 일을 너무 적게 하고, 복지혜택을 지나치게 많이 받고, 너무 일찍 퇴직한다.

대출비용이 현저히 증가한 시점을 경제위기의 기준으로 삼았을 때 경제위기가 발생한 순서는 대략 그리스(2010년 5월), 아일랜드와 포르투갈(2010년 7월), 스페인(2010년 11월), 이탈리아(2011년 중반)다. 이 국가들에 재정을 적절히 관리하도록 강제한 집단은 그 일을 기꺼이 맡은 유럽위원회(EC), 유럽중앙은행(ECB), 국제통화기금(IMF)의 세 기관의 연합체인 '트로이카(Troika)'였다(독일 중앙은행(Deutsche Bundesbank)이 가세해서 '트로이카 플러스 원'으로 부르기도 한다).

유럽연합의 복잡한 역사와 현황을 모르는 독자를 위해 설명하자면, 유럽연합 초기 회원국들은 약 50년 전에 여러 국가가 모인 집단의 집행부 역할을 맡을 '유럽위원회'를 결성했다. 회원국당 1명씩 27명의 '위원'은 선출된 사람들은 아니었어도 1992년 조약을 통해 각국 정부에서 구상한 한심하기 짝이 없는 재정 지침들을 강제하는 등 특권을 누렸다. 이 재정 지침들은 조약 협상과 승인의 현장이었던 네덜란드의 작은 도시 이름을 따서 흔히 '마스트리흐트 조약(Maastricht Treaty)'으로 알려졌다.

마스트리흐트 지침 중 주목할 만한 것이 두 가지 있다. 첫째는 어떤 유럽연합 회원국도 전체 재정적자가 국내총생산(GDP)의 3%를 넘을 수 없고, 총 공공부채는 국내총생산의 60%를 넘을 수 없다는 것이다. 일차 적자가 아닌 전체 적자를, 순 부채가 아닌 총부채를 적용한 것은 독일 중앙은행이 강하게 주장해서 도입한, 기술적으로 무용한 선택이었다.[12] 독일 중앙은행 간부들이 이런 역기능적인 지표를 사용하자고 주장한 이유는 재정정책과 통화정책 측면에서 독일 정부 외에 어떤 정부도 믿을 수 없다고 판단했기 때문이었다.

나는 적자와 부채를 계산하는 방법을 기초적 수준으로 설명한 7장에서 이미 그런 지침들이 제 기능을 하지 못한다는 사실을 입증했다. 단순한 사칙연산 결과, 3%의 적자는 대부분 국가에서 아주 적은 일차 잔액(전체 적자에서 공공부채 이자를 뺀 금액)을 의미한다. 이는 곧 공공투자 자금을 경상지출로 충당한다는 뜻이다. 어떤 투자를 하든 경상지출에서 투자금을 충당하는 것은 투자비 회수율이 0이라고 예상할 때만 이치에 맞고, 사실 그런 경우에는 투자하지 말아야 한다.

스페인의 사례가 총 공공부채를 제한하는 지침이 얼마나 황당한지를 보여준다. 2010년 스페인은 총 공공부채가 국내총생산의 67%로 60% 상한선을 넘었다. 그러나 중앙은행이 보유한 외화 등 정부의 유동자산을 고려하면 순 부채가 40%였고 이는 독일보다 양호한 수준이었다.[13] 그런데도 트로이카는 독일이 아니라 스페인 정부에 엄격한 예산 삭감을 요구했다.

유럽연합의 어리석은 재정 지침과는 별개로 너무 많은 희생양이 경제위기에 빠지자 긴축정책 집행자들도 유럽연합 전반에 문제가 생길 가능성을 떠올렸을 수 있다. 그러나 경제위기가 무서울 정도로 파급되는 와중에도 트로이카는 오히려 경제적 타격을 받은 피해국이 늘어날 때마다

---

12) Thomas Mayer, *Europe's Unfinished Currency* (London: Anthem Press, 2012)

13) OECD, "General Government Gross Financial Liabilities."

역시 자기들이 옳았다고 판단했고, 그들 국가의 구제를 주도할 의무가 자신들에게 있음을 더욱 확신했다.

하지만 현실에서는 그런 확신과 유로존 위기에 대처하는 방법으로 강요한 긴축정책에 결정적인 문제가 있음이 확실히 드러났다. 그 문제는 우파의 관점에서도, 좌파의 관점에서도, 중도파의 관점에서도 그 확신이 거짓이고 긴축정책이 효과가 없다는 사실을 확인했다는 데 있었다. 가장 명백한 논리적 오류부터 지적하자면, 경제위기에 휩쓸린 국가들은 사회보장제도가 과도하지도 않았고 사회보장지출이 많지도 않았다. 예를 들어, 2010년 초에 국가 연금을 받는 남성의 퇴직 연령은 독일과 프랑스와 모든 PIIGS 국가에서 똑같이 65세였다(이탈리아와 그리스 여성은 60세부터 연금을 받을 수 있었다). 노동시간도 트로이카가 주장한 것과 정반대였다. 세계적인 경제위기가 닥쳐 고용 상황이 암울해지기 바로 전 해인 2007년에 독일의 근로자당 연평균 노동시간은 1,500시간 이하였다(주당 약 30시간). 경제위기에 직면한 모든 국가의 연평균 노동시간은 독일보다 훨씬 길었다. 독일과 비교해서 아일랜드는 15%, 그리스는 40% 더 길었다('유로존과 관련된 논리적 오류 1' 글 상자 참조).

사회보장 지출이 유로존 국가들의 재정적자의 원인이라면, 독일의 공공재정은 산소호흡기가 필요할 것이다. 독일의 사회보장 지출은 국내총생산의 25%로, 씀씀이가 헤프다는 꼬리표가 붙은 PIIGS 국가들보다도 훨씬 더 많다('유로존과 관련된 논리적 오류 2' 글 상자 참조). PIIGS 국가들이 과도한 사회보장 지출이나 노동시간 부족 때문에 경쟁력이 떨어진 것이 아니라면, 그들의 과도한 공공부채와 감당할 수 없는 재정적자를 어떻게 설명해야 할까?

답은 간단하다. 부채도 과도하지 않았고 적자도 감당할 만한 수준이었다. 주류 경제학의 서사는 독일 정부의 재정적 검소함, 즉 독일인의 일반적인 절약 성향을 강조했다. 이 절약 성향이 사실이라면, 독일이 유로존 국가 중에서 공공부채가 가장 적거나, 적어도 불량한 PIIGS 5개국의 부채보다 적어야 할 것이다. 하지만 사실을 확인해보면, 독일의 공공부채는 경제 규모를 고려하더라도 2005년까지 아일랜드와 스페인보다 많았고, 포르투갈과 비슷했다('유로존과 관련된 논리적 오류 3' 글 상자 참조).

독일인들은 2001년 이후 스페인인보다 부채가 더 많았고, 2010년까지 아일랜드인보다, 2006년까지 포르투갈인과 비슷한 정도로 부채가 많았지만, 독일 정부의 부채 관리능력이 PIIGS 국가보다 상대적으로 나아 보인 이유는 게르만 민족 특유의 투철한 자기관리 덕분이 아니라 독일 경제가 2000년대 말에 세계 경제위기의 영향을 덜 받았기 때문이다. 독일 경제가 경제위기 상황에서 더 잘 버틴 이유는 곧 명확해질 것이다.

공공부문 잔액에 대해서도 같은 분석이 유효하다. 아일랜드 정부와 스페인 정부는 경제위기가 닥치기 전 재정 상태가 독일보다 훨씬 '나았다'고 볼 수 있다('유로존과 관련된 논리적 오류 4' 글 상자 참조). 독일인들은 자존심 상한다고 하겠지만, 돈을 허투루 낭비한다는 인식이 있는 이탈리아 정부의 부채와 독일 정부의 부채가 경제위기 이전, 도중, 이후에 거의 같았다(그리고 포르투갈 정부도 2009년까지 독일 정부와 부채 규모가 비슷했다).

2007년에 대체 무슨 일이 일어났기에 독일 정부는 의기양양한 승자가 되었고 PIIGS 국가들은 고개 숙인 패배자가 되었을까? 정답은 내가 앞서 논의한 내용에 포함되어 있다. '절약 성향'이 아니라 경제성장이 적자를 줄였다. 2008년 PIIGS 5개국과 독일은 다 함께 극심한 경기침체를 겪었다. 2009년 1/4분기에 1년 전보다 국내총생산이 7% 감소한 독일과 이탈리아의 경제 수축 규모가 가장 컸다. 2009년부터 그리스는 급격한 경기 후퇴를 겪었고, 아일랜드, 이탈리아, 포르투갈, 스페인도 경기가 수축했어도 그리스보다는 훨씬 상황이 나았고, 독일은 경제가 성장했다. 독일은 여섯 국가 중에서 유일하게 2011년 말 국내소득이 2009년 초 국내소득보다 높았다. 독일 경제는 성장했고 적자가 감소했다. 다른 국가들은 경제 규모가 수축했고 적자가 증가했다. 경제성장으로 적자가 줄어든다는 사실은 대학 1학년 경제학 개론 수준의 지식이다.

당시에 왜 독일 경제는 성장하고 다른 국가의 경제는 수축했을까? 긴축정책을 열렬히 지지하는 사람에게는 보이지 않겠지만, 대답은 너무도 간단하다. 독일 정부는 10년 넘게 주변국에 피해를 줌으로써 자국 경제 문제를 해결하는, 수출 주도적 경제성장정책을 펴왔다. 1990년대 말 게르하르트 슈뢰더 총리의 사회민주당 정부는 독일의 대형 노동조합들과 실질임금을 동결하는 불미스러운 거래를 했다. 이 임금 동결은 2000년대 초 앙겔라 메르켈이 이끈 우익 기독민주당 정부에서도 유지되었다. 유로존에서 제로섬 전략을 강화하기 위해 메르켈 정부는 2000년대 중반 사실상 수출보조금을 주는 방향으로 조세정책을 수정했다.

실질임금을 동결하고 조세제도를 정비한 독일을 제외하면, 유로존 국가들에서는 실질임금 비용이 모두 상승했다. 독일에서 임금보다 생산성이 더 빨리 높아진 결과는 극적이고 신속하게 나타났다. 2000~2001년 독일, 프랑스, PIIGS 국가들의 무역수지는 흑자나 적자가 적었고 거의 제로에 가까웠다. 그러다가 2001년 이후 놀라운 변화가 일어났다. 독일이 어마어마한 흑자를 축적하기 시작했고, 순무역수지 흑자 규모가 어떤 해에

유로존과 관련된 논리적 오류 1: 게으른 PIIGS 국가

유럽연합 6개국의 민간부문 연간 노동시간(2007)*

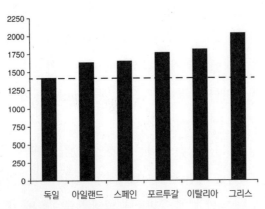

출처: 경제협력개발기구(OECD).

원래 의도가 어쨌든 간에 흔히 경제위기로 가장 큰 타격을 받은 5개국으로 PIIGS을 꼽는 데에는 누가 봐도 부정적 뉘앙스가 있다. 즉, 그들이 무책임하게 행동했음을 암시하고, 독일식 직업윤리 없이 나태하다는 인상을 풍긴다는 것이다.

그러나 PIIGS 국가 국민은 어느 북부 유럽 국가보다도 열심히 일했다. 독일의 근로자는 1년에 약 1,500시간, 주당 약 30시간 일했다. 독일과 노동시간이 가장 비슷한 국가는 아일랜드와 스페인으로 연간 노동시간이 15~17% 더 길었고, 포르투갈과 이탈리아는 25% 더 길었다.

노동시간이 가장 긴 나라는 연평균 2,038시간, 주당 40시간을 넘긴 그리스였다. 유럽연합의 나머지 26개국 중 연간 노동시간이 그와 유사하게 긴 사례는 에스토니아 1,999시간, 헝가리 1,983시간, 폴란드 1,976시간이었다. 일하기 싫어한다는 비난은 그리스에만 해당하는 이야기가 아니었다.

---

* OECD, "Average Annual Working Time." Online: http://www.oecd.org/statistics (accessed 14 November 2013).

유로존과 관련된 논리적 오류 2: PIIGS의 높은 사회보장 지출

유럽연합 6개국의 공공부문 사회보장지출(2007, 단위: GDP의 백분율)*

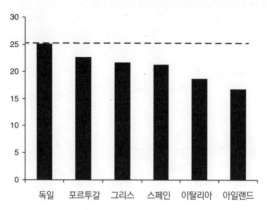

출처: 경제협력개발기구(OECD).

과도한 사회보장지출이 PIIGS 국가의 재정에 문제를 일으켰다는 주장은 아무것도 모르는 사람이나 할 수 있는 말이다. 5개국 모두 '복지국가'와 거리가 멀었다. '복지국가'라는 명칭은 이들 남부 유럽 국가가 아니라 북부 유럽 국가에 어울린다.

경제위기가 시작되기 직전에 국내총생산 중 사회보장 지출 비율이 높은 순서는 프랑스, 스웨덴, 덴마크, 오스트리아, 벨기에, 독일(27개국 중 상위 6개국)이었다. 유럽연합 27개국의 평균비율은 22%였다. PIIGS 국가 중 그 비율이 평균을 넘은 국가는 이탈리아뿐이었다.

---

* OECD, "Government Social Spending, % of GDP." http://www.oecd.org/statistics (accessed 14 November 2013).

유로존과 관련된 논리적 오류 3: 절약 정신의 모범을 보인 독일

PIIGS 국가의 총 공공부채에서 독일의 총 공공부채를 뺀 금액
(1998~2011, 부채를 각국 GDP로 나눈 비율로 나타냄)*

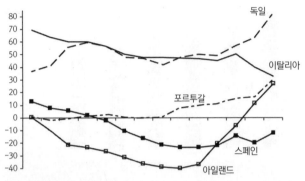

출처: 경제협력개발기구(OECD).

그래프를 보면 2010년까지 독일의 총 공공부채는 스페인이나 아일랜드
보다 더 많았고, 2006년까지는 포르투갈과 비슷한 수준이었음을 알 수 있
다. 경제위기 중에도 스페인은 독일보다 부채가 훨씬 적었다.
아일랜드의 부채 급증 현상을 간단히 설명할 수 있다. 무책임한 복지지출
이 아니라 은행 구제금융 때문이었다. 이탈리아는 독일과 비교해서 부채
가 계속해서 감소했다. 부채는 PIIGS의 문제만은 아니었다.

* OECD, "General Government Gross Financial Liabilities, % of Nominal GDP." Online:
http://www.oecd.org/statistics (accessed 14 November 2013).

유로존과 관련된 논리적 오류 4: 독일의 낮은 적자

PIIGS의 전체 재정잔액에서 독일의 전체 재정잔액을 뺀 값
(1994~2011, 단위: GDP의 백분율)*

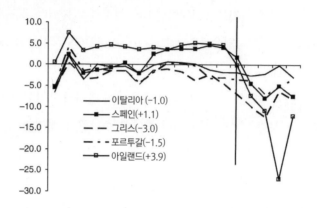

공공적자도 공공부채와 같은 경향을 보인다. 1998~2007년 아일랜드와 스페인은 독일보다 '절약 능력'이 뛰어났고, 이탈리아의 재정잔액은 독일과 거의 비슷했다.

실제로 스페인, 아일랜드, 포르투갈 정부는 조심성 없이 마구 지출했을까? 그렇다. 이 국가들은 은행 구제금융에 막대한 비용을 들였다. 이탈리아의 경우에는 정부가 무책임한 지출을 완고하게 거부하고 적자를 줄곧 독일과 비슷하게 유지했다. 그토록 무책임하기로 유명한 그리스는 2007년에 독일과 재정잔액이 3% 차이였다.

간단한 이야기지만, 국제통화기금(IMF)과 유럽위원회(EC)와 독일 정부는 이것을 이해하지 못한다. 경기침체가 적자를 늘리고, 늘어난 적자는 부채를 늘린다. 특히 정부가 민간부문에 구제금융을 제공하는 상황까지 겹치면 더욱 그렇다.

---

* Ibid.

는 세계 1위, 어떤 해에는 중국 다음으로 2위를 기록했다. 2002~2007년 6년간 누적 흑자는 8,760억 달러였던 반면에 PIIGS 5개국은 4,110억 달러 적자를 기록했다. PIIGS 국가 중 6년간 흑자를 유지한 유일한 국가는 아일랜드였다('유로존에서 주변국을 가난하게 만들기' 글 상자 참조). 아일랜드를 제외한 나머지 PIIGS 국가는 5,550억 달러의 적자를 기록했다. 경제위기 이후 3년간(2008~2011) 독일은 5,230억 달러 흑자, PIIGS 국가는 6,230억 달러 적자를 보았다.

가짜 경제학자들은 복지국가의 비효율성이 위기를 유발했고, 이를 해결하려면 공공부문 지출을 삭감해야 한다고 주장한다. 하지만 실제로 위기를 불러온 것은 독일의 무역정책이었다. 수출 주도적 무역정책을 추진한 독일의 중상주의가 유로존 위기의 '배경'을 제공했다. 독일 정부의 엄격한 통화정책과 재정정책이 임금 제한과 맞물려 수출 주도적 성장을 이룩했다. 경제 전문가가 아니더라도 2007년 이후에 그랬던 것처럼 세계 수요가 감소하면 한 국가의 수출 주도적 성장이 무역 상대국들의 수입 주도적 경기침체를 불러온다는 사실을 쉽게 이해할 수 있다.

유로존 사태를 과도한 재정적자 때문에 국가 경제가 붕괴한 사례로 해석한다고 하더라도, 해결책은 지출 삭감이 아니라 경제성장이다. 적자와 부채를 문제 삼는 시각은 올바른 해석을 내놓지 못했다. 유로존은 유럽연합의 최강 회원국 정부가 자국의 이익만을 공격적으로 추구했기에 경제위기에 부딪혔다. 그 회원국이 자발적으로 또는 강제로 무역정책을 협력적인 방향으로 전환하지 않는다면, 유로존은 보나 마나 재앙에 휩싸일 것이다.

하지만 독일인들은 희생과 근면을 통해 스스로 성장을 일궈내지 않았는가? 아니, 그렇지 않다. 독일인의 99%가 희생했고, 상위 1%가 절대다수의 생활 수준을 동결해서 경제성장을 얻어냄으로써 이익을 보았다. 여러분은 세계 경제를 그런 식으로 운영하고 싶은가? 상위 1%는 그렇게 하고 싶어 하고, 지난 수십 년간 그렇게 해왔다.

1%의 노예가 된 99%

사회적·경제적 문제는 원래 복잡하고, 그에 대한 간단한 해답을 찾기 어렵다. 하지만 2008년 세계 금융위기와 2010년대 전반적인 경기침체는 예외에 해당한다. 금융위기의 명백한 원인은 민간금융에 대한 공공부문의 규제 철폐였다. 규제가 사라지면서 금융업자들의 경제적·정치적 권력은 걷잡을 수 없이 막강해졌다. 경제 분야에서 금융자본은 산업자본을 제압했고, 투기가 생산을 제압했고, 비생산적 활동이 생산적 활동을 제압했다.

금융규제 철폐에서 비롯한 엄청난 재난은 미국을 강타하고 나서 유럽으로 번졌고, 그 여파가 전 세계로 퍼져나갔다. 이 현상은 '의도하지 않은 결과'가 아니다. 은행의 규제 완화는 투기 같은 비생산적 활동을 활성화하려는 의도에서 비롯했고, 그 의도는 금융 거부들이 상상한 것보다도 훨씬 더 눈부신 결과로 이어졌다. 과거에 비교적 단조롭고 수익성이 높지 않은 활동에 주력하던 은행업은 이제 법적 수단을 통해 시세차익 거래에 몰두하고, 세계적 금융 재앙을 일으키는 기생충과 바이러스의 숙주가 되어버렸다. 금융을 규제의 족쇄에서 풀어준 것은 양들이 뛰노는 목초지에 탐욕스러운 늑대를 풀어놓은 것과 같았다. 엄격한 규제가 유지되었다면,

유로존에서 주변국을 가난하게 만들기

하나의 현상, 두 가지 그림: 중상주의

독일과 PIIGS 국가의 무역잔액(2000~2011, 단위: 10억 달러)*

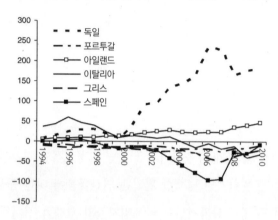

무역수지는 수출입거래에서 발생한 대금 수불액을 말한다.
출처: 경제협력개발기구(OECD).

영국 정치경제학의 위대한 선구자 애덤 스미스와 데이비드 리카도는 정부가 무역흑자를 추구하는 정책을 적극적으로 비판했다. 그 뒤로 200년이 흘렀지만, 독일 정부는 아직도 말귀를 알아듣지 못했다. 2000년대 초 무역흑자가 제로에 가까웠던 독일은 2008년 2,270억 달러에 이르렀다. PIIGS 국가는 무역적자가 1999년 40억 달러에서 2008년 1,640억 달러가 되었다.

독일의 '성공' 비결은 무엇일까? 다른 것도 있지만 무엇보다도 임금동결과 수출세 삭감이었다. 이 두 정책은 유럽연합의 정신 또는 규칙(혹은 둘 다)에 어긋난다.

무역수지 변동을 표시한 그래프를 얼핏 보면 또 하나의 성공 사례인 아일랜드의 무역흑자가 계속 증가했다. 하지만 자세히 검토해보면 아일랜드

---

* OECD, "General Government Gross Financial Liabilities, % of Nominal GDP." Online: http://www.oecd.org/statistics (accessed 14 November 2013).

거울상: 독일과 PIIGS 국가의 무역수지(2000~2011, 단위: 10억 달러)*

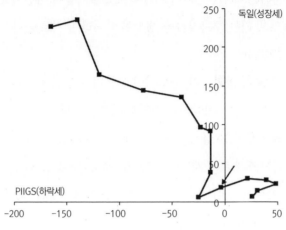

세로축은 독일의 잔액, 가로축은 PIIGS 5개국의 잔액이다.

의 무역흑자는 사실상 사회복지 측면에서는 재앙이었다. 2007년 아일랜드의 무역흑자는 국민소득의 5%였다. 2011년에는 국민소득이 10% 낮아졌고, 무역 흑자는 국내총생산의 20%를 넘었다. 아일랜드 국민은 그들이 수출한 재화를 스스로 먹거나 입거나 쓸 수 없었다. 따라서 2011년 아일랜드 사람이 접근할 수 있었던 재화와 용역은 2007년보다 30% 적었다는 것을 뜻한다. 이것이 과연 성공일까?

주변국에 피해를 주는 수출 주도적인 정책을 펼 때 정부는 수출보조금을 주고 수입을 제한한다. 이 과정에 임금 동결이 도움이 된다. 다른 국가의 근로자는 생산성이 향상되면 생활 수준도 함께 향상되는 혜택을 받는다. 임금을 동결한 국가에서는 그렇지 않다. 그런 국가의 기업들은 경쟁력을 강화하기 위해 생산성 향상으로 얻은 잉여 상품을 수출하고, 결국 무역 상대국은 무역적자로 경기침체에 빠지게 된다. 임금동결은 수입수요를 제한한다는 측면에서도 무역흑자에 이바지한다.

이것은 과연 좋은 방법일까? 그래프를 보면 1999년 이후 독일의 무역흑자가 급격히 늘어나고, 동시에 PIIGS 무역적자가 급속히 늘어난다.

2008년 금융위기는 미스터리를 즐기는 독자들의 소설에나 등장했을 것이다. 그것은 영화 「투모로우(The Day After Tomorrow)」(2004)에서 단 며칠 만에 빙하기를 불러온 폭우만큼이나 기술적으로 불가능한 사건이었을 것이다. 규제 철폐로 우리는 투자자들을 생산이 아니라 투기로 몰아가는 금융의 빙하기를 맞이했다.

금융규제 철폐가 없었다면, 상상력이 아무리 풍부한 소설가라도 유로존 경제위기만큼 참혹한 이야기를 생각해내지는 못했을 것이다. 1970년 독일 총리 빌리 브란트는 당시 유럽공동체의 공동 통화를 만들겠다는 최초의 구체적 계획인 베르너 계획(룩셈부르크의 총리 피에르 베르너의 이름을 붙였다)을 세웠다. 브란트는 이 계획의 실현 시기를 1980년으로 제안했다. 만약 서유럽의 금융규제가 엄격했던 그 시기에 유럽 공동 통화가 만들어졌다면, 유럽 대륙 전반에 걸친 부채 위기가 일어날 확률은 거의 없었을 것이다.

금융 권력은 극히 적은 확률을 거의 100%에 가까운 수준으로 끌어올려 놓았다. 투기가 불러온 유로존 경제위기와 더불어 발생한 전반적인 침체로 유럽과 북미는 재정적자에 허덕였다. 금융 자본가들은 정치판을 자기 모습과 똑같이 재설계했다. 철책에서 해방된 늑대들은 규제가 다시는 부활하지 않게 하려고 양치기 개와 목동을 모두 갈아치웠다.

20세기 전반에는 두 차례의 세계대전과 그사이에 발생한 경제 대공황이 유럽과 북미를 괴롭혔다. 이 재난을 통과하면서 전후 합의가 정치적으로 서유럽을 주도했고, 미국에서도 강한 세력을 유지했다. 평화와 안정을 위해서는 세계대전과 대공황을 부추긴 자본주의의 무절제를 방지하는 엄격한 규제가 요구되었다. 유럽의 기독민주당과 사회민주당, 영국의 노동당과 보수당, 미국의 민주당과 공화당이 이렇게 합의했다. 금융자본에 대한 엄격한 제한이 이 합의의 핵심이었다.

영국 경제학자 K. W. 로스차일드(K. W. Rothschild)는 1946년 당시 가장 지명도 높은 경제학 학술지였던 『경제학 저널(Economic Journal)』에서 전후 합의를 간명하게 요약했다.

(거대 기업)의 경쟁 현장에 진입하면, 전통적인 정치와 경제의 분리가 더는 유지될 수 없다. 일단 강력한 사회적 지위를 향한 욕망과 즉각적인 최대 이윤을 향한 욕망이 같은 차원에 있다는 사실을 깨닫고 나면, 이 두 가지 접근을 끝까지 지켜보는 수밖에 없다.

파시즘은 막강한 독과점 기업들이 정치 행동을 통해 노동 시장에서의 지위를 강화하고 마침내 세계시장 상황을 자기 입맛에 맞게 만들어놓으려는 투쟁의 과정에서 대두했다.[14]

금융자본의 규제철폐는 시민을 몰락의 구렁텅이로 몰아간다. 지금은 거대금융이 세계시장 상황뿐 아니라 세상 전체를 자기 입맛에 맞게 바꿀 권력을 쥐고 있는 시대다. 사회의 1%를 구성하는 그들은 99%에게 피해를 주며 실로 경이로운 속도로 그런 시도를 현실로 이루어냈다.

---

14) K. W. Rothschild, "Price Theory and Oligopoly," Economic Journal 57, no. 227 (September 1947): 299–20.

10장

99%를 위한 경제학

부의 축적과 민주주의의 쇠퇴

> 급속한 병폐의 희생양이 된 땅은 고초를 겪는다.
> 그곳에서 부가 축적되고 인간이 쇠락한다.
> 왕자와 군주들이 번영하거나 영락하고
> 입김 하나로 군주가 될 수 있다, 전부터 그랬던 것처럼.
> 하지만 그 나라의 자랑거리인 용감한 소작농들은
> 한번 사라지면 절대 다시 나타나지 못한다.
> (…)
> 하지만 시대는 변한다, 무정한 거래의 흐름이
> 땅을 강탈하고 시골 젊은이들을 빈털터리로 만든다.
> – 올리버 골드스미스, 「버려진 마을(The Deserted Village)」(1770)

긴축재정 시행은 공공정책이 진짜 경제학을 버리고 가짜 경제학을 수용함으로써 이룩한 가장 중요한 성과라고 할 만하다. 긴축정책 자체보다도 거의 모든 주요 선진국 국민이 긴축정책을 수용했다는 사실이 훨씬 더 인상적이다. 1960년 이후에 태어난 사람이라면 얼마 전만 해도 균형예산에 대한 강박감이 공공재정을 주도하지 않았고, 정부가 공공정책을 결정할 때 '금융시장의 판결'을 기다리며 벌벌 떨지 않았던 시대가 있었다는 사실을 믿기 어려울 것이다.

한때 '경제학'이라고 불렀던 학문이 엄격성과 상식을 저버려서 공공 정책의 이념이 이토록 과격하게 변한 것만은 아니다. 우리는 특히 영국과 미국에서 그 인과관계의 연대기를 명확하게 추적할 수 있다. 그 원인은 일반 대중에 대한 노동조합의 영향력 저하와 자본권력의 강화다. 근로자의 권리를 위해 지칠 줄 모르고 일했던 웨일스의 정치인 어나이린 베번은 이 위험 상황을 간단명료하게 정리했다. 근로자 다수가 그것을 막기 위해 조직적으로 행동하지 않는 한, "산업을 지배하는 세력이 정치를 지배한다는 것은 과거 경험으로 더욱 강하게 뒷받침되는 진리다".[1] 21세기에는 이 진술에서 '산업'을 '금융'으로 대체하게 되었다.

미국에서 1970년대부터, 영국에서 1980년대부터 노동조합의 영향력이 줄어든 것은 고용주들이 합심해서 노동조합을 공격한 직접적인 결과다. 이 공격들은 근로자의 체계적 조직화를 방해하고, 협상권을 확보하거나 방어하기 어렵게 한 법률에서 명백히 나타났다. 노동조합의 '과도한 권력'을 우려하며 1980년대 초에 노동당을 떠난 영국 기자 폴리 토인비는 2012년 노동조합 쇠퇴가 초래한 결과를 정확하게 집어냈다.

1970년대 말 영국 역사상 경제적 평등이 정점에 이르렀지만, 그 뒤로 부유층은 더욱 부유해지고 빈곤층은 더욱 빈곤해졌다. (세계 최대 규모의 금융 중심지인) 런던의 금융계는 1980년대에 급격히 팽창했고, 정치

---

1) Quoted in Michael Foot, Aneurin Bevan: A Biography, vol. 1, 1897–945 (London: Faber & Faber, 1962), ch. 2.

인들보다 훨씬 강력해져서 그 오만함이 추문에도 불구하고 고개를 숙일 줄 모른다. 강력한 노동조합주의에도 역기능이 있었지만, 노동조합은 임금 격차를 방지하는 역할을 했고, 노동조합의 쇠퇴 이후로 임금 격차가 폭발적으로 벌어졌다.[2]

미국의 드물게 진보적인 싱크탱크인 경제정책연구소(Economic Policy Institute) 전 소장 제프 포(Jeff Faux)는 미국 노동조합 쇠퇴의 결과를 가장 명확하고 강력하게 정리했다.

(노동조합과 뉴딜정책의) 보호가 사라지거나 급감한 상황에서는 계급 사이의 경계가 고착되고, 대부분 선진국보다 낮은 미국의 사회적 이동성도 더 낮아질 것이다. 뉴딜정책 이전의 노골적 자본주의 시대에 그랬던 것처럼 근로자의 굴욕적 생활이 다시 시작될 것이다. 상사들은 더 거만해지고 더 많은 것을 요구할 것이다. 입지가 좁아진 정부기관에서 일하는 과로에 지친 행정 관료들은 적극적으로 응대하지 않을 것이다. 용역과 노역의 구분이 희미해질 것이다.[3]

노동조합원이 감소하고 그와 동시에 상위 1%의 재산이 증가한 것은

2) Polly Toynbee, "London 2012: Danny Boyle's Opening Ceremony History Is Only a Partial Truth," Guardian, 30 July 2012. Online: http://www.theguardian.com/commentisfree/2012/jul/30/danny-boyle-olympicsceremony-partial-history (accessed 14 November 2013).

3) Jeff Faux, "The Hunger Games Economy," American Prospect, June 2012. Online: http://jefffaux.com/?p=254 (accessed 18 October 2013).

소득 정체보다 훨씬 더 심각한 병폐를 초래했다. 그 병폐는 민주주의 자체가 쇠퇴한 것이다. 존 F. 케네디가 대통령 시절에 말했듯이, "노동조합의 권리를 파괴하거나 제한하는 사람들, 단체교섭을 무력화하거나 노동자의 조직화를 막는 사람들은 민주주의의 명분에 해를 끼친다."[4]

규제되지 않은 시장의 번영은 자본주의 규제를 완화함으로써 가능해진, 서로 관계가 있는 두 가지 절차를 통해 민주주의를 해친다. 첫째, 자유 시장은 소득과 부의 불평등을 심화한다. 둘째, 심화한 불평등은 정치권력과 경제권력의 유착을 야기하고, 그 결과 선거와 정치인들이 사고파는 상품이 되어버리므로 인구의 절대다수가 실질적으로 정치적 견해를 표출할 수 없게 된다.

'자유 시장'은 다수의 이익을 위한 사회가 기능하지 못하게 방해한다. 고삐 풀린 시장 권력은 홉스식 '자연 상태'를 그 나름의 방식으로 소화해서 강제하는 반사회적 독재체제를 구축한다. 민주적으로 선출된 정부의 결정을 외국권력이 거부할 권리를 요구하는 정치적 식민화를 시도했다고 가정해보자. 아니, 우리는 그런 악몽 같은 세계를 떠올리려고 상상력을 발휘할 필요도 없다. 왜냐면 바로 그것이 지금 우리가 살고 있는 세상이기 때문이다. 정치인들은 그들이 시행할 경제정책들이 (금융 자본가들을 완곡하게 표현한) '시장'의 승인을 먼저 받아야 한다는 지시를 받았다. 어느 국가보다도 권력이 강한 금융 자본가들은 유권자와 정치인이 어떤 선택을 하기는커녕 고려하는 단계에서 이미 그것을 제한할 강력한 권리를 요구했

---

4) John F. Kennedy, "Special Labor Day Message from Democratic Presidential Candidate John F. Kennedy," 5 September 1960. Online: http://www.presidency.ucsb.edu/ws/?pid=60413 (accessed 14 November 2013).

고 또 그 권리를 획득해서 행사하고 있다. 사람들은 군주의 신권정치 시절 이래 지금처럼 이해할 수 없는 권력의 독재에 신음한 적이 없다.

금융계의 거리낌 없는 독재와 금융 권력을 휘두르는 사람들의 오만함을 잘 보여준 사례가 있다. 2008년 미국과 영국의 거의 모든 주요 은행과 유럽 대륙의 많은 은행이 붕괴 직전 상태로 휘청거렸다. 무책임한 행동이 초래한 참사에서 최고 부유층의 투기 수단인 그 은행들을 구제한 것은 전적으로 정부의 개입이었다. 정부는 범죄를 저지른 금융기관들에 구제금융을 제공하는 과정에서 그것들에 대한 소유권을 큰 비중으로 획득했다.

1991년 이와 비슷한 은행 위기가 스웨덴을 강타한 적이 있었다. 반대당인 사회민주당의 지지를 받은 온건 보수적인 정부는 스웨덴 은행 부문을 국유화하고 정부가 금융정책에 대한 결정권을 확보한다는 의미에서 은행 지원 관리공단을 설립했다.[5] 하지만 영국 정부와 미국 정부는 그들이 사실상 소유한 은행들에 대해 당연히 행사해야 할 공적 통제권을 요구하려는 시도조차 하지 않았다. 은행들은 무모한 투기로 파산 직전까지 갔다. 여러 나라의 정부가 그 은행들을 구제했지만, 명백히 위법적인 행동을 통제하는 조치를 전혀 취하지 않았다. 정부는 금융 범죄를 저지른 사람 중 누구도 기소하지 않았다.

스페인의 금융 부문 통제 실패는 국민의 99%를 절망에 빠트린 코미디가 되어버렸다. 투기 집단으로서 본능에 충실했던 스페인 주요 은행들은 미국 '서브프라임' 주택담보대출 시장에 열정적으로 뛰어들었다. 세

---

5) Carter Dougherty, "Stopping a Financial Crisis, the Swedish Way," New York Times, 22 September 2008. Online: http://www.nytimes.com/2008/09/23/business/worldbusiness/23krona.html (accessed 14 November 2013).

계 금융위기로 은행들이 파산 직전에 이르자, 스페인 사회민주당 정부는 은행 자산을 바탕으로 자본을 재편성함으로써 은행을 구제했다. 영국과 미국 정부처럼 스페인 정부도 금융 부문을 직접 통제하지 않았고, 그 결과 '선행은 반드시 처벌받는다'[6]는 격언의 교과서적 사례에 해당하는 사태가 벌어졌다. 은행에 들어간 자금 때문에 2008년 스페인 국가재정이 흑자에서 적자로 돌아섰다. 은행가들은 스페인 국민이 준 선물로 자신을 구제해 준 국채에 투기하는 파렴치한 행태를 보였다. 이 투기는 사회민주당 정부를 무너뜨렸고, 금리 인상을 불러와 새 우익 정부의 긴축정책을 촉진했다.

국민에 대한 이런 배신을 금융업자들이 획책했는지, 정부가 계획해서 실행했는지는 전혀 중요하지 않다. 전자라면 제한적으로 희망이 있다. 하지만 미국 대통령과 미국 국회, 영국 총리와 영국 의회, 그리고 자칭 '중도 좌파'라는 스페인 사회주의자들은 외부 자극 없이도 스스로 이런 결과를 초래했을 가능성이 크다. 권력이 명령을 내릴 필요조차 없이 부하들이 자발적으로 알아서 행동할 때 그 권력은 헤게모니가 된다. 지금 대부분 정치인은 금융업계의 지배를 받으며 하수인의 본분을 지키고 맡은 역할을 충실히 하는 지경에 이르렀다.

선진국에서 민주주의는 아직 살아 있지만 심각하게 제한되어 있다. 20세기 말부터 지금까지 미국 우파는 백인 위주의 공화당이 선거에서 승리할 수 있게 투표권을 제한하려고 온갖 노력을 기울이며 고군분투했다. 이 반민주주의 전략도 부패한 것이지만, 민주주의를 명색만 남은 체제로 전락시킨 금융업자들의 성과와 비교해 볼 때 그 정도는 아무것도 아니다.

---

6) Clare Booth Luce(추정)

미국의 파업, 노동조합, 소득(1964~2010)*

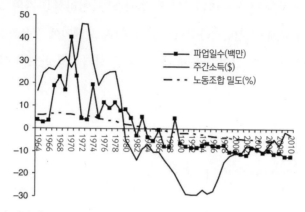

범례:
- 파업일수(백만)
- 주간소득($)
- 노동조합 밀도(%)

지침: 각 수치는 해당 연도의 수치에서 1964~2010년의 평균수치를 빼고, 평균수치의 백분율로 나타낸 것이다. 예를 들어 1980년 주간소득은 모든 해의 평균 주간소득과 일치했다. 소득은 1982~1984년 물가를 기준으로 보정했다.

출처: 『2012년 대통령 경제 보고서』와 미국 노동부 노동통계청.

근로자는 자신의 소득을 보호하기 위해 싸워야 한다. 왜 싸움까지 해야 하는지 이해할 수 없다면 그래프를 보자. 미국 모든 근로자의 인플레이션을 감안한 평균 주간소득은 1972년 최고점에 도달했다. 그러고는 1980년부터 30년 연속으로 46년간의 평균값보다 적었다. 1993년까지 계속된 소득 하락과 파업 감소의 상관관계는 명백하다.

1993년 이후 파업 감소율이 완만해지면서 주간소득이 천천히 회복되기 시작했다. 하지만 2010년에도 주간소득은 46년간의 평균값보다 적었고, 40년도 더 지난 1972년의 최고점보다 20% 낮았다.

인플레이션을 고려한 주간소득은 1972년 342달러였고, 46년간 평균값은 296달러였다. 파업으로 손실된 노동일수는 1970년 5,280만 일로 최대였고, 2010년에는 최대치의 1%도 되지 않는 30만 2천 일로 줄었다. 한편, 노동조합에 가입한 민간부문과 공공부문 근로자 비율(노동조합 밀도)은 1968년의 최고점 23%에서 2010년 10% 이하로 낮아졌다.

---

* Council of Economic Advisers, Economic Report of the President (Washington, DC, February 2012). Online: http://www.gpoaccess.gov/eop/tables11.html (accessed 18 October 2013); Bureau of Labor Statistics, "Work Stoppages." Online: http://www.bls.gov/wsp/ (accessed 14 November 2013).

금융가들에게 투표는 지엽적인 문제에 불과하다. 선거는 그들의 막대한 부를 이용해서 좌지우지할 수 있는, 대수롭지 않은 행사일 뿐이다. 미국의 가장 위대한 정치 전문 코미디언인 윌 로저스는 "어리석은 자와 그의 돈은 선거에서 쉽게 이긴다."[7]라고 비꼬았다. 이를 21세기에 적용해서 말한다면 "어리석은 자와 그의 금융계 후원자들은 선거에서 반드시 이긴다."라고 할 수 있다.

가짜 경제학과 계급투쟁

> 유한계급은 원시적 흉포함에서 야만적인 생활로 전환하던 중에 점진적으로 나타났다.
> 더 정확히 말하자면, 평화로운 삶에서 항상 전시 상황처럼 살아가는 생활방식으로
> 전환하던 중에 나타났다.[8]
> – 소스타인 베블렌

내가 '가짜 경제학'이라고 부르는 오늘날 주류 경제학은 부유층과 권력층을 충실히 섬긴다. 가짜 경제학자 중에서 의지와 의도가 선한 사람들조차 그렇게 한다. 어쩌면 자기 이익을 추구하려고 그런다기보다 가짜 경제학의 이론적 방법 자체가 반사회적 세계관을 내포하고 있기 때문일 것이다. 보수 우파는 진보주의자들이 평범한 시민을 계급투쟁으로 이끈다고 비난하곤 한다. 하지만 이것은 유치한 거짓말이다. 계급투쟁을 옹호하는 쪽은 우파고, 계급갈등은 보수주의 경제학의 대표적 특징이다.

---

7) http://www.mainquotes.com/quote/32913.html (accessed 14 November 2013).

8) Thorstein Veblen, *Theory of the Leisure Class* (New York: Macmillan, 1899), 7.

주류 경제학이 전파하는 메시지는 단순하다. 우리가 사는 세상은 약육강식의 정글이고, 상위 1%의 사냥개가 나머지 99%의 잡종견을 제압한다. 수요와 공급 법칙을 학문적으로 해체하면 그런 메시지가 나타난다. 가짜 경제학의 모든 일반화는 자원이 완전히 활용되고 있다는 일반화, 즉 '희소성'의 전제에서 비롯한다. 이 전제가 말하는 제로섬(zero-sum)과 같은 상태에서 어떤 재화나 용역을 더 많이 누리려면 다른 재화나 용역을 포기해야 한다는 명제가 필연적으로 나온다.

이 논리를 생산품 대신 인간에 적용하면, 경제가 제로섬 게임으로 작동한다는 뜻이다. 어느 시점에 한 사람이 고소득을 누린다면 다른 누군가는 소득이 낮을 수밖에 없다는 뜻이다. 이 책의 앞부분에서 설명했듯이 경제학 개론 교과서에서는 '경제학의 문제'를 '사람들이 무한한 필요를 희소한 자원으로 충족하려는 시도'로 정의한다. 경제학의 이런 정의에는 간단한 메시지가 담겨 있다. "나눠 가질 것은 한정되어 있으니, 남이 가져가기 전에 있는 대로 어서 차지하라."

'개인'이라는 단어는 가짜 경제학의 계급 관련 메시지를 은폐한다. 교과서나 경제 전문 논평가나 언론은 시장이 개인에게 선택권을 제공하고, 각자가 야망과 꿈을 추구할 수 있게 하고, 개인과 시장 사이의 이런 우호적 상호 작용을 뒷받침하는 든든한 이론들이 있다고 말한다. 하지만 현대 주류 경제학이 개인의 경제활동에 관한 이론을 제공한다는 통념은 틀렸다. 이 이론에는 개인이 존재하지 않는다. 시장을 연구하는 미시경제학은 '대표자(representative agent)'라는 용어가 잘 보여주듯이, 전형적이고 균일한 행동 양상을 인간에게 적용해서 분석한다. 이 이론은 '대표 소비자', '대표 근로자', '대표 기업'을 상정한다. 동질적인 노동자 집단과 동질적인 고용주 집단이 만나는 상황에 관한 이론을 어떻게 요약할 수 있을까? 이것이 계급투쟁에 관한 이론이 아니고 무엇이겠는가? 그들이 쓴 속임수는 '대립 이론'을 '조화 이론'으로 위장한 것이다. 가짜 경제학은 '가짜 개인' 외에도 '경쟁'이라는 개념을 탄력적으로, 그리고 표리부동하게 사용하는 위장 전술을 구사한다.

시장 경쟁은 '일단 상대를 꺾어놓고 나서 이야기하자.'는 태도로 요약할 수 있다. 가짜 경제학의 환상과 거리가 먼 현실에서 규제 없는 경쟁은 사회를 서로 의심하는 고립된 개인들로 해체하고, 계급을 기준으로 그들을 갈라놓는다. 경쟁적 개인주의로 퇴화하는 현상은 인간 본성에서 비롯한 것이 아니다. 그것은 상위 1%가 '개인'을 강조한 이념, 그리고 정체되거나 악화하는 생활 수준을 이용해서 사회적 공감대와 협력의 토대를 파괴하면서 서서히 나타난 것이다.

1980년대 영국의 우익 총리 마거릿 대처는 소득 재분배를 주장하는 이들이 '질투의 정치'를 하려 한다고 자주 비난했다. 그런데 가짜 경제학이야말로 가장 순수한 형태의 '질투의 정치'가 아니고 무엇이겠는가. 자원은 희소하다. 자기 몫을 챙겨라. 아무도 믿지 말라. 남이 가져가기 전에어서 네가 먼저 차지하라. 이기심은 선한 덕목이다, 너만을 위해 살아라. 만약 금융계 거부들이 지배하는 규제 없는 시장이라는 가혹한 세계밖에 다른 대안이 없다면, 경제는 틀림없이 제로섬 게임으로 작동할 것이다. 그런 세계에서 우리가 선택할 수 있는 노선은 플로렌스 리스(Florence Reece)의 노동조합가 「당신은 어느 편인가?(Which Side Are You On?)」에 나온 두 가지뿐이다.

할란 카운티에 가보세

거기에 중도파는 없다네

조합원이 되거나

블레어의 부하가 되거나[9]

간단히 말하자면, 가짜 경제학은 자본가 우위의 계급투쟁과 마르크스적 노동자 우위의 계급투쟁을 제공한다. 그러나 다른 선택지도 있다. 인간은 규제되지 않은 시장의 명령에 따라 "고독하고 가난하고 고약하고 야만적이며 짧은" 삶을 살지 않아도 된다.

경제학계의 공개토론

경제학은 상위 1%를 위해 봉사하지 않아도 된다. 진지한 학문인 경제학은 과거에 부유층과 권력층의 이익을 대변하지도 않았고, 미래에도 그래야 할 이유가 없다. 1%를 위한 경제학이 다수를 위한 경제학이 되려면 가장 기본적인 전제부터 바꿔야 한다. 유휴자원은 존재한다. 경제학은 유휴자원이 존재하는 이유를 설명하고 나서 인간의 기술과 생산적 부를 낭비하지 않는 공공정책을 제안해야 한다.

실업이 시장사회를 특징짓는다는 현실 인식은 연금술이 화학으로, 천동설이 지동설로 바뀌는 것만큼 심오하게 경제학을 바꿔놓는다. 이는 경

---

9) Florence Reece, 1931, Harlan County, Kentucky, miners' strike. J. H. 블레어는 광산 소유주였다.

쟁하는 가설 중에서 하나를 고르는 것과는 다르다. 연금술은 물질의 구성과 특징을 설명하는 데 화학과 경쟁하지 못한다. 우리에게 필요한 일은 주류 경제학의 대안을 만드는 것이 아니라 주류 경제학의 악성 도그마를 제거하는 것이다.

어쩌면 여러분은 내가 독선적이고, 내 생각과 다른 의견을 용납하지 못한다고 오해할지도 모르겠다. 하지만 이 책을 읽고 나서 전혀 그렇지 않다는 사실을 깨달았기 바란다. 모든 학문 분야에서 서로 다른 의견은 지적 탐구를 통해 제기된다. 이를테면 어떤 학자는 주류 빅뱅 이론에 대립하면서 정상 상태 우주이론을 옹호한다. 그러나 누구도 지구가 우주의 중심에 있고, 항성들이 제자리에 붙박이로 고정되어 있다고 주장하지 않는다. 이처럼 역사가들은 아메리카 노예제도에 관해 열렬한 논쟁을 벌이지만, 노예제를 백인의 선천적 우월성과 결부하지도 않고, '인종' 개념 자체를 정당한 학문 범주로 취급하지도 않는다.

이런 예들을 통해 자연과학과 사회과학은 시간이 흐름에 따라 오류로 입증된 사실들을 제외하면서 발전한다는 사실을 알 수 있지만, 우리는 이것을 순수하게 지적인 절차로 여겨서는 안 된다(토머스 쿤의 『과학 혁명의 구조(The Structure of Scientific Revolution)』(1962) 참조). 틀렸다고 입증된 것을 폐기하고 나면, 나머지도 토론을 통해 면밀히 분석하고 의문을 제기하는 끊임없는 탐구 과정을 거쳐야 한다. 틀렸다고 입증된 내용을 유지하고 옹호하는 것은 관용이 아니라, 무지를 지식과 동등하게 떠받치는 행위다.

오늘날 주류 경제학은 150년 동안이나 같은 분석의 틀을 유지하고 있다는 경이로운 특징을 자랑스럽게 떠벌린다. 이 분석의 틀을 구성하는 주요 요소들은 희소성(완전 고용), 무한한 필요(쾌락주의), 인간의 이성적 행동

(원자화된 사회)으로, 이것들은 모두 19세기 말에 누구도 이의를 제기할 수 없는 진리의 반열에 들었다. 많은 보수, 진보, 급진 경제학자가 이 시대착오적 분석의 틀을 현대화하고 변형해서 산업사회에 적합하게 수정하고자 했다. 그런 진보 경제학자와 급진 경제학자로 유럽의 카를 마르크스, J. A. 홉슨(J. A. Hobson), J. M. 케인스, 미하우 칼레츠키, 군나르 뮈르달, 조앤 로빈슨(Joan Robinson), 미국의 소스타인 베블렌, 존 R. 커먼스(John R. Commons), 존 케네스 갤브레이스가 있다. 유럽 출신이 아닌 진보 경제학자로는 아르헨티나의 라울 프레비시(Raul Prebisch), 일본의 이토 마코토(伊藤 誠), 세인트루시아의 W. 아서 루이스(W. Arthur Lewis)가 있다. 그리고 가장 대표적인 보수 경제학자로 조지프 슘페터(Joseph Schumpeter)가 있다.

이 모든 주요 사상가는 공통적으로 완전 고용이 시장사회에 적합하다는 가정을 은근히 또는 노골적으로 거부했다. '완전 고용'이라는 가정을 버린다고 해서 주류 경제학에 관한 토론이 끝나는 것은 아니다. 반대로 완전 고용의 속박만 없다면 일사천리로 진행될 경제발전에 관한 토론의 장을 열어준다. 나와 생각이 일치하는 경제학자들이 가짜 경제학을 버리자고 주장하는 것은 화학자가 연금술을, 천문학자가 점성술을, 유전학자가 창조론을 거부하는 것과 마찬가지다.

점성술사들이 신문의 크로스 워드 퍼즐과 고민 상담 칼럼 옆에 자리 잡은 것처럼 가짜 경제학자들이 주도권을 포기하면, 다수를 위한 경제학이 가능해진다. 1950년대와 1960년대에 가짜 경제학자들은 세계 곳곳에서 비주류에 속했다. 우리는 그 짧은 시기에 발전했던 경제학의 학문적 성과와 그 이후에 '케인스학파'들과 급진적인 마르크스주의자들이 전문기술을 갈고닦아 아웃사이더로서 이룩한 성과를 발판으로 삼을 수 있다. 내

케인스 경제학과 코페르니쿠스 천문학

기원전 3세기에 사모스 섬 출신의 아리스타르코스는 태양이 지구를 중심으로 도는 것이 아니라 지구가 태양을 중심으로 돈다고 주장했다. 300년 뒤 플루타르크는 당대 사람들이 아리스타르코스를 불경죄로 처벌할 것을 요구했다고 기록했다. 태양중심설을 주장한 고대인은 몇 명 더 있었지만, 아리스타르코스의 관점은 더 발전하지 못했다. 기원후 2세기에 프톨레마이오스는 지금까지 남아 있는 저서 『알마게스트(Almagest)』에서 무척 복잡하지만, 내부적 일관성이 있는 지구 중심 체계를 상술했다. 이 천문 모형은 천 년 넘게 천문학의 근간이었다. 1543년 니콜라우스 코페르니쿠스는 태양중심설을 부활시켰고, 17세기 말에는 프톨레마이오스의 지구 중심설을 지지하는 천문학자가 없었다.

초창기 경제학자인 애덤 스미스("보이지 않는 손"), 토머스 맬서스(인구 증가가 보편적 빈곤을 초래한다), 데이비드 리카도("비교우위"로 유명한)는 유휴자원 맥락에서 이론을 구성했다. 카를 마르크스도 당대 경제학자들이 그랬듯이 같은 접근법을 사용했다. 그러나 1871년 윌리엄 스탠리 제번스(William Stanley Jevons)의 『정치경제학 이론(The Theory of Political Economy)』은 경제학에 완전 고용 개념을 깊이 심어놓았다. 19세기 말이 되자 완전 고용 개념은 자칭 '경제학자'들의 (지적 헤게모니는 아니더라도) 이념적 헤게모니가 되었다.

제1차 세계대전 이후 영국과 몇몇 유럽 국가가 극심한 실업에 시달리고 1929년 미국마저 경제공황 상태에 놓이자, 많은 경제학자가 완전 고용 개념이 현실과 모순된다는 사실을 깨달았다. 대표적으로 스웨덴의 크누트 빅셀(Knut Wicksell), 미국의 존 모리스 클라크(John Maurice Clark), 그리고 주목받지 못한 미하우 칼레츠키가 있었다. 경제학이 공식적으로 현실로

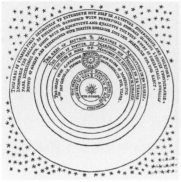

돌아온 것은 J. M. 케인스의 『고용, 이자 및 화폐의 일반 이론』(1936)이 출간되었을 때다. 여기서 '일반'은 특히 완전 고용의 특수한 상황에 국한되지 않은 이론을 가리킨다.

'케인스 혁명'은 짧았다. 그것은 1970년대에 이미 끝났고, 1980년대의 완전 고용 혁명으로 주류에서 완전히 밀려났다. 그 이후로 유휴자원의 맥락에서 경제학을 연구하는 모든 사람이 '케인스 경제학자'라는 꼬리표를 달게 되었다. 내가 알기로 현재 천문학자 중에서 자신이나 상대를 '코페르니쿠스주의자'라고 지칭하는 사람은 없다. 천문학의 코페르니쿠스 혁명은 승리했고, 경제학의 케인스 혁명은 반대파에 패했다.

가 '케인스학파'를 따옴표로 표시한 이유는 가짜 경제학자와 언론이 총수요 규모로 유휴자원을 설명하는 사람들을 지칭하는 데 이 용어를 사용하기 때문이다. 불충분한 수요의 문제를 언급하는 모든 사람을 '케인스학파'로 부르는 것은 태양중심설을 코페르니쿠스의 단독 이론으로 간주하는 것이나 마찬가지다.

건실한 사회의 경제학

경제학의 올바른 정의를 제시해보자. 경제학은 시장사회에서 자원을 충분히 활용하지 않는 원인을 탐구하고, 모든 사회 구성원의 행복을 위해 자원을 낭비하지 않게 하는 정책들을 연구하는 학문이다. 그런 연구를 수행하는 방법은 많다. 1) 실업의 원인, 2) 불평등의 근원, 3) (자본주의) 시장사회의 제도적 구조와 소유권 구조가 초래하는 병폐를 최소화하는 방법을 집중적으로 살펴보는 것이다.

선진국에는 실업에 영향을 미치는 다양한 요인이 있어서 국가별 분석이 필요하다. 예를 들어 미국에서는 민족, 연령, 성별의 세 가지 요인이 가장 두드러진다. 2010년 미국의 민간실업률은 제2차 세계대전이 끝난 후 가장 높은 수준인 9.8%였다. 16~19세 실업률은 26%에 달했다. 통계적으로 '백인' 인구의 실업률은 전체 평균보다 약간 낮은 8.7%, '흑인' 인구의 실업률은 16%였다.

성별 통계를 보면 여성 8.6%, 남성 10.5%로 여성이 남성보다 실업률이 낮아 보인다. 그러나 평균값에서 받은 인상은 현실과 다르다. 기혼 남성의 실업률은 6.8%, 여성 가장의 실업률은 그것의 2배인 12.3%였다. 아이러니하게도 대침체는 실업률 불평등을 완화했다. 예를 들어 총 실업률이 낮았던 2000년에는 여성 가장 실업률이 남성 가장 실업률의 3배였다.[10]

미국의 경우는 이렇다. 가장인 젊은 흑인 여성은 실업자일 확률이 높다. 유사한 실업률 불평등이 유럽 국가에서도 나타나는데, 민족 차별의 양

---

10) Economic Report of the President (2013).

상이 국가마다 달라서 불평등의 양상도 각기 다르다.

총 실업률을 결정하는 것은 무엇일까? 완전 고용의 분석 틀을 제거하고 나면, 정답이 훤히 보인다. 총 실업률을 결정하는 것은 경제의 총지출 수준이다. 모든 경제의 지출에는 네 가지 출처가 있고, 이를 가리키는 구체적 용어가 있다. 가계는 소비하고, 기업은 투자하고, 수출은 타국의 수요에 대응하고, 정부는 공공서비스, 행정, 국방에 지출한다. 각 출처에는 지출의 구체적 동기와 자금의 구체적 출처가 있다.

가계소비는 나라마다 다르지만, 총수요의 60~75%로 가장 큰 비중을 차지한다. 최고 부유층을 제외한 모든 가계는 주로 월급이나 실직 또는 퇴직 시 공공수당에서 얻은 현재 소득으로 소비한다. 그날그날 소요되는 식품, 교통, 주거비용이 가계지출 대부분을 차지한다. 간단히 말해 가계소비는 현재 소득으로 필수품을 구하는 것이다.

기업은 건물과 장비에 지출하고 이를 '투자'로 정의한다. 기업은 이 투자를 이익이나 대출이나 주식 판매금으로 충당한다. 예상 이익이 이 지출의 동기로 작용한다. 가계와 달리 기업은 미래 생산능력을 창출하기 위해 지출하고, 그러기 위해 빚을 진다. 타국의 수요는 국내 가계와 기업의 영향권에서 벗어난 외부의 원인과 동기에서 비롯한다. 마지막으로 공공부문 지출은 현재와 과거의 법률에 따라 결정된다.

이들 관계는 학문적으로도, 현실에서도 중요해서 되풀이해서 설명했다. 가계 구성원은 민간부문에 고용되고, 기업이 근로자들이 생산한 재화와 용역을 성공적으로 판매하면 가계는 소득을 얻는다. 즉, 가계 구성원이 공공부문에서 일하는 경우를 제외하면, 가계소득은 기업이익에서 나온다. 기업과 민간부문 근로자들이 내는 세금 또한 임금과 봉급의 형태로 기업이익에서 나온다. 중기적으로 공공이익이 증가하면 공공기관 고용도 증가한다.

반면에 기업은 가계, 다른 기업, 국외 구매자, 공공부문에 판매해서 이익을 얻는다. 이런 관계 사이에는 순환 고리가 있다. 가계소비는 대부분 기업이 창출한 소득에서 나오고, 기업이익은 대부분 가계를 대상으로 한 판매(즉, 가계소비)에서 나온다. 어떻게 해서 가계소비가 기업 판매이익의 원인이며 동시에 결과일 수 있을까? 대답은 간단하다. 기업-가계-기업 순환 고리 외부에서의 지출이 가계소득의 대부분을 이루는 임금과 봉급을 창출하는 기업이익을 결정하기 때문이다.

더 구체적으로 말하자면, (국내 경제 외부에서 오는) 수출 수요, (미래 판매 예상에 바탕을 둔) 기업, (법률로 정해진) 투자 공공지출이 기업을 경유해서 가계소득을 결정하고, 이는 곧 그것들이 가계소비를 결정한다는 뜻이다('수요와 소득' 글 상자 참조). 세 가지 독립적 수요 출처와 한 가지 종속적 수요 출처를 합친 이 네 가지 지출이 국가 경제의 총지출이다.

가계소비와 총수요의 나머지 세 요소 사이의 관계를 이해하는 간단한 방법은 가계소비가 현재 소득에 '종속되는' 반면, 나머지 세 요소는 현재 소득에 '독립적'임을 주지하는 것이다. 99%에 속한 대다수 가계는 주택이나 자동차 구매 같은 대규모 지출을 제외하면 현재 지출을 현재 소득의 범위로 맞추는 수밖에 없다. 담보대출을 받아본 사람이라면 알겠지만, 주택이나 자동차 구매도 현재 소득과 밀접한 관계가 있다. 악명 높은 서브프라임 위기는 부도덕한 대출기관들이 담보대출과 현재 소득과의 관계를 무시했기에 일어났다.

합리적인 기업은 현재 소득을 기준으로 투자하지 않는다. 투자는 몇 년, 몇십 년 단위의 생산적 효과를 낼 것으로 기대되고, 그렇지 않은 경우에는 투자를 아예 하지 않는다. 따라서 기업의 투자 동기는 미래에 기대되는 판매이익에서 비롯한다. 수출품은 국내수요와 무관하게 국외로 판매된다. 7장에서 설명했듯이, 공공지출은 공공수입보다 적을 수도 있고(재정흑자) 많을 수도 있다(재정 적자). 지출과 수입의 균형은 경제 상황을 고려해서 정치적으로 결정된다.

앞서 살펴본 독립적, 종속적 요소의 관계는 '소비자 주도적 성장' 개념에 근본적인 혼란이 있음을 시사한다. 예를 들어 BBC 방송국 홈페이지에 나온 글을 읽어보자. "재화를 더 많이 생산하고 더 낮은 가격에 공급할 수 있으므로, 더 많은 사람이 재화를 구매할 수 있게 되었다. 그 결과 자동차, 냉장고, 라디오, 가스레인지 등 제품들의 판매량이 막대하게 증가했다."[11]

재화가 더 저렴해서 사람들이 더 많이 산다는 것은 말 그대로 불가능한 이야기다. 저렴한 가격은 기업소득의 하락을 뜻하고, 기업소득의 하락은 임금과 봉급의 하락을 의미하며 이는 곧 소비 감소로 이어진다. '소비자 주도적 경기회복' 덕분에 대침체에서 빠져나왔다는 주장 또한 엉터리다. 가계지출의 순 증가분은 어디서 왔을까?

증가분은 가계저축에서 오지 않았다. 2011년 규모가 큰 선진국 4개국 중에서 세후 가계소득에 대한 가계저축 비율이 두 자릿수(10.4%)였던 국가는 독일뿐이었다. 다른 세 국가에서는 미국 4.2%, 일본 2.9%, 영국 6.0%로 저축 비율이 낮았다. 이 비율의 분모는 가처분소득이므로, 국내총생산

---

11) "Boom and Bust," BBC Bitesize. Online: http://www.bbc.co.uk/bitesize/higher/history/usa/boombust/revision/1/ (accessed 18 October 2013).

에 대한 가계저축의 비율은 더 낮았다(미국: 3%). 부유층의 저축이 전체 가계저축이나 다름없다는 사실까지 고려하면, 선진국 경제가 '소비자'의 힘으로 활성화된다는 주장은 환상에 불과하다.

그렇다면 대출을 이용하면 '소비자 주도적 경기회복'이 가능할까? 실제로 그것은 가능하다. 그리고 바로 그 신자유주의 마술이 우리를 대침체에 빠뜨렸다. 미국 경제가 침체에 빠졌던 1990년(이런 상황 때문에 조지 H. W. 부시는 1992년 대선에서 패배했다) 가계부채는 가계소득의 약 90%였다. 소득에 대한 부채 비율은 2007년 160%로 증가했다(5장 '왕이 다스리는 방식' 글 상자 참조). 우리는 이런 식의 '소비자 주도적 호황'이 되풀이되지 않기를 바라야 한다.

수출 주도적 경기회복은 어떨까? 한 국가가 수출을 늘리면 다른 국가들이 수입을 늘려야 한다. 모든 국가가 수출 주도적 성장 전략을 성공적으로 추구할 수 없다는 사실을 누구나 알 수 있다. 이보다 더 중요한 것은 규모가 큰 국가가 이 전략을 사용했을 때 재앙이 닥쳐온다는 사실이다. 9장에서 살펴봤듯이 독일은 강대국이 수출 주도적 성장 전략을 채택했을 때 어떤 결과를 낳는지를 분명히 보여주는 악명 높은 사례다. 이것의 직접적 결과가 2010년대 유로존 위기다.

2011년 미국 무역적자는 약 7,500억 달러였고, 프랑스와 영국 무역적자의 합은 2,650억 달러였다. 2011년 모두 침체 상태에 있었던 세 국가 무역적자의 합은 전 세계 다른 모든 국가의 수출액 15%를 차지했다. 이 세 선진국이 수입을 늘리지 않고 수출을 늘려 경기회복을 시도한다면, 다른 많은 국가의 무역적자가 극심해질 것이다. 수출보다 수입을 주로 하는 국가들은 무역수지를 개선하려다가 침체에 빠질 것이다. 2010년대에 유로존에서 벌어진 상황이 바로 이것이었다. 경제학이 헛소리하지 않고 의

수요와 소득: 민간경제가 (오)작동하는 방식

지출은 재화와 용역의 생산을 촉진한다. 가계의 경우에는 생산이 지출을 촉진하는 것도 사실이지만, 기업의 경우에는 그렇지 않다. 시장경제에는 현재 국내소득에서 유래하지 않은 수요의 세 가지 출처가 있다. 수출수요, 국내투자(미래 이익을 기준으로 한), 공공지출(법적으로 집행된다)이다. 이것들이 함께 작용해서 기업이익(판매), 가계소득, 가계지출(소비)을 결정한다. 아래 그림에는 나오지 않지만, 공공지출의 많은 부분이 정부기관 근로자 임금, 퇴직연금, 실업수당의 형태로 가계로 직접 흘러들어 간다. 국내수요의 두 가지 독립적 출처인 공공지출과 민간투자는 서로 밀접한 관계가 있다. 정부는 사회와 경제의 기반시설을 건설하고 군사, 의료 분야 등의 연구를 수행하기 위해 기업에 돈을 지급한다.

더 중요한 것은 정부 지출이 수출 감소와 민간투자 감소를 보완할 수 있으므로, 정부가 전반적인 경제호황을 조절할 능력이 있다는 사실이다. 미래에 대한 기업의 예측은 민간투자 수요를 결정하는 중요한 요소다. 정부가 성공적으로 현재의 호황을 장려할 때, 기업은 미래의 기대 수익을 낙관적으로 전망한다.

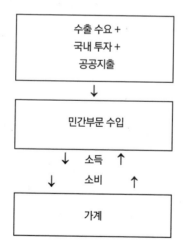

미 있는 논의를 하던 시절에는 수출 주도적 성장을 '구성의 오류(fallacy of composition)'라고 부르거나, 더 강하게 '실업 수출하기', '주변국에 피해를 주는 성장'이라는 표현을 사용했다.

'소비자'와 국외 수요가 경제를 침체에서 구할 수 없다면, 남은 것은 기업 투자와 공공지출이다. 기업 투자 증가가 실효성 있는 선택이었다면, '성장 절벽'이 침체로 끝나지도 않았을 것이다. 침체는 본질적으로 기업의 낙관주의와 투자 계획이 무너질 때 발생한다.

수출 팽창정책은 헛된 희망만 불러일으키고 국내 민간부문은 성장 달성에 실패한다면, 남은 것은 공공부문밖에 없다. 이것이 바로 99%를 위한 경제학이다.

99%를 위한 경제학 실행하기

국가 경제 차원에서 공공부문은 완전 고용을 유지할 책임을 지는 사회기관으로, 일하고자 하는 사람은 누구나 일자리를 구할 수 있게 작동해야 한다. 그렇게 작동하는 데 실패한 정부의 대표적인 예는 루스벨트가 기술한 1920~1932년 미국 공화당 행정부다. "이 나라는 12년간 아무것도 듣지 않고, 보지 않고, 하지 않는 정부 때문에 고통을 겪었습니다. 오늘날 '가장 무관심한 정부가 최선의 정부'라는 원칙에 부합하는 정부를 부활시키려는 세력이 위세를 떨치고 있습니다."[12]

---

12) Franklin D. Roosevelt, speech at Madison Square Garden, New York City, 31 October 1936.

주도권을 잡은 정당의 명칭과 무관하게 바로 이런 종류의 정부가 20세기 말에서 21세기 초에 대부분 선진국을 지배했다. 경제를 완전 고용에 가깝게 유지하려면 1945~1970년 미국에서 민주당이든 공화당이든 모든 대통령이 시행했던, 잘 알려진 정책들이 필요하다. 영국과 서유럽 국가에서는 그 시기가 더 길었다.

공공부문의 완전 고용 달성에는 대단한 혁신이 필요한 것이 아니다. 단지 J. M. 케인스 이전에 이미 알려져 있던 원리와 실천 방법들을 그저 적용하기만 하면 된다. 공공부문은 실업을 현실적인 범위에서 최소한으로 줄이는 데 필요한 총지출수준을 달성하려는 목적으로 공공지출을 늘린다. 경제가 회복되면서 공공부문은 민간부문의 지출 증가에 발맞춰 공공지출을 줄인다.

이런 정책들은 제2차 세계대전 직후에 그랬듯이 21세기에도 기술적으로 단순하고, 쉽게 시행할 수 있고, 실현 가능하다. 정부는 정책 시행이 어려워졌거나 덜 필요해졌기 때문이 아니라 완전 고용의 책임을 저버렸기 때문에 이 정책들을 폐기했다. 21세기에는 과격한 변화로 보일 수도 있지만, 완전 고용을 유지하는 유일한 방법은 정부가 99%의 필요에 응답하는 것이다.

완전 고용 상태 노동인구 대부분이 가장 기초적인 인간적·사회적 필요를 충족하기에 부족한 임금을 받는다면 이것은 노동자의 이익을 추구하는 상황이 아니다. 반면에 상위 1%에게 저임금과 완전 고용은 대침체 이후 선진국의 대량 실업 상황보다 더 유리하다. 경제체제가 소수의 부자가 아니라

Online: http://millercenter.org/president/speeches/detail/3307 (accessed 14 November 2013).

다수를 위해 작동하는 사회에서 공공부문은 누구도 빈곤선 아래로 내려가지 않게 소득을 공평하게 분배하는 정책들을 고안하고 시행해야 한다.

국가마다 제도나 인구 구성이 다르므로 가난 없는 평등에 도달하려면 완전 고용을 이루고 유지하는 것보다 더 복잡한 설계와 창의적인 제도가 필요하다. 여러 가지 차이와 복잡한 사정이 있지만, 몇 가지 일반화가 가능하다. 우선 '빈곤 감소'와 '빈곤 완화'는 근본적으로 다르다. 빈곤 완화는 가난한 이들의 비참함을 덜어주는 것이고, 빈곤 감소는 빈곤 자체를 제거하는 것이다.

슈퍼마켓과 패스트푸드 식당에서 식량과 음료를 구매하는 수단을 사람들에게 제공하는 미국의 '푸드 스탬프' 제도(나중에 '전자 보조금 이체 (Electronic Benefit Transfer)'로 명칭이 바뀐다)는 '빈곤 완화' 범주에 속한다. 영국 주택보조금도 여기에 속한다. 이런 제도에는 최소한 두 가지 공통점이 있다. 1) 소득을 기준으로 대상자를 선정해서 빈곤층으로 분류된 사람들만이 수당을 받는다. 2) 수령자의 돈 버는 능력을 직접 강화하지 않는다.

성공적인 빈곤 감소 제도는 사람들이 돈 버는 능력을 기르고 빈곤에서 벗어난 다음에 다시 가난해지지 않게 보호한다. 신자유주의자들은 교육이 빈곤을 퇴치하는 가장 중요한, 어쩌면 유일한 수단이라고 생각한다. 모든 건실한 사회에서 직업 능력 교육을 하지만, 그것 자체로 빈곤이 감소하지는 않는다. 빈곤이 감소하려면 새로 교육받은 사람이 빈곤 수준을 초과하는 급여를 받는 일자리를 구해야 하고, 다시 빈곤에 빠질 수 있는 크고 작은 어려움을 겪지 않도록 보호받아야 한다. 모든 국민에게 보건의료를 제공하고 생계를 꾸릴 수 있는 임금을 보장하고 실직자들을 적절히 지원하는 국가에서는 국민 교육이 빈곤 감소에 크게 이바지할 것이다. 그러나 완전 고용, 국가보건의료체계, 최저임금 보장, 실업자 보호 없이는 질 좋은 교육을 늘린다고 해도 직업 능력이 뛰어난 빈곤층 인구만 늘어날 뿐이다.

다양한 형태의 차별은 국가보건의료체계, 최저임금제도, 고용보험제도가 있는 사회에서도 빈곤 감소에 큰 걸림돌이 된다. 여기에는 예외가 없다. 민족차별과 성차별로 인구의 일정 비율이 경제활동에 참여하지 못하고, 결국 사회적으로 추방당하고 빈곤층으로 전락하는 등의 사회적·경제적 불평등이 초래된다. 시장 권력은 이념으로 아무리 그럴듯하게 포장해도 소수자 차별의 경제 효과를 제거하기는커녕 줄이지도 못한다는 사실을 우리는 경험을 통해 잘 알고 있다. 대표적 예로 미국의 흑인, 유럽의 집시, 각국의 이주 노동자나 부랑자를 들 수 있다. 자유 시장은 평등은커녕 오히려 차별을 강화하므로 사회는 직접적인 법률 집행(예를 들어 미국의 소수계층 우대정책(affirmative action))으로 차별에 맞서 싸우는 수밖에 없다.

직장과 사회 전반에서의 여성에 대한 차별은 모든 국가에서 나타난다. 사람들은 선진국에서 여성이 공식적으로 남성과 동등한 권리를 획득한 지 얼마 되지 않았다는 사실을 인식하지 못한다. 영국에서는 노동당 정부(1945~1951) 때 처음으로 여성이 상속법상 남성과 동등하게 대우받게 되었다(1949년 기혼여성법).

성차별도 민족차별만큼 심각하지만, 여성에게 동등한 기회를 주지 않는 것을 방지하는 간단한 방법들이 있다. 예를 들어 자녀 양육을 남성과 여성이 분담하게 하는 조처 같은 것이다. 스칸디나비아 국가에서는 여성만이 아니라 남성에게도 육아휴직이 허락된다. 스웨덴 좌파 일각에서는 16개월의 보장된 육아휴직을 아버지와 어머니가 의무적으로 절반씩 나누어 쓰게 해야 한다고 주장했다. 이 정도로 성차별을 방지하는 제도적 장치를 갖춘 나라는 찾아보기 어렵다. 미국과 영국의 공공보육 시설과 제도는 경악스러울 정도로 불충분하다.

차별방지법과 규제만으로는 모든 국민이 경제적 번영의 혜택을 동등하게 누리도록 보장하기 어렵다. 앞서 미국 노동조합운동과 관련해서 인용했던 제프 포는 언젠가 내게 이렇게 말했다. "미국에서는 어떤 사람이 흑인이라서, 동성애자라서, 나이가 너무 많아서 해고할 수 없지만, 아무 이유 없이 해고할 수는 있습니다." 완전 고용과 직장에서의 권리를 추구하는 것은 모든 종류의 경제적 차별을 줄이는 필요조건이다.

시대에 역행하는 고정관념을 부정하고 인종적·성적 차별을 없애려면 언어를 명확하게 사용해야 한다. 특히 미국 진보주의자가 '근로 가정(working family)'이라는 용어를 사용하는 것은 고정관념을 묵인한 예다. 이 용어를 사용하는 사람의 의도와 관계없이 듣는 사람은 자연히 이성애자 부부와 자녀를 머릿속에 떠올린다. 백번 양보해서 게이 부부나 레즈비언 부부를 포함한다고 해도, 이 용어는 여전히 부정확하다. 미국과 유럽에는 '가정'의 보편적 해석에 해당하는 것을 이룬 상태에서 살아가지 않는 사람이 많다. 게다가 차별받지 않도록 보호해야 할 더 중요한 대상은 '근로 가정'이 아니라 실직자, 연금수령자, 일할 수 없는 신체적·정신적 질환을 앓는 사람들이다.

실질적으로 '근로 가정'은 '노동계급'을 미화한 용어로, 이는 반동적인 미화일 가능성이 크다. 예를 들어 영국의 우익 총리 데이비드 캐머런은 "성실한 근로 가정"을 자주 언급했다. 그는 '근로 가정'과 달리 복지수당으로 생계를 꾸리며 제대로 기능하지 못하는 비근로 가정의 나태한 자들이 성실한 근로 가정에 기생하고 있다는, 그다지 세련되지 못한 메시지를 전달하려고 했다. '근로 가정'은 건실한 사회에서 쓸 단어가 아니다.

미국의 진보 세력은 또한 '유색 인종(people of color)'이라는 말을 쓰지 말아야 한다. 이 용어는 1950년대 텍사스에서 남부 분리주의자들이 흑인을 가리킬 때 쓰던 말과 다를 바 없다. 세계는 정상적이고 피부색이 흰 유럽인의 후손과 유색 인종으로 나뉘어 있지 않다. 99%를 위한 경제학을 실천하려면, 우리를 내부인과 외부인으로 갈라놓는 사회적 범주의 경계를 허물어야 한다.

차별은 주류 경제학이 사회의 안녕에 반해서 저지른 수많은 범죄 중 하나에 불과하다. 그들이 가장 악질적으로 인류의 미래에 미친 악영향은 다가오는 환경 재난에 잘못 대처한 것이다. 주류 경제학자들은 지구를 보호하는 규제에 소모되는 비용과 규제의 혜택을 비교하는 식으로 환경문제를 연구했다. 이런 연구 방법이 일반적으로 의사결정을 호도한다는 사실은 여러 책에서 입증되었다. 비용편익분석은 환경과 관련해서 전적으로 부적합하고 치명적이다.

그들은 비용과 편익이 모든 가능한 결과에 적용된다고 가정하고, 비용편익분석으로 비용과 편익의 트레이드오프를 계산했다고 주장한다. 이런 종류의 계산에는 비용과 편익 사이의 균형이 미래의 크고 작은 변화에서도 일정하게 유지된다는 전제가 필요하다. 하지만 이런 전제는 환경 변화에 관한 과학적 연구 결과와 증거에 모순된다. 기후, 대양, 공기의 질은 항상 같은 양상을 보이지 않는다. 환경은 눈에 띄지 않는 작은 변화들이 축적되다가 갑자기 혼돈과 대재앙이 발생하는, 카오스[13]가 지배하는 체계

---

13) Chaos: 여기서는 초기 조건이 조금만 달라져도 결과가 확연하게 달라지는 체계를 설명하는 개념이다.

다. 자주 언급되는 예로 파도가 있다. 조류가 해안으로 밀려오면서 수면에 높은 너울들이 생긴다. 너울은 커지면서 뒤로 이동하는 것이 아니라 갑자기 부서진다. 환경에는 일반적으로 이런 속성이 있으므로 가짜 경제학자들의 가짜 학문적 계산은 현실성이 없을 뿐 아니라 적극적으로 우리를 호도한다. 새로운 오염 사건은 이전 사건과 사회적 비용 면에서 같지 않고, 예기치 못한 대재앙이 닥쳐올 수도 있다.

건실한 사회의 구성원은 지속 가능한 환경을 유지하기 위해 환경을 돌보고 보호한다. 가짜 경제학자들은 물론이고 경제학자들도 지속 가능한 환경보호에 관한 기술이나 전문지식을 제공하지 못한다. 다양한 보건의료와 여러 수준과 형태의 교육에 자원을 분배하지도 못한다. 인간에게 필수적인 이런 요소들에 자원을 어떻게 분배할지 결정할 때, 건실한 사회는 대중과 대표자들이 반드시 전문지식을 바탕으로 결정할 수 있게 기반을 마련한다.

경제학자들은 그런 전문지식에 이바지할 능력이 별로 없을 것이다. 20세기 가장 위대한 경제학자의 말에 귀 기울여보자. "사람들이 경제학자를 치과의사에 견줄 만한 겸손하고 능력 있는 부류로 여긴다면 더할 나위 없이 좋겠다."[14] 우리는 의사들에게 경제정책이 아니라 보건의료에 대해 조언을 구한다. 이와 마찬가지로 경제학자들에게 보건의료가 아니라 경제정책에 관해 물어야 한다.

옮긴이.

14) J. M. Keynes, "The Future," in Essays in Persuasion (London: Macmillan, 1931) Online: http://gutenberg.ca/ebooks/keynes-essaysinpersuasion/keynes-essaysinpersuasion-00-h.html (accessed 15 December 2013).

미래는 우리 앞에 놓여 있다

1990년 초에 나는 미국 뉴잉글랜드의 작은 대학 졸업식에 참석했다. 당시 졸업식 연사는 다른 대학에서도 대체로 그랬듯이 대학에 거액의 기부금을 내면서 우쭐했을 사업가였다. 그다지 인상적이지 않았던 기조연설 중에 그는 젊은 졸업생들에게 "여러분의 미래는 여러분 앞에 놓여 있습니다."라고 말했다. 미래가 뒤쪽에 놓여 있을 리 없으므로, 나는 이 말이 지극히 진부하고 공허하다고 생각했다.

이제 나도 나이가 들어 가끔 진부한 말을 하곤 한다. 나는 예전에 내가 그 보잘것없는 자본가에 대해 잘못 판단했음을 깨달았다. 우리가 앞으로 다가올 상황을 어느 정도 설계하고 영향을 미칠 수 있다는 중대한 의미에서 우리의 미래는 우리 앞에 놓여 있다. 다수를 위한 밝은 미래에는 경제체제가 모든 이를 위해 소득, 보건의료, 교육을 제공해서 안전망이 필요 없는 사회가 될 것이다.

내 어머니의 할아버지는 남북전쟁 전에 앨라배마의 노예주였다. 1905년에 태어난 어머니는 흑인과 백인이 분리된 텍사스 오스틴의 옷가게에서 점원으로 일했는데도 (또는 그랬기 때문에) 전쟁 이전의 고상했던 남

---

15) Franklin D. Roosevelt, address at Marietta, Ohio, 8 July 1938. Online: http://www.presidency.ucsb.edu/ws/?pid=15672 (accessed 14 November 2013).

부의 백인으로서의 생활에 향수를 느꼈다. 그런 반동적 향수에 젖은 어머니는 월셋집에 앉아 내게 조언했다. "돈을 버는 것은 신사가 할 일이 아니야." 구태의연하고 조금 황당한 이야기다. 그런데 여기에는 심오한 메시지가 숨어 있다. 케인스가 『설득의 경제학(*Essays in Persuasion*)』(1931)에서 그 메시지를 더 우아하게 표현했다.

> 부의 축적이 사회적으로 더는 중요하지 않은 시기가 오면, 도덕관념이 크게 변할 것이다. (⋯) 사람들은 돈을 밝히는 성향의 (⋯) 실체를 파악할 것이다. 그것은 몸서리치며 정신의학 전문가에게 맡겨야 하는, 범죄적이고 병적인 성향이다.[16]

99%를 위한 경제학이 우리를 그런 사회로 인도할 수 있다.

---

16) J. M. Keynes, "The Future."

인명 찾아보기

1%를 위한 나쁜 경제학

1판 1쇄 발행일 2016년 12월 1일
지은이 | 존 F. 윅스
옮긴이 | 권예리
발행인 | 임왕준
편집인 | 김문영
펴낸곳 | 이숲
등록 | 2008년 3월 28일 제301-2008-086호
주소 | 서울시 중구 장충단로8가길 2-1
전화 | 2235-5580
팩스 | 6442-5581
홈페이지 | http://www.esoope.com
페이스북 | http://www.facebook.com/EsoopPublishing
Email | esoope@naver.com
ISBN | 979-11-86921-29-6 03320
ⓒ 이숲, 2016, printed in Korea.

▶ 이 도서의 국립중앙도서관 출판시도서목록(CIP)은 e-CIP홈페이지(http://www.nl.go.kr/ecip)와 국가자료공동
목록시스템(http://www.nl.go.kr/kolisnet)에서 이용하실 수 있습니다.(CIP제어번호 : CIP2016027633)